发现隐藏在古诗词里的博物知识

古诗词里的
科学现象

暗号 小山 著

中华书局

图书在版编目(CIP)数据

古诗词里的科学现象/暗号,小山著. —北京:中华书局,
2021.6(2025.9重印)
(古诗词里的博物志)
ISBN 978-7-101-15216-6

Ⅰ.古… Ⅱ.①暗…②小… Ⅲ.古典诗歌–中国–中小学–
教学参考资料 Ⅳ.G634.303

中国版本图书馆 CIP 数据核字(2021)第 091362 号

书　　名	古诗词里的科学现象	
著　　者	暗　号　小　山	
绘　　画	竞仁文化	
丛 书 名	古诗词里的博物志	
责任编辑	杨旭峰	
文字编辑	刘德辉	
责任印制	陈丽娜	
出版发行	中华书局	
	(北京市丰台区太平桥西里 38 号　100073)	
	http://www.zhbc.com.cn	
	E-mail:zhbc@zhbc.com.cn	
印　　刷	大厂回族自治县彩虹印刷有限公司	
版　　次	2021 年 6 月第 1 版	
	2025 年 9 月第 6 次印刷	
规　　格	开本/880×1230 毫米　1/32	
	印张 11⅜　字数 232 千字	
印　　数	21001–23000 册	
国际书号	ISBN 978-7-101-15216-6	
定　　价	49.00 元	

序

用科学赋予诗歌别样的趣与美

两千多年前，大诗人屈原在他的长诗《天问》中对天地自然提出了一连串的疑问：天地初始于何时何处？日月为何不会坠地？太阳一天行进了多远？月亮为何缺而复圆？……在科学昌明的今天，我们已经可以轻松地回答这些问题：地球处在太阳系里，因为自转和公转而形成了昼夜和季节；月亮围绕地球公转，我们有时看不到满月，正是因为地球遮住了太阳光，在月面投下阴影；而太阳系之外的宇宙，是从150亿年前的"大爆炸事件"开始形成了时间、空间和物质……

面对茫茫宇宙和大千世界，古往今来的人们从未停止过思考与探索。在没有现代物理学、天文学等自然科学的年代，古代诗人们将自己对世界的观察和困惑化作瑰丽的想象和绚烂的文笔，从笔下流淌出千古传颂的诗句。这些诗句也并没有因科学的进步而变得幼稚，因为它们凝聚了我们对真理强烈而执着的探求，依然葆有动人心魄的美感。

科学与诗歌确实有着千丝万缕的联系，原因很简单：它们都是人类观察自然、世界、宇宙的产物，只不过科学产生于我们的理性，而诗歌出自我们的情感。理性与情感，构成了人类的精神世界。正如孔夫子所说，学习《诗经》可以令人"多识于鸟兽草木之名"，这可以看作博物学的滥觞（在西方，博物学正是现代自然科学得以发展的一大根基）。"关关雎鸠，在河之洲""蒹葭苍苍，白露为霜"，浪漫的诗句千载之下仍然优美动人，而若用"博物"的眼光来看，鸟类习性、植物生长、季节和气候变化、水的冷凝与升化，这些有趣的自然科学现象又使这份浪漫平添了几分别样的美与趣。

唐宋时代是中国诗歌发展的高峰期，而科学技术的进步，也使当时的人能种植更多的作物，提升冶炼的技术，兴修水利，改造自然。长安、洛阳、开封、杭州这些繁华都市开始出现，人们也借助更便利的交通去往更遥远的边塞荒野……是科技和文明的进步，给了诗人更加丰富的创作素材和更开阔的创作视野，孕育了中国古典诗词宝库中璀璨的明珠。你看，苏东坡的"横看成岭侧成峰，远近高低各不同"，简直是寓理于景的科学小品，引人遐思；杨万里的"小荷才露尖尖角，早有蜻蜓立上头"，多么像是一幅精细的科学摄影……文学与科学的结合，赋予了古典诗词最动人的魅力！

如今，我们已经不如古人那样贴近自然地生活，但那互相交织着的情感与理性，却始终在我们的文化血脉中流淌着。两千多年后，仰望星空，横亘天际的灿烂银河仍然震撼着我们；我们把中国的第一架火星探测器命名为"天问一号"，让它载着祖先的诗情，去遥远的宇宙探寻更多的答案……

现在，让我们从诗园中拾起那些吉光片羽，跟随诗人的脚步，开始探索科学的旅程吧！

著者

春分 3月20-21日　惊蛰　雨水　立春　大寒　小寒　冬至 12月21日　大雪　小雪　立冬　霜降　寒露　秋分 9月22-24日　白露　处暑　立秋　大暑　小暑　夏至 6月21-22日　芒种　小满　立夏　谷雨　清明

近日点距离 1.47亿千米　远日点距离 1.52亿千米　共转轨道

目　录

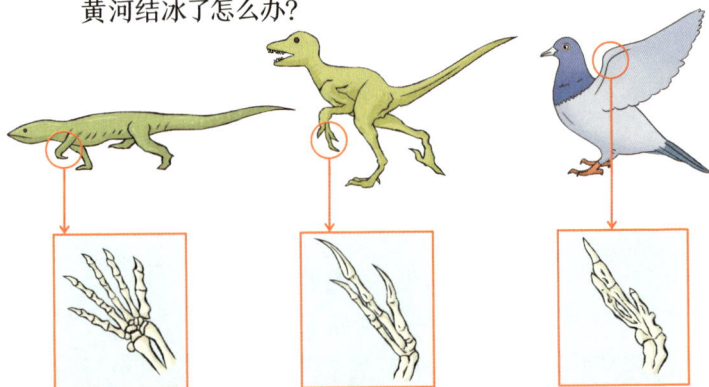

式 微

《诗经·邶风》

式微式微，胡不归？

微君之故，胡为乎中露？

式微式微，胡不归？

微君之躬，胡为乎泥中？

　　《式微》的主角是一群服苦役的底层百姓，他们因为遭受压迫，夜以继日地在田地里劳作，不得歇息。全诗简短凝练，两章都以同一句诗"式微式微，胡不归？"引领下文。诗人提出质问："天黑了，太黑了，为什么还不回家呢？"接下来，诗人又立刻反问"微君之故"——"要不是为了养活君主，我们怎么会在露水中劳作呢？要不是为了养活君主，我们怎么会在泥土中劳作呢？"这里的"君"指的就是那些通过压迫老百姓获得优越生活的统治者。

　　设问和重复的手法的运用，大大地增强了诗歌的气势和情感；句式参差，有长短变换，有重章叠句，韵律协调，反复吟唱之间，充满了音乐美和节奏感。这是一首表达怨愤的诗歌，写出底层百姓忍受劳役之苦，对统治者充满愤怒，力透纸背。与此同时，由于前述种种艺术手法的运用，这首诗抒情宛转，引人深思，又达到了"不言怨而怨自深"的境界。

微君之故，胡为乎中露：露水为什么会凝成水珠？

饱和度与露点

空气被加热后，温度变高，就可以容纳更多的气态水；当空气温度降低，容纳气态水的能力达到饱和，就要把过饱和的部分排出来。水汽在上空凝成水珠，落下则为雨，飘浮在空气中则为雾，附着在物体表面则为露。空气中的气态水达到饱和，在特定的气压下需要降到特定的温度才会冷凝，这个温度称为"露点"。诗中的百姓在清晨气温很低、露水凝结的时候便要劳作，可见其辛苦。

在露点温度低于0摄氏度时，气态水直接在物体上凝华为冰晶，这就是霜。此时的露点也称为霜点。所以《千字文》里的"云腾致雨"说得过去，"露结为霜"则有些不妥，因为霜是跳过了成露这一步，直接由气态水转化为固态水。

水的张力

露往往在表面较为粗糙的地方形成，比如植物叶片的边缘、茎上的细毛等处。这和液体的表面张力有关。

在外太空，宇航员从水壶里挤出一滴水，由于宇宙飞船里没有重力，水不受力场影响，便会均匀地缩成一个球状的液滴。只有当宇航员伸出手指戳一戳那个液滴时，它才会受力散开，形成多个小一点儿的球状液滴。可以想象，其实这个水滴中的每一个水分子都在受到其他水分子的冲撞和压迫，但是只有表面那一层水分子只受到内部液滴水分子的排斥，因为再到外面就是空气了。液体表面的每一个水分子之间紧紧拉扯，尽可能地收缩它的表面积，把表面约束成一个处处凸起的球面。这个使表面趋于收缩的力，也就是液体的表面张力。

回到地球上的重力环境，把这样一滴水滴到餐桌上，它会因为重力的作用持续地坍塌下去，直到在桌子上摊成一层均匀的水分子。但实际上，表面张力仍然会约束水滴成为一个扁一些的液滴。这个餐桌的表面越是油腻光滑，这个液滴的形状也就越完整，用嘴轻轻吹一下，液滴就跑开了。相反，在粗糙的表面，液滴更容易"留下"。于是，空气中的水蒸气更容易在植物叶片表面的粗糙部位凝结成小水珠。而合并成一个大水珠的表面积，总是比两

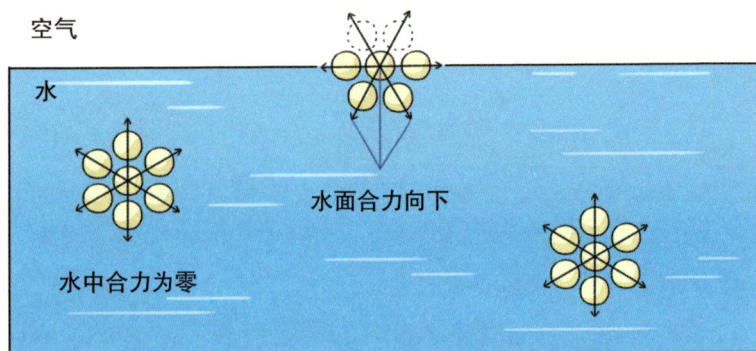

空气

水

水面合力向下

水中合力为零

个小水珠的总表面积小，因此小水珠和小水珠只要相遇，就总是倾向于合并成一个大水珠，这就是肉眼可以轻松看到的露珠了。

白露与秋

露水的形成需要天空晴朗，少风甚至无风。晴朗少云，则夜晚大地的热量容易流失到更高的高空，空气和植物表面的温度降到露点以下，而不是被云层阻隔保温。少风无风，空气中的水蒸气才不至于扩散得到处都是，才可以直达植物的茎叶。所以，秋天里露水经常出现。

相反地，秋季观察到清晨有露水，往往预兆着这天的天气晴朗。清晨过后，白昼气温升高，露水很快就散尽了，所以古代的诗人经常写"譬如朝露，去日苦多""命危于晨露"这种句子。露水多了，也往往意味着昼夜温差加大，太阳下山要添衣服。这段时间的代表性节气是白露，太阳到达黄经165度，在公历9月7日至9日交节。在我国的东北、内蒙古等高纬度地带，白露节气通常能见到霜。

不过我们观察到的植物表面的水分，有的是水蒸气冷凝成的露水，有的是植物自发的"吐水"，两者经常被混淆。植物会吐水是因为空气和土壤湿度大，由于白天的高温，叶面气孔张开，水分可以及时排出；而到了晚上，叶面气孔关闭，但根系还在土壤里吸水，导致内部水压太大，只能从叶片边缘排出来了。了解露水与吐水的区别，可以判断作物是不是生长健壮、吞吐水的能力是否强劲。

露水之用

我们可以把露水看作自然规律对高昼夜温差的"缓冲机制"。借着冷凝的效应，成露过程把白天高温下难以被植物利用的气态水转化成可以利用的液态水，减少了植物水分的流失。露水比雨、雪等降水更加均匀、稳定，不会一股脑儿地漫灌土壤，就像一个天然的滴灌、微灌系统。它或是凝结在植物表面，或是滴落回土壤，在干旱和潮湿的天平之间做一个微妙的平衡者。昆虫、小型动物和微生物也有赖于露水的滋养。但是，过于丰沛的露水有时候也会造成各种不便，比如花粉着露则会影响授粉，所以《式微》中描述的农活有些可以"中露"去做，有些则必须等太阳出来、露水干透后再去做。

在古代，净水措施不发达的时候，人们还认为露水的品质优于井水，所以风雅之士会收集露水来烹饪、煮茶。迷信鬼神的汉武帝更是认为露水是仙人饮用的好东西，修建二十余丈的大铜人举起"承露盘"，收集夜间的冷凝水，和玉屑一起喝掉，希望可以长生不老。

现在，我们生活的环境变得复杂了，有些地方的露水可能含有植物本身分泌的毒素、叶面肥和农药、动物粪便等物质，不能随便去收集饮用。但人类还有许多收集露水的专业方式，核心的思路就是用易于凝结水分的物体模拟植物、蛛网，比如露水收集网、收集盘等，把地面蒸腾的水收集起来，在一些干旱国家，人们的生活非常依赖这项技术。

迢迢牵牛星

《古诗十九首》

迢迢牵牛星，皎皎河汉女。

纤纤擢素手，札札弄机杼。

终日不成章，泣涕零如雨。

河汉清且浅，相去复几许？

盈盈一水间，脉脉不得语。

本诗是《古诗十九首》中的一首，《古诗十九首》共有十九首五言诗，是由南朝萧统从传世的汉代古诗中选编而成，原始作者已经无从得知了。东汉末年，战乱不断，百姓流离失所，诗人们将苦闷的人生境遇写入诗中，抒发自己对人生、爱情、友情、宇宙的思考。

这首诗中，诗人从星象中得到启发，将璀璨而遥远的星辰幻想成一对隔河相望的男女，演绎出一段瑰丽浪漫的爱情故事，充满了大胆的想象力：

织女因为思念丈夫，泪如雨下。她不停地抚弄织布机，却怎么也织不出一匹完整的布。那银河里的水，看上去既清又浅，没有多远。可是仅仅这一水之隔，却让他们无言相对，总是难以团聚。

这首诗歌的语言平淡朴实，情感细腻真切，采用白描手法，生动形象地塑造出一个饱含忧愁的美丽思妇形象。此外，诗中诸如"迢迢""皎皎"这类叠词的运用，让诗歌音节和谐，富有独特的节奏感，读起来琅琅上口，韵味无穷。

河汉清且浅，相去复几许：牵牛星、织女星到底隔了多远？

从河汉到银河系

"河汉"本义是地上的黄河和汉水，都是广阔、浩荡的河流，后来也用来代指天空中的银河。古人夜观天象，在晴朗的夜空里，可以看到一道横贯天际的乳白色亮带，那就是传说中的天河，也是现代天文学中所说的"银河系"。

银河系是由1200亿颗恒星组成的一团庞大星系，你也可以像古人一样，用肉眼看到它。挑一个没有灯光干扰的地方，在天空足够黑的晴朗夜晚，你就能观察到它，由于星光与星际尘埃气体混合在一起，它看上去就像一条烟雾弥漫的"天河"。在北半球，要想看到最壮丽的银河，可以试着选择7月的傍晚，那时银河贯穿南北天际，形成"银河倒挂"的奇观。

"河汉"是古人能用肉眼观察到的最大的星系奇观，但是这样看到的银河系并不是完整的，因为太阳就是银河系的亿万星辰之一，也就是说，我们正处在银河系的内部。因此，我们从地球上看到的银河，其实只是它的一部分。假如我们跳到银河系外面，会看到它的全貌：它是一个巨大的棒旋星系，长得像一个椭圆的盘子。

大约70年前，科学家就已经知道银河系是"翘曲的"，一侧的边缘区域由银河平面朝北边弯曲"向上"，另一侧弯曲"向下"，与其说像盘子，倒不如说如同我们平常吃的炸薯片。当然，以我们现在的科技水平还没办法跳出银河系，银河系的完整形状是天文学家结合其他星系的形状推测出来的合理构想。

在这个"薯片"的内部，是一个非常重且看不见的超级天体，现在终于明白那是一个超大型的黑洞，其质量大概有太阳的四百万倍。

银河系拥有四条旋臂，它们被超大型黑洞拉扯而不断地旋转着，其中一条旋臂上有一颗小小的恒星，那就是太阳；绕着太阳旋转的地球，只是银河系里一个毫不起眼的黯淡小蓝点儿。

牵牛星、织女星到底隔了多远？

在这首诗中，"牵牛星"和"河汉女"分别指的是牵牛星和织女星。这两颗星星与"牛郎织女"这个家喻户晓的民间传说有关。传说里，王母娘娘拔下金钗，伸手一划，星空中顿时卷起滔天巨浪，化作一条天河，也就是银河。此后，牛郎和织女便被永远阻隔在天河的两端，可以隔河看见彼此，却始终无法团聚，就像诗中说的那样："盈盈一水间，脉脉不得语。"唯有每年农历七月七日，一群群喜鹊飞来，用身体搭建起一道横跨天河的鹊桥，牛郎、织女才能在鹊桥上团圆。

想要看到"牛郎"和"织女"，有一个小窍门。在夏季晴朗的夜晚，如果你仰望银河，那多半会看到横跨银河的三颗亮星，它们可以连成一个近似直角三角形，那就是"夏季大三角"。

这个三角形的顶端分别是天津四（天鹅座α）、织女一（天

天津四

织女星

天箭座

海豚座

牵牛星

8月上旬晚上10点面向南方

夏季大三角

琴座α）和河鼓二（天鹰座α），后两者就是著名的"织女星"和"牵牛星"了。"α"代表着它们分别是天鹅、天琴、天鹰三个星座里最亮的主星。

找到这个夏季大三角，也就容易找到牛郎和织女了：这当中有两枚星星好像隔着银河远远相望，其中一颗比较亮，那就是织女星，它是北半球第二明亮的恒星，仅次于大角星，因此诗中有"皎皎"之谓，它也是古人比较容易定位的一颗恒星。另一颗较暗的，就是牵牛星。

牵牛星和织女星仿佛远远地隔着几千光年"厚度"的银河。但我们现在知道，那只是星空中出现的一个视觉误差，牵牛星、织女星和我们一样，其实都被包含在银河系内部，它们的实际距离只有16.4光年远。

星宿，古人的宇宙观

现代天文学把夜空中的星星分为88个星座。我们现在知道，地球绕太阳公转，但站在地球上看，太阳会在天上划过一道轨迹，这道轨迹叫作"黄道"。88个星座中，在黄道上分布的有12个。

而在中国古代，天文学家把黄道上分布的恒星分为28个"星宿"，它和后来的星座概念其实是一脉相承的。另外，他们还把北天极周围的天空分成了三个区域，分别是紫微垣、太微垣和天市垣，在一起统称为"三垣"。

这些古代的天文学家被称为"星相家"，他们认为，天象就像一面镜子，映照着地上的万事万物。每个星宿分别对应着地上的不同区域，主管不同类型的事务，有些预示着帝王兴衰、农事收成，有些则对应着战争、瘟疫……星相家通过观测天象来占卜凶吉，一旦天象有变，便将它与现实中发生的事情联系起来。因此，古人观测星象不只是为了观赏美景，更是源于对星辰的自然崇拜。每当季节变化，星宿的位置也随之移动。通过观测星象，可以确定从事劳作的次序。

在先秦时期，牵牛星、织女星两颗星本来一个指导祭祀，一个指导织造，并不是"夫妻关系"。而到了汉代之后，天文学家把它们统一归入二十八宿之一的"牛宿"之中，方便计算星象；而在民间，劳动人民对两颗星也有了男耕女织的浪漫想象，并且用带有悲剧色彩的神话传说把两颗星牢牢锁定起来。

庭中有奇树

《古诗十九首》

庭中有奇树，绿叶发华滋。

攀条折其荣，将以遗所思。

馨香盈怀袖，路远莫致之。

此物何足贵？但感别经时。

这是一首思妇怀人的闺怨诗。

庭院中有一棵美丽的树，绿叶葱茏茂盛。抒情主人公攀着树枝，折下一枝花，用来寄托心中的思念。只可惜路途遥远，无法将它送到思念的人手中。

这首诗以一位闺中思妇的口吻娓娓道来，采用比兴的修辞手法，以物衬人，借花事来写人情。花开花落，意味着时间的流逝，牵引着闺中妇人的思绪。前几句对奇树、花、叶着墨颇多，盛赞了这一树花。可是，末句笔锋一转，突然感叹"此物何足贵"。诗中对花树的一褒一贬，看似前后矛盾，却恰好映照出思妇百转千回的内心世界。她思念丈夫，但是又一筹莫展，只能独自抒发感慨，平添烦恼。全诗层次明晰，音律流畅，一气呵成。

馨香盈怀袖，路远莫致之：香气如何传播？

为什么我们能闻到香气？

人类只能闻到挥发性的气体分子。可以想象，夜晚的院子里开了一株茉莉花，茉莉花散发出一大批表达"茉莉花香味"的有机分子，其中有几个经过空气的传播，被你的鼻孔捕捉，吸进鼻腔。鼻腔本身不产生嗅觉，它只是把这个分子吸到鼻腔后部的嗅觉上皮，这块皮肤本身只有指甲盖大小，但密布数百万个嗅觉细胞。不同的气味分子会让嗅觉细胞产生不同的电信号，传给大脑，于是你就闻到了花香。

和味觉、视觉等感觉一样，嗅觉的本质也是把外部世界的信息转化为电化学信号，传给大脑分析。这次，大脑动用了前端一个叫"嗅球"的部分。嗅球接到电信号后，会将信号传给大脑皮层，再由大脑皮层给出是香还是臭的结果，这个大脑分析过后产生的反馈，就是嗅觉。

正是因为这个技能，我们的远祖才能在野外嗅到熟透的水果、腐烂的有害物质，从而趋利避害。所以，"好闻"的东西往往意味着新鲜的、有营养的、正面的，比如柑橘的香气。但这并不是柑橘主动强调自己有利无害，而是在长期的演化过程中，动物一直修正着自己的感觉，使得"健康的"香味分子总是使自己产生愉悦感。反之，我们觉得腥臭的、腐烂的气味有害，甚至闻到就头晕、想吐，也是演化长路留下的遗产。这种遗产给了动物一个本能，能对不同的气味产生不同的情绪，高兴就吃，恶心就跑，从而实现趋利避害。

特殊的人类嗅觉

不过，对于人类来说，上述规律也不可一概而论。我们有时候甚至会去享受一些有臭味的东西，比如螺蛳粉、榴莲闻起来有些怪异，但我们的理智会告诉自己这些东西吃了不会有问题。

一个原因是我们已经通过物理和化学手段知道，香与臭有时候并不是严格对立的存在。某些香味分子积累到一定程度，会给大脑产生臭的错觉。比如茉莉花的气味来源之一就是极微量的吲哚（yǐn duǒ），它是植物代谢过程中释放的一种小分子化合物。其实这种东西，我们人类的粪便里多的是，只不过吲哚过浓，就变成了臭味。吲哚是制造香精和药品的重要原材料，我们在工业上提取吲哚，使用的是煤焦油等原料。

第二个原因要更复杂一些。我们平常所说的味道，其实并不只是酸、甜、苦、咸这四种味觉（辣不是味觉，是一种痛觉。而我们亚洲人擅长分辨一种独特的味觉——鲜），也有一部分是气味分子从口腔跑到鼻腔后部产生的嗅觉，称为鼻后嗅觉。人在吃东西的时候，经常会把这部分嗅觉和味觉混淆，所以臭豆腐、螺蛳粉"闻起来臭吃起来香"，就是因为灵敏的鼻后嗅觉能帮助味觉辨识出更多的风味物质。

人类进化到今天，对嗅觉的开发和其他脊椎动物已经大为不同了。比如狗鼻子是出了名的好用，能闻到很远的气味源发出

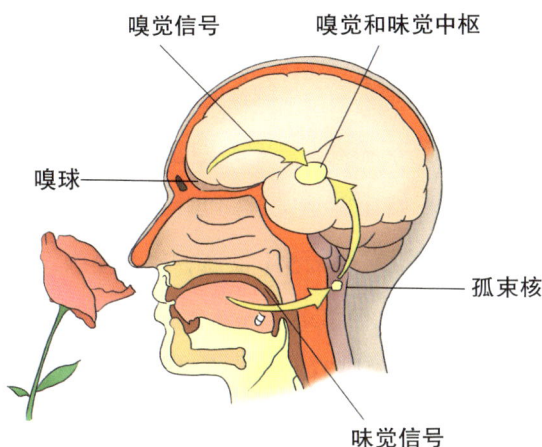

嗅觉信号　　　嗅觉和味觉中枢

嗅球

孤束核

味觉信号

的气味，这一点人类做不到，但人类嗅觉的长处在于能够分辨出一万多种不同的气味。这可能跟我们站起来直立行走有关，头部远离了地面之后，那些泥土、毛发之类的强烈的气味信息，人类已经不再需要。当然，如果你重新趴下来，还是会分辨出房间里的灰尘或野外的泥土味。但是站起来意味着人类需要去分析更复杂的气味环境。在人类有了语言之后，还能归纳、描述这些气味，所以美食、咖啡、香水……的评价体系才能慢慢建立起来，人类拥有了更多品味的乐趣，形成了众多的"气味文化"。

分子的热运动

即便是把茉莉摘下来放在一个无风的室内，我们也能隔着很远闻到茉莉的香味，这个现象表明了分子可以扩散。这种宏观的扩散现象，背后是微观的分子热运动：分子每时每刻都在做无规则的运动，通过和其他分子撞击来改变自己的路径。加热气体，分子的热运动也会加剧。

在微观上看，一个热运动的分子速度可以达到每秒几百米，但由于很快就会撞击到别的分子，因此看上去它就只是在自己的一小块区域内不断地高速振动。分子的热运动是无序的，也就是说它不会自发产生一个特定的运动方向。

分子的热运动并不仅限于气体，液态物质和固态物质的内部分子也在一刻不停地进行着热运动。只不过在气体内，这种运动已经足以让气体分子到处乱跑；而在固体内部，比如金属晶体，分子和分子之间还是被牢牢地拴在一起。但加热到一定程度，分子就从晶格的固定排列中解脱，成为液体，这就是液化；继续加热，液体也不会凝聚为一个液滴，而是四处散开，这就是汽化。

我们把无风房间里的茉莉换成一瓶液态的茉莉香水，过不了多久也会在房间的另一个角落闻到茉莉香气。这就是因为茉莉香味的分子挥发性强，可以很轻松地通过热运动从液体的界面中突破出来，扩散到空气里，再在空气中扩散到房间其他的角落。

万物之嗅

嗅觉是如此重要，因此它不是陆地脊椎动物的专利。在生物进化的历史上，嗅觉的产生比听觉和视觉还要早。早期的海洋生物，也拥有"水中的嗅觉"，并且这个技能一直遗留到今天。鲨鱼的大脑有三分之二的部分都在管理嗅觉，这使它能在一千米外嗅到一滴血的味道。而近些年来，二氧化碳的排放量增高，海洋的酸化愈加严重，导致海洋生物的嗅觉也受了影响，使它们更难找到食物、躲避天敌或者找到合适的区域来繁殖。

梁甫行

〔魏〕曹 植

八方各异气，千里殊风雨。

剧哉边海民，寄身于草野。

妻子象禽兽，行止依林阻。

柴门何萧条，狐兔翔我宇。

汉献帝建安十二年（207），曹操的军队北征乌桓，曹植跟随军队来到了遥远的边陲，他在这里目睹了边远地区老百姓的悲惨生活。

"八方各异气，千里殊风雨。"四面八方，各个地区的气候、风土、民俗都不一样。但是海边贫苦百姓的生活最为凄惨。所以诗人发出感慨："剧哉边海民。"他们有家不能回，只能寄身在野草丛中。妻子和儿女像"禽兽"那样躲进艰险的山林里，蓬头垢面，衣不蔽体。这些贫民们抛弃了残破的房屋，逃入山林。狐狸、兔子等野兽占据着贫民的家园，悠闲地在门前屋后踱步，一点儿也不怕人。

这首诗的写实性极强，语言质朴自然，采用白描的手法如实描绘出边海赤贫百姓与禽兽为伍的生存惨状，倾吐了底层百姓的辛酸疾苦。曹植面对这种极度贫困、荒蛮、落后的生存环境，并没有抒发议论。但是我们不难看出，全诗都充斥着诗人的慷慨义愤和对边海人民的深切同情。

八方各异气，千里殊风雨：谁帮你记下了那年的天气？

天气和气候

我们平常收看天气预报，可以获知未来一段时间的天气状况，但是，在同一时间段，有的地方刮风下雨，有的地方却晴朗无云，有的地方十分寒冷，有的地方却很炎热……天气千变万化，实在令人琢磨不透。

天气预报预测的"天气"是某个地区在某一时间段的大气状况，主要包括阴晴雨雪、温度、风级、灾害天气等要素。人们长期收集某一地区的气象信息，总结出其中的规律和趋势，从而知道该地区的典型天气，这就叫作"气候"。相较于天气的瞬息万变，气候变化是一个极其漫长且稳定的过程，它描述的是持续了几百年甚至是几千年的情况。相比之下，天气所能覆盖的时间和空间就有限多了。

根据世界气候组织的规范，一个标准气候时间是30年，这样对人类的实际活动才有用处。天气预报可以告诉我们未来几天的天气变化，比如明天会不会下雨，会不会刮风，可是气候却会告诉我们，某个地区一年之中什么时候是雨季，每个月的气温大概多少度……曹植在诗中所说的"八方各异气，千里殊风雨"，反映的正是不同地区之间天气和气候的巨大差异。

我们知道，由于纬度差异，地球上各个地区接收到的阳光不同。热带地区接收到了最多的阳光和热量，极地最为寒冷。所以，从赤道向两极延伸，地球可以分成几大温度带：热带、亚热带、温带和寒带。此外，海陆位置、地形等因素又影响到每个地区的干湿程度。所以，这就造成了不同地区之间的水分差异。热量和水分的分配影响着气候的形成，从而呈现出全球不同的气候、生物、土壤和植被。正是因为气候差异，世界各地才会形成迥然不同的自然景观。

对流层的天气

对流层位于大气层的最底部，也就是最贴近地球表面的一层，从地面向上延伸11千米，都是对流层的范围。这个数据会随着季节和纬度的改变而变化，低纬度地区的对流层平均高度为17至18千米，极地地区平均高度为8至9千米。

在大气层中，对流层的厚度很薄，但是气体密度最大，大气层中75%的大气质量和90%的水汽都在对流层，并且含有其他杂质。对流层大气的分布呈现出上冷下热的规律，冷空气下沉，暖空气上升。这里经常发生强烈的对流运动，容易成云致雨，形成各种天气现象。我们平常看到的风、雪、云、雨、冰雹、霜、雾等都发生在对流层。天气现象为我们解说着大气中发生的种种情况，反映大气的干湿冷暖和对流运动。

此外，对流层还是生命的活跃地带。这里为生物提供呼吸和光合作用所需的氧气和二氧化碳，人类和其他动物、植物、昆虫都生活在这一层，鸟类在这一层中自由飞翔。

对流层的顶部，一般在8000至11000米之间，这个数据也会随着纬度变化而变化。我们乘坐的大多数民航长途飞机会贴着这个高度飞行，可以避免受到强烈气流和噪音、飞鸟的干扰，平稳飞行。这时，我们透过窗户，可以近距离看到一层层云朵，它们不再高挂在头顶，而是位于飞机的下方。不过，飞机起飞或者降落的时候，仍然需要经过对流层，受到气流的扰乱，飞机会上下左右颠簸。

阅读一棵树的年轮

把一棵树拦腰锯断，树干的横截面上会呈现出一圈圈清晰可见的圆环，像箭靶子那样从中心向外扩张。这就是树木的"年轮"。只要数一数共有几圈年轮，就能推算出这棵树的年龄。

年轮记录着树木的生长过程。温暖而降水多的时期，树木茁壮生长，在比较短的时间里茎干就会变粗，年轮也就更宽，颜色浅淡。干旱、寒冷的季节，树木的生长速度变得缓慢，甚至是停滞不前，年轮也就更窄，颜色较深。

年轮也会反映出每一年的气候差异。在温暖潮湿的年份，树木生长力超常旺盛，年轮也就更疏阔。在某些干旱的年份，年轮会比往年更窄细，甚至是缺失。

在这种宽与窄、疏与密、深色与浅色的对比之下，形成了一圈圈清晰的环带，它们诚实地还原出一棵树所经历过的每一年。年轮就像一个可供人类阅读和研究的气候数据库，记录着许多重要的气候信息，比如降水量、气温、光照、土壤，等等。通过阅读年轮，气象学家可以推算出几千年的气候变化。历史学家可以研究每一年的具体气候是如何影响历史走向的。

那么，如果一个地区的温度常年没有变化，降水量总是保持一致。那么，树还会产生一圈圈年轮吗?

答案是否定的。比如说，热带雨林的树木年轮不太明显，其中蕴藏的信息量也就大打折扣。除了年轮以外，其他许多物质中也储存着关于气候的记忆，比如极地的冰芯、海里的珊瑚、湖底的泥土等。

年轮不只是一棵树的记忆，也是它所在地的气候数据库，甚至可以是一本病历。没错，火灾、病虫害、环境污染、空气中氧气和二氧化碳的含量……这些因素对树木的影响，也会体现在年轮上。

如果你"行止林阻，寄身草野"，在野外迷失了方向，别怕，可以找一棵树桩，看看年轮的疏密程度，就能马上辨明方向了。记住这个口诀: 南疏北密。因为我国位于北半球，太阳位于南方。向南的一面，树木接受光照较多，年轮比较疏阔。向北的一面背阴，年轮就比较紧密。

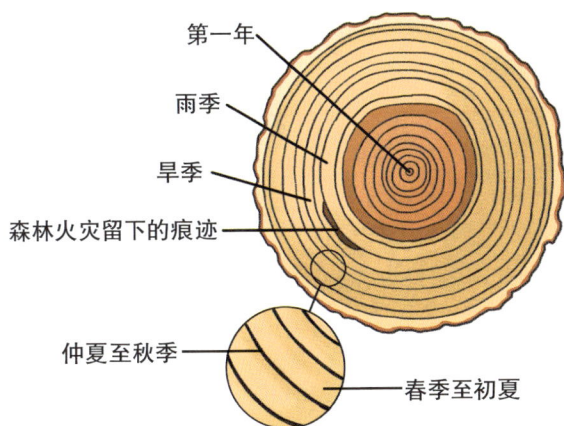

第一年

雨季

旱季

森林火灾留下的痕迹

仲夏至秋季

春季至初夏

年轮记录的气候变化

饮酒（其五）

〔晋〕陶渊明

结庐在人境，而无车马喧。

问君何能尔？心远地自偏。

采菊东篱下，悠然见南山。

山气日夕佳，飞鸟相与还。

此中有真意，欲辨已忘言。

　　陶渊明所在的东晋末年，社会政治黑暗腐败。陶渊明不愿为五斗米折腰，辞官回乡，自己开垦田地，耕种为生。他从简朴的田园生活中获得了内心的平静与和谐，并且成为中国第一位田园诗人。这首诗是他辞官十二年后所写，文字流畅，自然如洗，朴素率真，表现了隐逸生活的恬淡闲适。

　　"结庐在人境，而无车马喧。"诗人虽然住在人世间，却丝毫没有交际的烦恼。怎么做到的呢？答案是："心远地自偏。"陶渊明说的"心远"，指的是内心远离世俗，摆脱官场名利的束缚。他自然就像是居住在僻远的地方，听不到尘世的烦嚣。

　　诗人在东篱下采摘菊花，悠然间便看到了南山。傍晚时，山林中的气息十分美好，飞鸟结伴而归。这是生活中极其平淡的一幕，却蕴含着陶渊明所推崇的人生哲学，以及他追求的田园生活的恬淡、人生的真谛……"此中有真意，欲辨已忘言"，诗人想要说的一切都在景物之中，很难用有限的言语去描述，也无须向人诉说。

山气日夕佳,飞鸟相与还:鸟类,自带导航系统的神奇物种

"山气日夕佳,飞鸟相与还。"以鸟类为代表的许多动物在远离它们搭建的窝巢后,仍然能找到回家的路,从而成功归巢,这种特性叫作归巢性。利用归巢性,我们放养鸡鸭、饲养蜜蜂都可以变得更方便,还成功驯化了鸽子作为信使来传递消息。

小小脑袋中的大大地图

鸟类是怎么认得回家路的?目前仍然没有定论。

有些证据表明,一些鸟类拥有辨识日月和北极星的本能。鸟类的智商虽然不能让它们知道天球如何围绕北极星旋转,但足以让它们把这颗星和固定的方向挂钩。这个技能并不复杂,连蜣螂都可以利用银河给自己导航。在晴天夜晚时,蜣螂滚粪球的方向是非常标准的直线,但阴天时它们就只会原地画圈。

除了视觉之外,动物们可能也用到了地球的磁场。证据之一是,每当太阳磁暴扰动地磁时,信鸽的归巢率会下降。因此,我国举办信鸽比赛的时候,会提前咨询相关部门地磁状况如何。鸽子有利用磁场的能力可能是因为它们的视网膜中存在一种叫隐花色素的分子,可以感应外界磁场,并且有可能转化为视觉信号,如果这个猜想是真的,那就意味着鸽子可能会"看到"磁场的形状。

鸟类认路的原理尚未被揭晓，它们如何记忆路线也仍然是个秘密。目前一般认为它们的脑中能形成一幅原始的"地图"，存储在它们小得可怜的大脑海马体里。和空间信息有关的记忆都储存在这个重要位置，比如以吸食花蜜为生的蜂鸟，海马体就比普通鸟类大很多，这样才能记住哪里的花蜜更好吃。

燕与旧巢

燕子中大部分都是候鸟，只有一小部分是留鸟，所以它们归巢的能力在某些方面比信鸽还强。它们每年从南方飞回北方，总能精确地找到自己的旧巢。老燕子继续住下来，新燕子则去求偶筑建新巢。

公元451年的春天，南北朝对立的政权正处于激战之中，许多百姓家破人亡，《资治通鉴》中写那一年"春燕归，巢于林木"——燕子归来，已经找不到那些旧巢，只能在林木间筑巢栖息。这从侧面证明了正常环境下燕子和人类和平共处，寄于人居，修建可以重复利用的巢。

古人据燕子筑巢特点的不同，把燕子分为"巧燕"和"拙燕"。现在我们知道，"巧燕"大多是金腰燕，而"拙燕"指的是家燕，因为家燕巢称不上有多精美，侧面粘连在墙体上，上方开口，像个碗；而金腰燕的巢则是倒粘在天花板上，侧面开口，像一个巧妙的收口瓶。巧拙只是人类自己的评判标准，家燕的寿命比金腰燕短，雌雄关系也没有金腰燕稳定，成对回巢的情况更少，因此对旧巢的利用率比金腰燕低很多，巢相对来说会简陋一些。

巧燕的巢

拙燕的巢

建筑大师

鸟类筑巢最重要的原因就是需要有个安全的地方下蛋、孵蛋、养育小鸟。对其他动物来说，鸟蛋和小鸟实在是不可多得的美味，所以鸟蛋的颜色和巢的形制是密切相关的。比如猫头鹰的巢穴非常封闭，啄木鸟在树干中做巢，因此下白色的蛋就可以了。在树枝上筑巢的鸟类，蛋壳多呈现蓝色或绿色，便于隐藏在树冠里。而在地上产蛋的鸟类，蛋壳则以大地色为主色调，佐以各种各样的迷彩花纹。

有些鸟做巢的能力特别强，比如澳大利亚的园丁鸟，它们能用厚厚的苔藓铺平地面，再用兰花的花茎在上面搭造出一个宽阔、美观的凉亭式窝棚，还会用不同颜色的果实和花瓣来装饰这个凉亭。园丁鸟的巢从建筑结构、"硬装"到"软装"，都十分到位。碰巧周围有人类居住时，它们还会捡起人类丢掉的手表、珠宝等闪闪发光的东西，摆到自己的凉亭周围。这么精美的鸟巢肯定不只是为了生蛋用的，雄鸟是用极其华丽的住所来求偶，吸引雌园丁鸟的注意。

抢巢恶霸

有些鸟不自己筑巢，就把卵下到别人的巢里，吃掉巢里一个原先的蛋，让别的鸟帮它孵蛋，孵完了蛋，"后妈后爸"还要给这个外来的孩子找吃的，这叫巢寄生。最著名的巢寄生鸟类就是杜鹃了，许多大杜鹃习惯寄生在灰喜鹊的巢里，有个成语叫"鸠占鹊巢"，专门形容这种行径。

在进化的压力下，巢寄生演变成了一场"军备竞赛"。比如，大杜鹃产出的寄生卵，会和宿主的卵颜色高度相似，并且根据不同种类的宿主卵做出相应调整。一些巢寄生的雏鸟出生后，会本能地把巢里的其他蛋拱出去。而为了反寄生，容易被当作宿主的鸟也演化出一些对抗手段，比如驱逐寄生的雌鸟、减少离巢时间，还有出门的时候顺便把巢盖上。经常被杜鹃寄生的鸟，通常识别杜鹃卵的能力也更强，识别出之后当然是把杜鹃卵"驱逐出境"，或者干脆捣碎。于是，杜鹃卵的卵壳进化得更厚了，防止掉出巢或者被啄的时候太容易破裂；但又不能太厚，否则，小杜鹃难以破壳而出……寄生者赶是赶不绝的，在相当长的一段时间内，寄生者和宿主之间的拉锯战还将进行下去。

除了种间寄生之外，也有同类鸟之间偷偷寄生的"窝里斗"行为，称为种内寄生。总之，虽然巢寄生行为令人不齿，但我们终究难以用人类的道德去评价鸟类，这一切都是自然选择的结果，没有对错之别。

有趣的是，精通巢寄生的鸟的海马体通常比没有巢寄生行为的同类更大，因为它要记住许多目标鸟巢的位置和产卵状态，可以说是为了孩子操碎了心。

拟行路难（其四）

〔南朝宋〕鲍　照

泻水置平地，各自东西南北流。

人生亦有命，安能行叹复坐愁！

酌酒以自宽，举杯断绝歌《路难》。

心非木石岂无感？吞声踯躅不敢言。

"泻水置平地，各自东西南北流。"把水倒在地上，水会沿着地势，向着东南西北的方向各自流淌。这是多么显而易见的常识。但是下一句立刻跳转，将这首诗提升到人生哲学的高度："人生亦有命，安能行叹复坐愁！"看到这里，我们才明白了诗人的用意，他用"泻水"的情景来暗喻人生的不平等。地势不平会影响水的流向，而门第的高低也会影响人的际遇。诗人鲍照所在的时代，门阀制度严苛，而他出身寒门，空有才华却无处施展，因此常常感慨人生艰难。

诗人想要借酒来宽慰自己，想要借歌来驱散愁苦，可是一举起酒杯，却又如鲠在喉。"心非木石岂无感？"写到此处，诗人的胸中郁积着愤懑的情绪，孤愤难平，就快要呼之欲出了！然而，最后一句却犹如一盆冷水浇到头顶，诗人再一次陷入了沉默，"吞声踯躅不敢言"。诗人在时代的阴云之下，忍气吞声，举步维艰，这恰恰契合了本诗的题目"行路难"。

这首乐府诗采用杂言体，句式长短混杂，将情感与诗歌的声韵节奏有机地融合在一起，读来声情并茂，一吞一吐，欲说还休。

泻水置平地，各自东西南北流：难以预测的除了水流，还有世界的走向

蝴蝶效应

1986年1月28日，"挑战者号"航天飞机在美国发射。离地后一分多钟，飞机在空中解体炸裂，7名航天员全部罹难。事件震惊世界，美国邀请了许多顶级工程师和科学家协助调查，其中就有著名的物理学家理查德·费曼。费曼当时罹患癌症，但仍然接受了这个任务。费曼调查后，向媒体展示了他的结论：他将一个橡胶环泡入冰水中，它在低温下失去了韧性——你在保温杯、圆珠笔筒里经常能见到这种部件。

答案呼之欲出：并不是什么巨大的失误引起了这个惨剧。航天飞机上也有这样一个大一点的橡胶环，发射时气温极低，但没有人认为应该因此终止发射，橡胶环变脆导致燃料泄漏，最终使得航天飞机陷入火海。

在电影《侏罗纪公园》中，也有这么一段情节：数学家让古生物学家伸出手背，在她手背上滴落几滴水。每次水滴都落在同一个地方，但每一次水滴流下的方向却都不相同。这个数学家以此为例子，解释系统可能因为某个初始条件的不同，而走向预料之外的命运。后来，公园安保系统的崩溃验证了他的观点。

"泻水置平地，各自东西南北流"也是一样的道理。由于没有

绝对光滑、水平的平面,把水倒在地面上,自然也会有不同的流向,每一次水流的形状也是无法复制的。

曾经人们普遍认为世界就像一个巨大的机械装置,小到钟表,大到天体,都遵守着死板有序的数学规则,就算给我们一个新的宇宙,只要输入最初的数值,这个宇宙也会按照牛顿三大定律一步步推进到现在的样子。假如宇宙出错了——比如多了三个地球,或者蜥蜴代替人类成为智慧生物,那一定是这个系统被外界扰动了,就好像齿轮被磨损导致钟表走慢了那样。更进一步,一旦我们知道宇宙中所有粒子的位置和速度,理论上我们也可以预测宇宙在今后任意一个时间的状态。

但后来的科学家否定了这样的世界观。首先,海森堡揭示出粒子的位置和速度没办法同时测得,这就是"海森堡测不准原理"。其次,一些科学家发现了"混沌理论"。他们认为,在这样的复杂系统里,就算没有外界带来的随机性产生,初始值的微小差异也会被系统内部极其简单的数学规则一步步放大,给后续的结果造成非常大的不确定性,以至于长期预测变得完全不可能。这就是混沌理论的重要特点——"初值敏感性",中国人所谓"失之毫厘,谬以千里"。

在1963年提出这个观点的,是气象学家爱德华·洛伦兹,他的著名比喻就是"蝴蝶效应":亚马逊雨林的一只蝴蝶扇扇翅膀,可能引起两周后得克萨斯州的龙卷风。实际上,混沌理论的发现就是源于当时在气象预测上的碰壁。

世界上充满了混沌。"难以预测"某种程度上意味着"非周期性"，潮汐、月相、鸟的迁徙有强烈的周期性，所以你完全可以预测它下一次什么时候来，对于这种系统，微小的干扰也不会产生巨大的误差。但飓风和湍流的形状就很难捉摸，股票行情更是难以预测。

无常中的秩序

1951年，苏联化学家别洛索夫发现某几种化学物质的混合物会有振荡反应，从无色变成有色，再变回无色，如此循环不休。也就是说，这些物质通过化学反应，从无序中诞生了一种规则的周期性变化。第二年，英国数学家图灵写出了一些简单的方程式，用来模拟出自然界的一些复杂图案，比如斑马鱼身上的斑纹、蕨类植物卷曲的图形、奶牛身上的黑白花，等等，它们后来被称为图灵斑图。别洛索夫的振荡变色，在特定条件下也能形成图灵斑图。

虽然图灵的方程还不够完善，但它大致解释了无序中是怎么产生精妙形状的。这些过程其实每天都在大自然中上演。比如，我们都清楚雪花会形成某种六边形或者针状物，却没办法预测它的枝丫到底会伸成什么具体的样子。

自然界中的各种图灵斑图

生命的游戏

20世纪70年代，能摸到电脑的人大都喜欢玩"生命的游戏"。它有一个棋盘格似的简单界面，每个格子里面都可以放一个"元胞"，元胞有两个状态，死或者活。游戏规则只有三条：

1.一个元胞周围恰好有2个元胞，则下一回合元胞的生死维持不变；

2.一个元胞周围恰好有3个元胞，则无论这个元胞在这一回合是死是活，下一回合它都会活着；

3.一个元胞周围只要少于2个元胞或多于3个元胞，下一回合它必死无疑。

随意填进去几个元胞，开始游戏，让计算机按照上述规则去计算，经过许多回合后，奇妙的事情发生了：这些元胞形成了奇妙的规律图案，并且动了起来，这些图案此消彼长，像极了生命的演化。实际上，这个软件就是英国数学家约翰·康威发明的元胞自动机，它很好地反映出混沌中如何诞生生命：在简单的规则下，不同初始条件在足够长的时间后，可以诞生出非常复杂且具规律性的生命形态。

正是因为混沌从简单规则中生出无限可能的特性，自然界才允许从无序中诞生出偶然的秩序，并且迅速扩大。它避免了让一切事物都走向混乱的消亡，因此才诞生了秩序的极高形式——生命和文明。

敕勒歌

南北朝民歌

敕勒川，阴山下。

天似穹庐，笼盖四野。

天苍苍，野茫茫。

风吹草低见牛羊。

    敕勒族是南北朝时的一个北方游牧民族，居住在今山西北部和内蒙古南部一带。敕勒川指的是敕勒族居住的平原。

    在诗人眼中，天空就像是巨大的圆顶帐篷，笼罩、覆盖着草原的四面八方。天空是青蓝的，草原辽阔，无边无际。一阵风吹过，吹低了青草，牛羊的身影突然显现在眼前。

    "天苍苍，野茫茫，风吹草低见牛羊。"前半句还在感慨草原的广袤无垠，一阵风吹过，这才让人恍然大悟，原来草原不止恢宏壮丽，在深深的草丛里还隐藏着许多牛羊。"见"字用得极其灵动、巧妙，让静止的画面突然"活"了起来。诗歌只用了寥寥数言，便为我们描绘出一幅无边辽阔而又充满生机的草原画卷，体现出诗人敏锐的观察力和高超的艺术概括能力。

    这首诗是北朝民歌的代表作，反映了北方游牧民族的草原生活，语言简朴率直，明白如话，风格豪放，音调雄浑，为我国古代诗歌带来了一股明朗爽畅的气息。

天似穹庐，笼盖四野：其实，天不似穹庐，地不只四野

天穹好像一个蒙古包的圆顶，盖着平整的地面，地面有东、西、南、北四极，这就是古代人在开阔的平原上纵马远眺，得到的最符合直觉的天文地理模型。现在我们知道，"天似穹庐，笼盖四野"这两句话，都是不完备的。

首先，天空并不是球形，只是因为人的目力有限，才会看到一个视觉上的圆形"天球"。古代人观察到的天球也并不是整个天空，而是被地平线遮挡之后的一个小小的视野。在有彩虹的时候更加明显：我们看到的彩虹大部分是一道圆弧，但其实所有的彩虹都是完整的圆环。随着航拍和无人机越来越普及，以后大家会看到更多的环状彩虹的照片，可能若干年后，人们就不会再把彩虹比喻成一座桥了。

其次，大地并不是平整的，而是一个球形，现在我们已经耳熟能详了，也能在从外太空拍下的照片上目睹这个浑圆的蓝色星球。

浑盖之争

我国古代的天文学家限于当时的科学技术水平，无法得出精准的地球模型，但经过精心的计算，古人有"论天六家"之说，也就是盖天、浑天、宣夜、昕天、穹天、安天。其中，盖天说和浑

盖天说示意图

浑天说示意图

天说是两个最重要，并且相持不下、经历了数百年论战的学说。

　　"天地分离，天圆地方；天似斗笠，地法棋盘"的盖天说因为最符合人类直觉，出现得最早。而"浑天说"则到西汉才出现，认为天地好像一个正圆的鸡蛋，地就像鸡蛋里的蛋黄，至于地为什么不掉下去，是因为有水或者"气"载着它浮动。

　　西汉时，汉武帝让司马迁组织制定《太初历》。司马迁是盖天家，而他招募来的落下闳（hóng）等民间专家是浑天家，双方的宇宙观完全不同，所以在工作中产生了巨大的分歧。汉武帝只好让两家分头制历，两相比较之下，宣布浑天家的历法胜出，作为《太初历》指导天下生息。这是浑天说的第一次大胜利。

　　现在看来，浑天学说虽然暗示大地是个圆球，但也有局限。比如它认为天与地的尺度差不太多，因此对天球之外的想象几近于零，也就没办法发展出古希腊人那样的地球运行于巨量的水晶或以太之内的宇宙模型，更不用说产生"太阳和地球到底谁绕着谁转"这种更进一步的讨论了。

　　但是，我国古代的天文有一部分是为历法服务的，这些看似简单的模型，在处理历法问题时分外好用，所以我们不能拿现代的眼光去完全否定它们的意义。直到元明时期，中国人受到扎马鲁丁、利玛窦等西方学者的影响，并有西方传来的地球仪等以为佐证，才对真实的地球形状和天地关系有了更深刻的了解。

不可能的投影

知道地球是圆的是一回事，把它画出来又是另一回事。你肯定玩过地球仪，也肯定看过世界地图，那么你可能想过：如果把地球仪上那张塑料皮撕下来展平，是不是就能得到一幅地图？如果你这么试了，肯定会失败，因为一张"球形的纸"永远没办法完美地平铺成一个矩形。

要把球形的大地变成平面地图，就得用到投影术——用几何学的方式，把曲面上的内容一块块投射到平面上。我们现在最常用的"墨卡托投影"地图，就是比利时地图学家墨卡托在1569年拟定的，它又叫"正轴等角圆柱投影"，相当于在地球仪上罩一个圆筒，然后把地表投到圆筒上，再把圆筒展开。这样可以保证经纬线还是保持90°相交，使得它能反映上下四方的真实方向。

但是这种手段还是没办法规避强行展平一定会导致误差的问题。在墨卡托地图中，离赤道近的地方基本没有被放大，但离赤道越远，大陆的形状就被拉伸得越厉害，南极洲被拉得最大。假设有一片恰好覆盖在南极点的雪花，那么它被墨卡托投影后，展开到矩形纸面上，会以一己之力占据了整个地图的下边沿，那独特六边形结晶的每一个边都会在地图上纤毫毕现，一个冰晶分子拉得比一个国家还大。当然，在现实制作中墨卡托投影还是要加工一番再使用的，不会那么极端，但你拿一张墨卡托地图出来看，会发现俄罗斯面积会很大，格陵兰岛的面积几乎赶上整个非洲，看起来非常失真。

如果尝试另一种"高尔—彼得斯投影法"，就能保证每块陆地的面积是对的，但是大陆的胖瘦却又走形了，比如非洲就给拉得跟一块咸带鱼似的。由于曲面不可能完全展平的性质，不管采用哪种投影法，面积、距离、角度还是总有一个要失真。所以如果只是为了准确了解陆地的面貌，还是老老实实看地球仪吧。

万物生长的家园

大地上的一切自然现象反映的都是地球表面物质循环与能量交换的过程，我们和天地万物一起享受这些生态，但植物没有意识，动物不懂抽象的概念，只有进化出语言和文明的人类，才会将这些景色描述为"美"，寄托内心的思绪，于是就有了诗。最早的那些诗句，如"关关雎鸠，在河之洲""断竹续竹，飞土逐肉"等，无不和发现自然、改造自然有关。

后世的诗人们或是忠实，或是浪漫地记述下自然界中的树木森林、风雨雷电，可以说每一首诗都把这个小小星球表面的一个瞬间记录下来。我们才得以跟随诗人们的篇章，去仰观俯察，看看这颗黯淡蓝星上发生的一切自然奇观。

风

〔唐〕李 峤

解落三秋叶，能开二月花。

过江千尺浪，入竹万竿斜。

  这是一首咏物诗，诗人李峤采用拟人化的手法，赋予"风"这个看不着、摸不透的主角独特的情感和性格。

  在诗人的笔下，风有自己的意志，能在秋天吹落树叶，在二月催开花朵；它吹过江水的时候可以卷起千尺巨浪；它进入竹林时，又能一瞬间让万竿竹子倾倒。

  诗的前两句从轻灵入手，"解""能"二字只是轻描淡写，便揭示了风的神奇：它可以温柔地化解万物，既能让万物凋落，也能让花草生长。后两句笔锋一转，画风突变，"过""入"二字让风这个主角变得主动起来，"千尺浪""万竿斜"栩栩如生地描绘出风力强劲，极言风的气势和力量。

  诗人并没有直接描写风的形态，而是通过风对自然万物的影响，从侧面描绘出一个变幻莫测的拟人化形象，展示出大自然的神妙。全诗无一个"风"字，而风却贯穿始终，突破了时间和空间的限制，几乎无所不能，无处不在。

解落三秋叶，能开二月花：风为什么有这么大能耐？

风是怎样形成的？

简单来说，风就是一种大规模的气体流动现象。要搞清楚空气是怎么开始流动的，我们首先需要知道空气的密度并不是一成不变的。

太阳光照射在地球表面，各个地区受热不均匀，形成了不同地区之间空气密度的差异性。空气的密度与温度成反比，一个地区密度较小的空气上升，另一个地区密度较大的空气下沉，从而产生了空气的运动。空气在地球表面的水平运动就是人们所说的"风"，垂直方向的空气运动则被称为上升气流或下沉气流。

风的方向、速度和力量分别被称为风向、风速和风力。风向命名按照风吹来的方向命名。比如，从东向西吹的风，被称为东风；从南向北吹的风，被称为南风。在我国，冬季主要吹西北风，夏季主要吹东南风。风速就是风的前进速度。因为两地之间的空气流动的速度、气压差异总是不尽相同，所以形成的风速、风力也不一样。简言之，风速越大，风力也就越强劲。

从相风铜鸟到蒲福风级

汉代时，中国就已经出现了一种可以判断风向的仪器——相风铜鸟，相传是科学家张衡发明的。据史书记载，相风铜鸟建造于高台上，立一根五丈高的竿子，顶上站着一只铜鸟，口中衔花，随风转动，鸟头所指的一方就是风向。

到了唐代，李淳风根据刮风时树木表现出来的状态，总结出八个风级，这是世界上最早的风级，与现如今使用的风级十分相近。《乙巳占》中记载："一级动叶，二级鸣条，三级摇枝，四级坠叶，五级折小枝，六级折大枝，七级折木，飞沙石，八级拔大树及根。"

1805年，英国的一位海军舰长弗朗西斯·蒲福通过观察风对陆地上的炊烟、树枝、尘沙和对海上的波浪的影响程度，将风力划分为13个等级。通过风级，我们可以迅速辨认出风力的强弱：0至5级分别是无风、软风、轻风、微风、和风、清风，6至12级分别是强风、疾风、大风、烈风、暴风、狂风、飓风。

蒲福风级最初用于航海，用来估计和报告海上的风速。后来，人们将之加以改进，扩充至17个等级，在国际范围内广泛运用。现如今，当我们收听天气预报的时候，会听到播报员说："西北风4到5级。"其中，"西北风"指的是风向，"4到5级"指的就是蒲福风级。

根据蒲福风级，风力达到6级开始具有破坏性，可能会给人类生活和自然界带来诸多灾害。比如，10级大风可以将大树连根拔起；在干燥的季节，山林中星星点点的小火，常常因为风势的推动而大肆蔓延，燃烧整片森林。

风，改变世界的力量

李峤惊叹于风的力量，"解落三秋叶，能开二月花"这两句诗说的是风对气候的影响。我国大部分地区是季风性气候，随着季节更替，风也会发生变化：秋天是冷飕飕的西北风，无情地扫落秋叶，飘零萧瑟；春天是温煦的东南风，天气转暖，花草茂盛。

"过江千尺浪，入竹万竿斜"，风和浪也有着不解之缘。当猛烈的大风席卷江面，水面与风摩擦产生波动起伏，就形成了浪。条件适宜的时候，风会把能量传递给水，像是接力一般，波浪会不断生长起伏。

风的作用实在太多了，它能帮助植物传播种子和花粉，促成大自然中的生命繁衍。比如，蒲公英的种子上有白色冠毛，能像降落伞一般随风飘落，繁衍生息。

另外，风还是一位塑造地表的雕刻家，像无形的手裹挟着沙粒，飞沙走石，侵蚀堆积，塑造出各式各样的风成地貌。世界上许多沙漠的形成都离不开风的力量，典型如撒哈拉沙漠、塔克拉玛干沙漠。沙漠地区，某些岩石长期经受风力的侵蚀、打磨，逐渐形成顶大腰细的"风蚀蘑菇"，成为沙漠中独特的景观。

荷兰风车与大航海帆船

自然界中的风，看不见，捉不到，却蕴含着无穷无尽的力量。在人类发展的漫长历史之中，人们一直觊觎着这股力量，并想办法去了解它，利用它。比如，荷兰风车从外面看像是美丽梦幻的童话小屋，一旦走进去，你就会发现它的内部别有洞天，其实是一座座磨坊。

荷兰位于盛行西风带，一年四季西风吹拂，这为大风车提供了源源不绝的动力。风车可以将风力转换成机械动力，带动磨盘榨油，碾磨谷物、烟叶和香料，还可以用于锯木、造纸、滚压毛毡等。

荷兰是著名的"低洼之国"，常年多雨，地势平坦，海拔较低，四分之一的国土海拔位于海平面之下。一旦海上的大潮袭来，土地会被迅速淹没，历史上的荷兰一度饱受洪水灾害。16世纪，荷兰人开始利用风车的动能，先将低洼区域中的积水吸出来，然后再排干。风车转动，不停地抽水、排水，有效地避免了低地被水灾吞噬的厄运。

20世纪以后，随着其他动力的普及，荷兰的经济、民生已经不再那么依赖风车的动力了。不过，一座座随风转动的大风车仍然是荷兰独树一帜的风景。

在蒸汽船发明之前，帆船是人类最重要的航海工具。人类的航海史、地理大发现都和风脱不开关系。

最初，人类制造出简单的独木舟、木板船，借助风力、水流和船桨进行简单的航行。帆可以增加风的施力面积，让船只充分、有效地利用风力，驶向远方的海洋。

不过，风的危险一直都存在。在航海过程中，如果遇到强风突袭，庞大的船身可能会重心倾斜，甚至船翻人亡。因此，如何正确地利用风和洋流，也成为大航海时代的一个重要命题。

1492年，哥伦布率领三只远洋帆船的船队，从西班牙启航，深入大西洋，进行首次探险。哥伦布搭乘的圣玛利亚号就是当时盛行于地中海的卡拉克帆船，它的前桅和中桅配备数张横帆，后桅配备一张三角帆，船尾呈现出巨大的圆弧状。它体积庞大，能够在大海中保持稳定。内部划分有大量空间，可以放得下远航所需的物资。哥伦布的这次航线一路借助东北信风航行，并且成功避开了大西洋的飓风。值得一提的是，在这次航行中，哥伦布首次登上了美洲大陆。

大航海时期的卡拉克帆船

回乡偶书

〔唐〕贺知章

少小离家老大回，

乡音无改鬓毛衰。

儿童相见不相识，

笑问客从何处来。

    唐朝诗人贺知章在武周年间中了状元，去长安做官。唐玄宗天宝三载，85岁的贺知章辞去官职，告老还乡。"少小离家老大回"，开篇点明时间跨度之大，诗人背井离乡，漂泊半生，终于又回到故乡。"乡音未改"是故乡在他身上留下的印记，一切仿佛没有改变，可是他已两鬓斑白，难以掩盖岁月的摧残，诗人心中充满了对岁月和故乡的感怀。正在这时，几个儿童来到眼前，笑着问他是何处的来客。贺知章此时的心情，究竟是开心，还是感伤呢？真是耐人寻味。

    结合背景来看，诗人久别故乡，历经沧桑世事，事过境迁，应当是百感交集。然而，这些百转千回的情感和思绪，还未说出口，便在一声童言无忌的问句中戛然而止。

    这首诗的语言简洁，浅白晓畅，在看似平淡的叙事之中陡然一转，演绎出一段谐趣横生的小故事。诗人没有直接抒情，而是将对故乡、岁月和人生的感慨掩藏在平淡的叙事之中，反而更加意味深长。

乡音无改鬓毛衰：声音和头发，总有一个先变老

发声与声纹

江苏人说吴语，广东人说粤语，湖南人说湘语……每个地区都有自己的方言，有些地方就算是同属一个县市的人，说话的口音也不尽相同。贺知章久居长安，在朝廷里做官，他的同事们也都来自五湖四海，方言不相通，平常说的是"金陵洛下音"，相当于当时的"普通话"。五十多年过去了，贺知章已经是两鬓斑白的老者了，然而当他回到故乡，一张口仍然是山阴当地的口音。

其实，不光改变口音很难，人的音色也会保持相当长一段时间。人类用声音沟通的本质，就是由一个人的声带发出声波，通过空气等介质传播到他人的耳朵里，被其听觉器官接收，再被大脑理解，从而达到传递信息的目的。每个人和说话有关的器官长得都不一样，比如肺这个"鼓风机"和"共鸣室"就各具形状，口腔、鼻腔的内部空间形状也不尽相同，声带这么精微的发声器官更是因人而异，可以说人的声音从产生到被对方接收，每一步都是变量。这么多变量堆叠在一起，所造就的音色自然各不相同，再加上人说话有个人习惯，十分容易辨识，所谓"未闻其人，先闻其声"，给我们社交带来了极大方便。

利用这一点，我们现在已经可以用计算机算法来获得每个

人独一无二的"声纹"。就算你使用各种外语、方言，声纹都不会变化。这种技术可以模仿人耳，再超越人耳。比如，你对一个普通的智能音箱下达语音指令，它只能判断这个指令是"打开窗帘"还是"关闭台灯"，而搭载了声纹识别的智能音箱，就可以判断发出指令的人是谁，因此这是一种生物识别方式。

声音的发育和衰老

不过，人一生中的音色也不是一成不变的。在青春期之前，儿童的声音更加尖利。而在青春期，喉部会突然加速发育，声带长期充血，因此嗓音会有一段时间"呕哑嘲哳难为听"。不过忍过这段变声期，到了16至17岁，喉头的内部空间得以扩充，声带定型，就塑造出了青少年更为健壮、浑厚的声音。相比之下，女性的声音普遍更为高亢，音量更小；男性的声音普遍更为低沉，音量更大。

人的变声期可以一直平缓地持续到20岁，往后的几十年里，人的音色就不再会有这么巨大的变化。但随着人的衰老，发声器官也会老化，尤其是声带的弹性会越来越差，就好像许久不上松香保养的琴弦，使声音变得苍老，这是衰老的特征之一。年轻时不注意发声的卫生，声带的老化也会来得早一些；有抽烟酗酒的坏习惯、身体不健康时胃液反流等，也都会损伤喉头和声带。但相比于眼睛等更加精密的器官，发声器官已经是非常耐久的了，正是在这一基础上，人们发展出歌唱、戏剧、播音等声音艺术，那些经久不衰的人声，确实会使人身心愉悦。

为什么头发会变白

人类头发的黑色、肤色的深色都来自黑色素。黑色素是许多种色素的统称，在动物体内普遍存在，它本来是一种保护措施，因为颜色更深的皮肤和毛发能够抵挡更强的紫外线，使动物得以在低纬度地带生存。黑色素的分子结构也相对稳定，比如鸟羽里的黑色素就有助于鸟类在森林中穿梭时减少羽毛的磨损，其重复排列的结构还往往让羽毛随着光线角度的变化而散发出金属质地的彩色，呈现出"五彩斑斓的黑"。

和动物一样，不同人种因为头发里的黑色素种类和含量不同，而呈现出黑色、白色、姜汁色、棕色、金色等不同的发色。但相同的是，深色头发到了晚年都会变得灰白直至银白，就像声带的老化一样，又给人增添了几分苍老。

原来，人类的毛发本质上是毛囊分泌角蛋白堆叠出来的柱状体。在毛囊内有毛囊干细胞和黑素干细胞，干细胞平常处于静息状态，需要一些化学信号来指示，才能知道自己要分化出具有何种功能的细胞。是否开始制造头发，是一个促进剂和抑制剂相互竞争的过程，植物叶片枯萎、凋落的过程，与此有些相像。当促进作用超过抑制作用的时候，毛囊干细胞才会分化成更加特化的细胞，进入一个生产角蛋白的周期。这时，黑素干细胞也开始产生黑色素细胞，将黑色素源源不断地转移进角蛋白的生产流程里，就好像打印机的墨盒供墨。如果没有黑色素的加入，长出的头发就缺少黑色；而如果毛囊干细胞一直接收不到激活指令，人就会脱发。

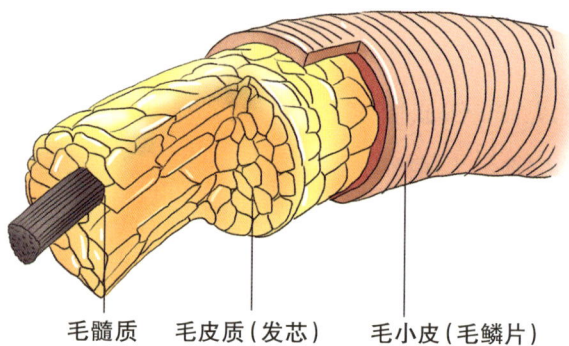

毛髓质　　毛皮质（发芯）　　毛小皮（毛鳞片）

毛发的内部结构

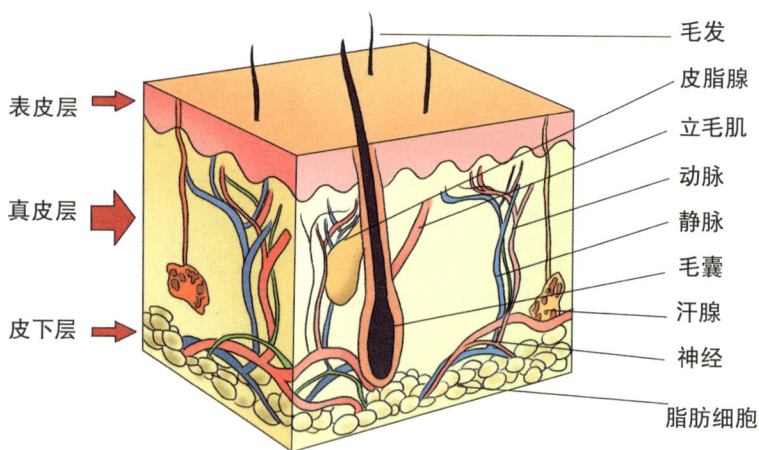

表皮层

真皮层

皮下层

毛发
皮脂腺
立毛肌
动脉
静脉
毛囊
汗腺
神经
脂肪细胞

皮肤与毛发的结构

许多深色的哺乳动物年长后都会长出缺少黑色素的毛发。有一种假说认为，这是一种显示声望和权威的机制。这也解释了为什么白发产生的位置都遵循一定的规律，比如银背大猩猩背部会逐渐长出一个明显的银白色条带。人类背上没有鬃毛，但白头发也通常先长在正面显眼的位置，比如鬓角，并且总是在黑发丛中先均匀地长出一些白发，使头发显得灰白。贺知章说自己"鬓毛衰"，而不是鬓毛全部变白了。

除了衰老之外，长期或是突然的压力也可能使头发变白。最近，科学家在实验中发现，用辣椒素让小鼠产生痛感，使它们一直处于应激状态下，它们会导致甲肾上腺素过度分泌，这是一种神经递质，会迫使毛囊中的黑素干细胞全部转化成黑色素细胞。而等到下一次毛发生长期，黑素干细胞已经被透支了，因此长出来的毛发就是灰白色的。

登幽州台歌

〔唐〕陈子昂

前不见古人，后不见来者。

念天地之悠悠，独怆然而涕下！

  陈子昂在武则天的朝廷中当官，因为性格耿直，常常直抒己见，建言献策。然而，他的一腔热血、仕途抱负不但未能实现，还屡屡遭到打压。最惨的时候，陈子昂还被当成逆党投入狱中。

  这一天，陈子昂登上幽州台，心中感慨无限。幽州台在哪里呢？它位于现在的北京大兴，是战国时燕昭王为招纳天下贤士而建造的一座高台。燕昭王礼贤下士，善待人才，是个十分贤明的君主。可惜陈子昂运气不佳，没能出生在那个年代。

  "前不见古人，后不见来者。"诗人回望古代，远眺未来，可是他的生命终究短暂有限，既看不到像燕昭王那样的古代贤君，又等不到未来的贤君。"念天地之悠悠，独怆然而涕下！"在无限的时间和空间里，诗人的理想破灭了，他倍感孤独，独自一人凄怆落泪。

  这首诗虽然表达的是怀才不遇的情感，却写得苍劲有力，风骨凛然，透露出对宇宙人生的深层追问。前两句短促而激昂，后两句变成长句，节奏放缓，情绪也随着落下。我们仿佛看到陈子昂独立在高台上，且歌且哭，心情逐渐从悲愤变成凄怆。

念天地之悠悠，独怆然而涕下：宇宙有多古老，人类就有多孤独

地球的年龄

在地球真正形成一个球之前，它还是太阳系中诸多星云物质中的一团。我们所说的地球年龄，就是指这些星云物质被吸积、凝结作用抟成一个球时距今有多久。这个问题一直困扰着人类，直到20世纪初，人们才通过测量放射性物质的年龄，判断出地球的年龄有几十亿年。而在20世纪50年代，同位素年龄测定让我们得到了更加精确的结果——45.5亿年。

这个数字其实是通过测量地球上陨石的年龄而推算出的"陨石地球年龄"，因为地球上绝大多数的陨石前身都是太阳系中的小行星，而太阳系中的行星又是差不多在同一时间形成的，所以陨石自然是既和地球同时形成，又便于测量的物质。

假如把地球的历史压缩成一年，即在1月1日地球正式形成的话，3月25日生命就开始出现了。但是，直到11月28日，生命才开始大规模走向陆地，在之后的半个月里迅速演化成我们人类的哺乳动物祖先；在这一年的最后一天，也就是12月31日的下午3点，第一个类人生物出现，晚上11点的时候，我们智人才诞生，得以思考"天地有多久远"这种问题。

可是天外有天，我们还会问：宇宙和太空到底有多久远？

从三维空间到四维时空

在考虑宇宙的年龄之前，我们可以先建立一个"四维时空宇宙"的概念。

人类生理构造及其功能是适应三维世界的，描述三维空间可以用（x，y，z）表示的三维坐标系。数学家把这种坐标系叫作笛卡尔坐标，因为它是17世纪的法国大数学家、哲学家笛卡尔发明的，它可以是二维，也可以是三维。有了三维笛卡尔坐标系，我们就能用数学工具来描述空间。

20世纪之前的人们所幻想的最大的三维空间就是宇宙，你可以注意到，形容这个宇宙并不需要引入时间。在这个宇宙里，时间仿佛是另外一种存在，它像一座绝对精确的刻钟走出的节拍"嘀嗒、嘀嗒"，恒定地流逝，不为人们的计算所左右，我们只需要知道宇宙的形成花费了非常漫长的时间就好。这是从牛顿开始就确定的思想。

但爱因斯坦不这么想，他和德国数学家闵可夫斯基分别从不同的角度，把时间与空间结合起来，认为我们所处的世界是一个"四维时空"，时间（t）和三维空间不可分离。在这个四维时空的坐标系中，一个点（x，y，z，t）称为一个事件。就好像你要参加一门考试，除了记住考点和考场所处的三维坐标外，还需要记下来考试的时间，这样才确定可以赶上这门考试。

爱因斯坦让我们的空间概念从三维空间跃升为四维时空，这也为他的广义相对论奠定了基础。狭义相对论在惯性参照系中是有效的，而广义相对论在非惯性参照系，也就是加速参考系中也有效。在地球上，引力是最普遍的一种加速来源，所以我们可以简单地把广义相对论视为引入了引力的狭义相对论。

根据广义相对论，引力不仅可以使瀑布下落、潮汐起伏，也可以扭曲光线，甚至扭曲时间和空间，质量越大的天体，就处在越扭曲的时空中。在爱因斯坦的想象中，我们的宇宙就是这样一个处处可以被扭曲的柔软时空，关于这一点我们不在此作过多延展，只需要知道我们地球人的宇宙观是一直在变化的，古代那个如同水晶球中运行大理石天体一般秩序井然的封闭空间（cosmos），现在变成了能量和物质和谐统一却又带有变化的宇宙（universe）。

在你看到这本书时，现代人的时空概念、宇宙观由爱因斯坦基本定型，但现在的科研仍然在沿用cosmos和universe这两个词。中文把它们翻译成"宇宙"，是借用了古代的称谓。战国时代的《尸子》对此解释为："四方上下曰宇，往古来今曰宙。"恰好分别从空间和时间两个角度描述了古人观察到的世界。

时空的起点

建立了"四维时空"的概念之后，我们就可以更好地理解宇宙的编年史了，因为在宇宙诞生之前，时间、空间、质量的概念都和我们所处的"正常"世界不同，那时候所有能量和物质都集中在一个"奇点"。根据广义相对论，这个奇点自然是拥有被无限弯曲的时空、无穷大的质量和密度，因此也具有无穷高的温度。接着，这个奇点发生了一次大爆炸，导致时空膨胀开来，温度也随之下降。

和许多人下意识中的感觉不同,最初的物质比如质子、中子、氢、氘、氦……并不是因为爆炸的灼热而"烧"出来的,反而是由于整个时空冷却下来才有机会形成的。随后,万有引力开始生效,这些物质开始聚集,不断增加自己的密度,产生新的元素。大爆炸发生后2亿年,这些物质才形成第一颗恒星,而恒星又在加工着新的元素。

一切按照广义相对论的规律运行着,质量从虚无中诞生,扭曲了时空,规定了物体如何运动。宇宙就像一张柔软的巨毯,越铺越大,并且直到今天还在膨胀当中。宇宙的膨胀会导致电磁波的波长变长,反映到人类可以见到的可见光谱上,就是星系中的光谱会朝"红色"一端移动,这就是"红移"。越是远离我们的星系,测得的红移值越高,也就证明了宇宙的确仍在膨胀,所有的天体都呈现互相远离的趋势。

红移的速度可以帮助我们推算出大爆炸具体发生的时间——距今137亿年前。人类出现的时间相比137亿年,真如弹指一瞬,并且我们至今也没有找到证据表明在这块柔软巨毯的某个角落是否存在一个像我们一样的文明形态。面对这样孤寂的宇宙,我们也不免像诗人一样发出"前不见古人,后不见来者"的叹息了。

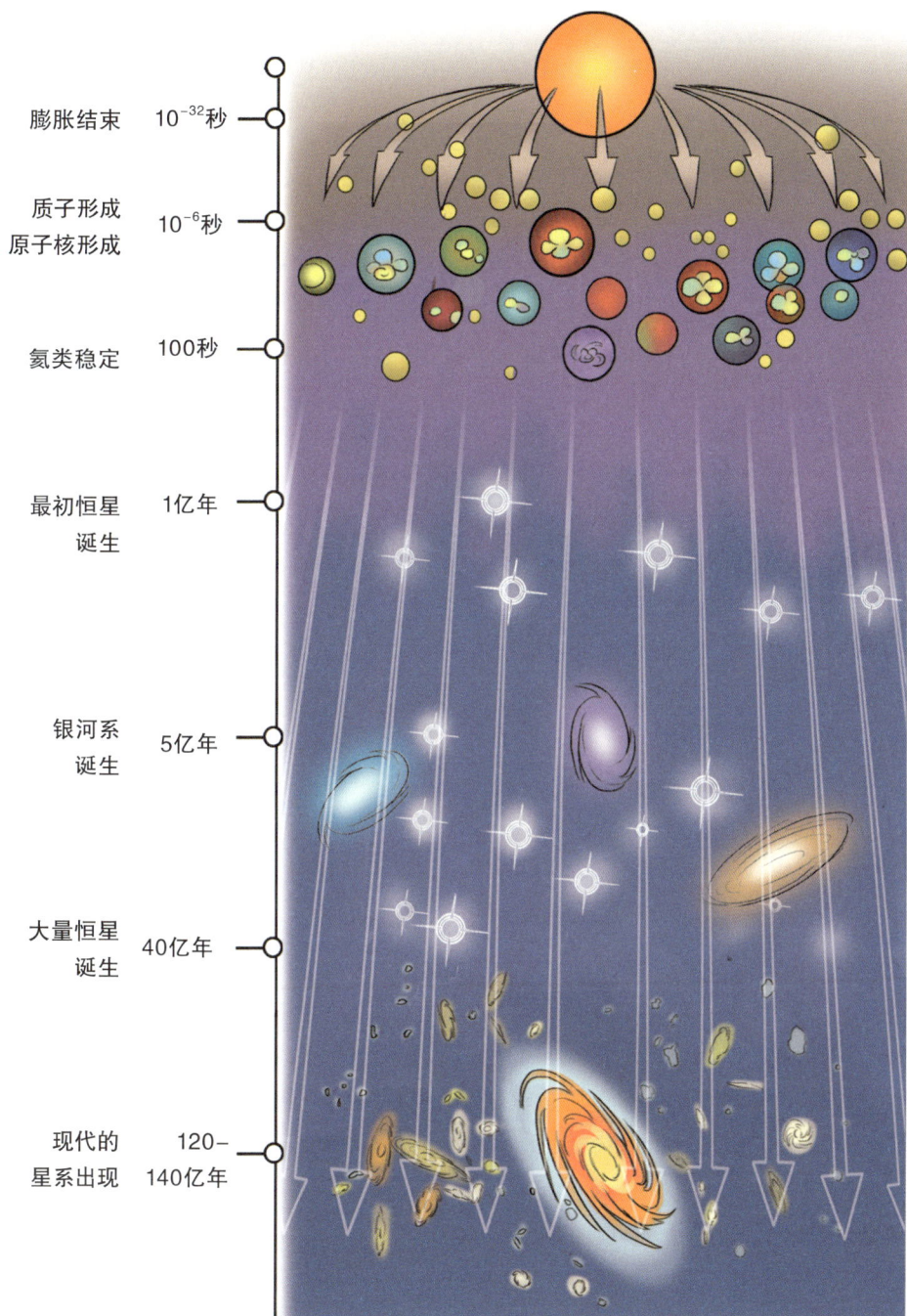

"大爆炸"

膨胀结束	10^{-32}秒
质子形成 原子核形成	10^{-6}秒
氦类稳定	100秒
最初恒星 诞生	1亿年
银河系 诞生	5亿年
大量恒星 诞生	40亿年
现代的 星系出现	120– 140亿年

宇宙的历史

春 晓

〔唐〕孟浩然

春眠不觉晓，处处闻啼鸟。

夜来风雨声，花落知多少。

    孟浩然是盛唐时期著名的田园诗人，诗中描写的题材多是山水田园风光和隐逸生活，与王维并称"王孟"。这首诗是孟浩然在鹿门山隐居时所作。

    诗中描写了一个春日清晨。诗人一觉醒来，听到喧闹的鸟鸣声充斥四周，生机勃勃。一场春雨过后，空气清新，意境优美。诗人回想起昨天夜里听到的风声、雨声，忍不住轻声感慨：不知道凋落了多少花儿呀！

    这首诗浅显易懂，反映了诗人在隐居时的闲适生活，表达了诗人对春天的喜爱、怜惜。"夜来风雨声，花落知多少"两句是诗人的想象，虽未明写风雨，却通过听到的风雨声，勾起人们的无限遐思。整首诗一气呵成，犹如行云流水一般写尽春日的自然之美，给人一种挥洒自如、浑然天成的感觉。

    孟浩然的诗歌语言冲淡，描写的多是清新雅致的风景，追求自然之美，读来别有一番滋味，正如清代诗人沈德潜的评价："语淡而味终不薄。"

古诗词里的科学现象

春眠不觉晓，处处闻啼鸟：鸟儿，天生的歌唱家

鸟儿是怎么叫出声的？

所有的鸟类都会发出声音。和我们哺乳动物用声带发声不同，鸟类发声用的是一种特殊的器官——鸣管。它的位置不在喉咙，而是更往下一点，在气管和支气管的交界处。这里的环状软骨明显比其他区域粗了一圈，形成一个空腔，这就是鸣管。同时，软骨的扩张也使两侧的支气管壁被拉薄，成了一对薄膜，无论是吸气和呼气，在气流通过的时候它们都会以极高的速度振动，就发出了鸣叫声。

这种结构还有一个好处：它的两片薄膜可以长得不对称，就

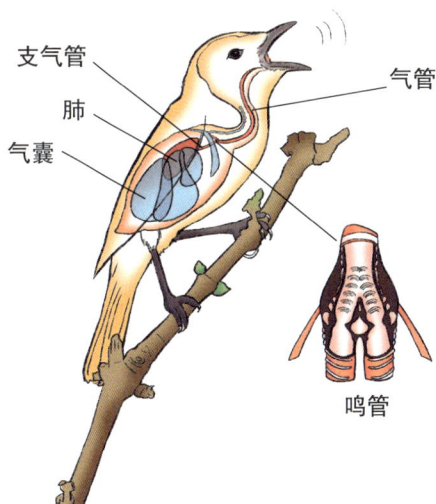

支气管
肺
气囊
气管
鸣管

好像气管分出支气管的时候，塞了两只音调不同的哨子进去。这样，鸟类就能同时鸣出两种不同的声音，使它表达的信息更加复杂。比如，以"歌声动听"著称的金丝雀，其鸣管就是左侧发出低频的声音，右侧发出高频的声音。

人类的声带很难做到这一点。在我国内蒙古、新疆，以及更北的蒙古国和俄罗斯图瓦共和国等地方，有一种歌唱方式叫"呼麦"，歌唱者可以同时发出高低两个声部的声音，是哺乳动物突破自我极限的实例。

参与发声的骨骼、肌肉和神经

不过，并不是鸟类随便呼气吸气就可以完美发出鸟鸣。鸟的鸣叫是一个复杂的"系统工程"，需要很多"硬件"的支持。

鸟类中最会叫的是雀形目，数量庞大，占鸟类种群的一大半。它们大多数呈中、小体型，善于鸣啭，因此被归群为鸣禽（划分依据是鸟类不同的生活习性，除了鸣禽之外，还有猛禽、攀禽、涉禽、游禽、走禽、飞禽和家禽等）。经过解剖学研究，科学家发现鸣禽的鸣管结构最为复杂，它们的气管软骨支撑稳定，而四周的骨骼在鸣叫时又能快速滑动，给发声让出空间；还有一套肌肉控制鸣管的活动，肌肉数量越多，鸣管的活动就越复杂，比如嘲鸫（dōng）有7对这样的肌肉，而擅长模仿人言的鹩哥、鹦鹉都只有4到6对。鸣禽控制这些微小肌肉的速度，比人眨眼的速度还要快100倍以上。比如冬鹪鹩（jiāo liáo），它们每秒钟可以唱出36个音符，远远超出人类可以识别的速度。

不过，这些骨骼和肌肉还要靠强大的神经系统来控制。简单来说，就是"脑子好才能叫得好"。鸣禽脑袋里大都有自己的"曲库"，有些还有超强的记忆和模仿能力，比如嘲鸫不光可以模仿红雀、蓝鸦、鹪鹩、山雀等其他鸟类发出的声音，能在一分钟内唱出20种不同的鸟叫，还会模仿汽车警报声和大门吱吱作响的声音。

内涵丰富的鸟鸣

　　鸟类的鸣叫大多都有其含义和作用，是在不同的生活环境中演化出来的，有些可以吓跑天敌和偷食的邻居，有些是用来求偶，有些则是远距离呼群引伴的信号。可以说，鸣叫是鸟类独有的语言。

　　经过现代集约化养殖之后，鸡成了世界上数量最多的鸟类，因此我们人类听到最多的鸟鸣大概是鸡叫。以鸡为例，每天一大早，公鸡就叫开了，那是因为在一个鸡群中，公鸡是按战斗力分成序列的，每天领头的鸡王优先占有母鸡和食物。因此公鸡打鸣，具有叫大家起床和确认自己领导身份的作用。鸡王叫完后，余下的公鸡按照序列依次打鸣。既然鸡打鸣和时间、性别都有关系，我们就可以推断，这种鸣叫是受生物节律、光照、激素水平等因素控制的。而这种控制又不是那么精确，所以有时候会出现母鸡也在清晨鸣叫的现象，在古代这被称为"牝（pìn）鸡司晨"。母鸡和小鸡平常的叫声，往往又和互相呼唤、确认安全有关。

　　为什么春天的鸟叫显得格外得多呢？原来，在四季分明的地区，鸟类往往会选择在春季开始繁殖。春天植物繁茂，汁液充足，昆虫和小动物开始活动，能保证这段时间充足的营养来源。那些具有迁徙习性的鸟，即候鸟，更要在春天离开低纬度越冬区，跋山涉水，去往高纬度繁殖区。

因此，春天鸟叫增多的一大原因是鸟类求偶活动开始，其他季节它们也不发生求偶行为。鸣叫是鸟类求偶的重要武器，鸣禽擅长动人地鸣啭，花样繁多，是专业的歌唱家，但这也不是什么优势，其他禽类通过"呕哑嘲哳"的单调叫声也能吸引同类异性，只能说萝卜白菜各有所爱，鸭子听到金丝雀的歌声也不会有什么感动，只是各自占据了不同的专业领域罢了。

鹦鹉能言

一些鸟类的鸣管和舌头出奇地好用，以至于可以模仿人类说话，比如八哥、鹦鹉。《礼记》中就已经记载"鹦鹉能言，不离飞鸟"，但下一句"猩猩能言，不离禽兽"显然不太靠谱。

虽然鹦鹉落下一个学人口舌的名声，但在远古时期，人类在早期创造语言的过程中情况刚好是相反的：我们可能主动模仿过鸟鸣的交流模式。我们的先民曾经非常崇拜各种鸟类，比如《诗经》中说"天命玄鸟，降而生商"，商代人觉得商朝始祖是因其母吞食了黑色的鸟（燕子）的蛋而诞生的。先民们模仿风声、雷声等自然界中的各种声音来丰富自己的语言，肯定也不会忽视婉转流畅、信息量巨大的鸟鸣，更不用说一些音律、歌唱、乐器的发明，可能都跟模仿鸟叫相关。但人类始终是在进化之中。鸣禽固然能灵活地控制自己的鸣管，人类却有嘴唇与舌头，配合日渐发达的大脑，开发出了更多的发声功能，造就了真正的语言。

宿建德江

〔唐〕孟浩然

移舟泊烟渚，日暮客愁新。

野旷天低树，江清月近人。

唐玄宗开元十八年（730），孟浩然因为仕途不顺，离乡远游。这首诗正是孟浩然漫游吴越时所作，堪称唐人五绝中的写景佳篇，表达了诗人的羁旅之思。

"客"指的是诗人孟浩然，因为身在异乡，在旅途中漂泊无依，所以是客。日暮时分，诗人乘坐的小船停泊在江中一个烟雾笼罩的沙洲旁。天色已晚，诗人歇宿江边，又增添了许多新的愁绪。

"野旷天低树，江清月近人"采用对比、衬托的手法，描写出独特的江洲景色。旷野无边，天空看起来比树还低矮。因为江水澄澈，月亮映照在水面，似乎与人贴近，陪伴着寂寥的诗人。

全诗中只提到了一次"愁"，对愁情的刻画点到即止，却又蔓延全篇。后半首诗侧重写景，举目望去，旷野、天空、树木、江水、明月这些景致极其清旷，却都笼罩在一种挥之不去的愁绪之中。含而不露，风韵天成，这正是诗人的高妙之处。

移舟泊烟渚："烟渚"也是水流的产物

这首诗的题目是"宿建德江"，诗人夜晚栖宿的建德江，也就是如今新安江流经建德的一段，位于浙江省。"渚"指的是江中露出的小块陆地，也就是沙洲，一般位于河流、湖泊或海滨较浅的地方，因为水流的搬运、堆积作用而形成。

流水作用：侵蚀、搬运、沉积

河流、江水、山间的溪流、融化的冰川……流水遍布在地球上，有些漫长而舒缓，有些短促而湍急，甚至一场大雨或是积雪融化过后，也能形成短暂的水流。

流水一直向前流淌，湍急的流水冲走上游的沙石，并把沙石搬运到很远的地方。这就是流水的作用，前者叫作"侵蚀"，后者叫作"搬运"。当地形变得缓和、平坦，流水的速度也随之减缓，从上游搬运来的石块、泥沙停止移动，堆积在河床里，这就是"沉积"。

流水之中蕴藏着巨大的能量，可以改变地表形态，塑造着地球的面貌，直到江河汇入大海。

流水主要通过侵蚀、搬运和沉积这三种方式产生作用。

在流动过程中，流水冲刷着地表，会破坏或搬运地表的岩石、土壤和其他松散物质，或是溶解岩石中的物质，形成侵蚀地貌。比如，在急速的湍流中，水流携带着沙石，不断冲刷、撞击两侧的河岸和水底的河床，这种力量可以拓宽河流，让河道越来越深。当河流中的水量增加，流速加大，流水作用也会增强，加剧侵蚀。

在流水的侵蚀下，地球上形成了千奇百怪的侵蚀地貌。比如说"九曲黄河"的蜿蜒流向，就是流水侵蚀河岸的结果。还有著名的喀斯特地貌，是因为流水和岩石产生化学反应，溶蚀形成天坑、溶洞，碳酸钙沉淀、增长，又形成了一丛丛石钟乳和石笋。

搬运之力

河流的旅途并不孤独，它不舍昼夜地向前奔流，将地表的各种物质搬运到千里之外。这些物质的体积、重量不一样，所以在流水中前进的方式也不一样。其中，块头最大、最沉重的石块，几乎是被流水的力量推动向前的，它们贴着河床的底部，往前缓缓"推移"；中等大小的石头，在水流速缓慢时也是向前推移，在湍流中则会跳跃着向前"跃移"；细小的泥沙悬浮在流水中，向前"悬移"。

当水流的速度减缓，流量减小，或是水中的含沙量增大，流水的动能便会减弱，无力将沙石搬运到更远的地方，这些沙石就会停止前进，沉积在河床上。一般来说，它们从河流的上游到下游的分布如下：先是大一些的石头，接着是比较小的石头、沙砾，最后是微小的细沙和淤泥。流水就像是天然的筛子，可以将大小、重量不一的沙石分类，使其按照大小次序沉积在河床的不同位置上。

流水的搬运作用

　　在被流水搬运的过程中，石块和石块相互摩擦，体积变小，棱角消失，被磨成了圆润的形状，这就是河流中常见的鹅卵石了。一些细小的石头不断被磨成更加细小的颗粒，就是沙子了。虽然我们很少有机会亲眼看到那些堆积在河床上的沙子，但是它们却无处不在，存在于城市的每一个角落。因为河沙是建造钢筋混凝土的重要材料，高楼大厦、道路、桥梁里都能找到沙子。

　　当然，大自然也没有忘记给人类带来意外的惊喜。在世界上某些水流较浅的河床上，人们在无意间发现，不起眼的沙子里，竟然夹杂着许多闪闪发光的金色颗粒！原来，那就是淘金者们梦寐以求的"金沙"。

　　黄金的化学性质稳定，不易被氧化，在自然界中以游离态存在于岩石中。岩石经历风化后，支离破碎地进入河流。流水裹挟着石头和泥沙，金沙也混迹其中，不停地随着流水移动，直到沉积在某段河床中——这里就成了无数淘金者趋之若鹜的宝地。

沙洲的形成

峡谷中，激流的河水陡然进入平原，会形成一片扇形沉积物，被人们称为"冲积扇"。河流汇入大海，失去前进的动力，在入海口处形成一片广阔的"三角洲"。这些地区因为地势平坦、土壤肥沃，所以经常成为人类定居的地点。

除此之外，在许多江河的中下游地区，水流减缓，沉积物不断堆积，也会形成一个个露出水面的沙洲。本诗中，孟浩然停泊的这块"渚"，大概就是这样的沙洲。只不过，根据诗中的描述，我们猜测这块"渚"应该还无人定居，人烟绝少，只是荒弃在江水中的一片野地。又或许，随着洪水来临，这块沙洲可能会被淹没，找不到踪迹。总之，孟浩然没有留下其他线索，我们也无法再去建德江上寻找那片被烟雾笼罩的沙洲了。

但是，我们可以借由崇明岛的故事来看看一个沙洲是如何演变的。

崇明岛位于长江的入海口，这里地势变缓，水流速度减慢，泥沙沉积形成冲积岛屿。崇明岛面积广阔，是中国的第三大岛，它夹在江苏省和上海市之间，长江流水从四周经过，将岛屿环抱其中。

崇明岛的成形并非一日之功。根据历史记载，唐代武德年间，长江的江口处有两块沙洲露出了水面。从此之后，长江水不停地侵蚀、沉积，又将上游的泥沙搬运到这里。在过去的1300多年间，这片沙洲时大时小，有时积涨，有时坍没，形态极不稳定，有时候被河道切成几十个大小不一的沙洲，散布在江口；有时候那些沙洲又聚在一起，形成几个大型沙洲。直到明清时期，零星的沙洲才逐渐合并，形成如今崇明岛的雏形。

今天，长江水一路东流，依然没有停止它那堪称鬼斧神工的造化之手。崇明岛的面积仍在扩大，以每年约5平方千米的速度生长，向着北边扩张。根据专家预测，大约50年后，崇明岛的北侧将会与江苏省的土地相连。

凉 州 词

〔唐〕王　翰

葡萄美酒夜光杯，欲饮琵琶马上催。

醉卧沙场君莫笑，古来征战几人回？

　　边塞诗里大多写的是沙漠的荒远、边关的凄寒，以及戍边战士的艰辛和孤独。这首诗却大有不同，开篇就展示出一幅琳琅绮丽的画面——"葡萄美酒夜光杯，欲饮琵琶马上催"。葡萄酒、夜光杯、琵琶都是边塞的物品，充满浓郁的异域风情。想必这是一场极其丰盛的宴席，将士们豪爽地痛饮美酒。马背上弹奏的琵琶，曲调是那么急促、激越，似乎在催促人们多喝几杯。王翰笔下的边塞充满异域情调，色彩艳丽，乐声铿锵。将士们各个慷慨激昂，沉浸在美酒和乐曲中，兴奋不已。这种及时行乐的氛围，在边塞诗中实属罕见。

　　"醉卧沙场君莫笑，古来征战几人回？"后两句忽然变得低沉而伤感。原来，欢快的气氛背后却是另一种残酷的现实：对于边塞的将士们来说，生死无常，一上战场就可能是有去无回。王翰这首诗写出了战争的两面性，因而尤其显得珍贵，是独一无二的盛唐之音。

　　在不同的年代，人们对于边塞和战争的理解也不一样。如果将时间的指针往后拨到天宝年间，我们会读到李颀的诗句："年年战骨埋荒外，空见蒲桃入汉家。"同样是写战场，李颀对战争只剩下批判和讽刺。

葡萄美酒夜光杯: 从葡萄到美酒, 总共有几步?

长安的葡萄酒

早在《诗经》的年代, 我们的祖先就已经采食各种野生葡萄如 "蘡薁 (yīng yù)" "葛藟 (lěi)" 之类。然而, 古人并没有大费周章地去人工培植这些野葡萄, 我们后来所说的葡萄和葡萄酒都是西域的 "舶来品"。

汉武帝时期, 张骞出使西域, 带回了许多中原人没见过的新物种, 比如石榴、葡萄、胡麻、苜蓿等。在古代, 西域来的葡萄常写作蒲桃、葡桃、蒲陶等。

葡萄的原产地是黑海和里海沿岸, 大约6000至8000年前, 这些地方已经开始人工种植葡萄。葡萄可以生吃, 晶莹饱满, 甘甜肉肥, 吃后唇齿留香。

葡萄酒是什么时候诞生的?

这个问题很难回答, 因为大自然中本来就有酒。水果中含有很高的糖分, 在酵母菌等微生物的作用下, 很容易通过无氧呼吸转化成乙醇 (酒精), 也就是酒的主要成分, 是大自然中种种发酵作用之一。人类只是无意间发现了酒, 然后才开始酿酒的。比如, 中国古代就有猿猴酿酒的故事: 猿猴采集了山林里的杂花、野果子, 放进凹陷的石洼里。过了一段时间, 果实腐烂, 自然而然地就

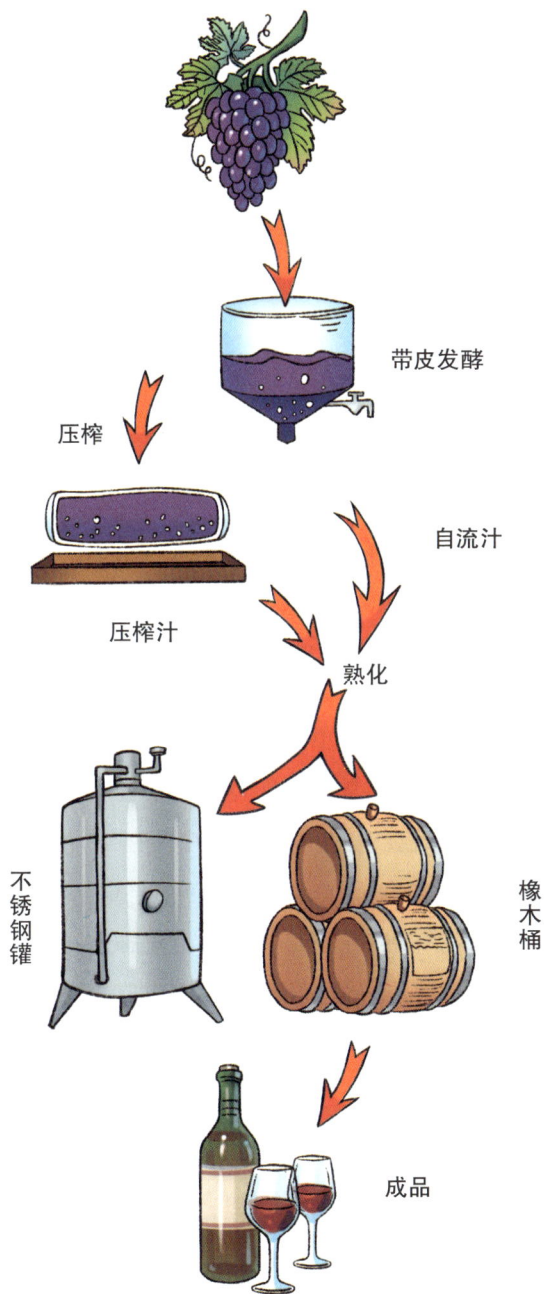

带皮发酵

压榨

自流汁

压榨汁

熟化

不锈钢罐

橡木桶

成品

变成酒。也有可能是狩猎的先民们在动物乳汁里发现了酒的味道，因为乳汁也很容易发酵。总之，人类最初造酒可能是出于对大自然的模仿。

烂熟的葡萄会散发出一种独特馥郁的酒香气，暗示着自己已经熟透了，挑动着人类的嗅觉本能。或许就是这种气味，给了人们酿酒的灵感。这种像血液一般殷红的液体，让人类体验到了"醉"的感觉，从此欲罢不能。古代的希腊、罗马人痴迷葡萄酒。希腊神话里，酒神狄奥尼索斯到处向人们传授种植葡萄和酿酒的技术。在埃及法老的陵墓里，也可以看到跟葡萄酒有关的壁画，他们希望天国里也弥漫着葡萄酒的香气。

葡萄的表皮上就有酵母菌，酿酒时，先摘掉葡萄的梗，连皮带肉捣碎，混着汁液一同放进发酵桶里。浸泡发酵5至7天，便会呈现出我们熟悉的酒红色和酒精。

另外，用白葡萄或是剥皮的红葡萄酿出的葡萄酒会呈现出清爽、澄澈的果绿色，这就是白葡萄酒。

汉武帝时期开辟的丝绸之路，从长安出发，一路向西。骆驼队穿越干旱的沙漠，在一个个绿洲中获得补给，继续去往更西边。商人们把中国的丝绸、铁器、瓷器等物送往中亚。在返程的路上，骆驼背上载着的当然就是西域特产，比如香料、葡萄酒等物。

唐代人也是葡萄酒的忠实拥趸。《凉州词》中写道："葡萄美酒夜光杯。"鲜红的葡萄酒盛在夜光杯里，流光溢彩，华丽无比，令人赏心悦目。那夜光杯又是何物呢？有人认为，这是一种由玉石打造出来的精致酒杯。也有人认为，这是西域传来的玻璃杯。不管是哪一种酒杯，都不可能发光。大概只因在月光的照射下，仿佛闪烁光芒，才有了夜光杯的美名。

盛唐时期，十分流行胡风。唐人追捧的时髦玩意儿大多来自西域。他们身穿胡服，弹奏琵琶，一边品尝来自西域的葡萄酒，一边欣赏胡姬跳的胡旋舞。长安城中，还有许多胡人开酒馆，美丽的胡人女子站在街边招徕客人，生意那是相当火爆。李白诗中就曾说："落花踏尽游何处？笑入胡姬酒肆中。"

唐代不但从西域进口葡萄酒，本土也种植葡萄酿酒。唐太宗征服了高昌国，获得了高昌国的马乳葡萄和酿酒秘方。于是，他在御苑中种起了马乳葡萄，亲自酿造葡萄酒。

如何酿酒

除了葡萄，还有哪些植物可以用来酿酒？

这个问题的答案实在是太多了，比如甘蔗、玉米、甜菜、苹果、樱桃、椰子、牛奶、马奶、蜂蜜、马铃薯、龙舌兰……人类为了喝上一口酒，几乎尝试了一切可能的原料。中国人最爱喝的粮食酒主要来源于谷物，甚至有一种说法认为，人们最初种植粮食是为了获得足够多的余粮来酿酒。

黍米、稻米、高粱等诸多谷物都可以酿成酒。和果子不同的是，粮食的化学能主要以淀粉的形式储存，而不是糖，这就要用到一种特殊的材料——酒曲。人们将粮食蒸熟，让它发酵得到酒曲，再用这些酒曲混合新料来酿酒。酒曲在这里扮演"糖化发酵剂"的角色，先把淀粉转化为糖，再把糖转化为酒精。

曲法酿酒是我国主流的酿酒方式，不同的酒曲除了影响酒的转化效率外，也会影响酒的风味，也就是酯类等呈香、呈味的代谢产物，所以酒厂都有自己引以为傲的酒曲，连酒窖的窖泥都会因为可以影响微生物的发酵而产生独特风味，而成为酒厂的宝贝。

古代的粮食发酵酒含有一些杂质，液体浑浊，所以被称为"浊酒"。稍微高端一点的，会将浊酒细细过滤，去掉渣滓，呈现出比较清澈的状态。唐代发酵酒的酒精含量很低，一般不超过10度，所以李白说"会须一饮三百杯"，也没夸张到极其离谱的程度。

烈酒征服大陆

元代的统治者是蒙古人，他们在草原上四处游牧，为了抵御漫长寒冷的冬天，需要靠喝酒来取暖。所以元代的蒙古人统治中国之后，中国的酒是越喝越多，越来越烈。

首先，蒙古人爱喝葡萄酒，所以他们在大江南北推广种植葡萄，葡萄酒一时间风靡全国，普通老百姓也喝得起。忽必烈的宫城里有专门用来放葡萄酒的储存室，就连太庙祭祀用的也是葡萄酒。在唐代之后没落的葡萄酒，又重新流行起来。

其次，游牧民族还特别热衷烈酒。中原的发酵酒喝起来软绵绵的，淡而无味，实在没劲儿！所以他们带来了一项重要的发明——蒸馏技术，这个技术彻底改变了中国人喝酒的习惯。

相传，蒸馏技术是阿拉伯的炼金术士发明的，原本是用来制造炼金燃料，后来被用以制造高度酒。西方的白兰地、杜松子酒、伏特加都是经蒸馏而成的烈酒。正常大气压下，酒精的沸点在78.3摄氏度，水的沸点是100摄氏度，蒸馏就是利用它们沸点不同的特性，使蒸馏器内的温度维持在这两个沸点之间，酒精就会从酒液里"跑"出来，进入冷却管道液化，得到提纯。通过一次或多次蒸馏提纯后，酒精度数提高到了40至60度，几乎跟我们今天的白酒差不多。元代人把这种蒸馏酒叫作"阿剌吉"（译自阿拉伯语）。因为酒精度太高，辛辣刺舌，一开始许多人很难接受，甚至认为阿剌吉有毒，喝了会死人。这下可好，就算李白穿越到元代，也不敢说自己千杯不醉了。

如今，发酵技术除了酿酒之外，也用来制造燃料乙醇，原料有大量生产的玉米，有甘蔗渣和秸秆里的纤维素，也有高浓度的糖浆，获得的产物可以驱动汽车。从某种意义上讲，这也算是帮那些发明蒸馏术的阿拉伯炼金术士们实现了原本的愿望。

鹿 柴

〔唐〕王 维

空山不见人，但闻人语响。

返景入深林，复照青苔上。

许多人看到五言绝句会产生一种误解：这么短的诗，一定很好写！其实，五言绝句是相当难写的一种诗歌体裁，全诗只有四句二十个字，既要情真词切，又要构思精妙，最考验诗人的笔力。但是，这难不倒王维，他最擅长的恰恰就是五言诗。

"空山不见人，但闻人语响。"王维写空山，先描写的却是人语，也就是人说话的声音。这就叫人心生疑窦了：既然是空山，怎么会有人说话的声音呢？这声音是从哪里传的呢？

诗人也不知道。我们猜测，那声音应当是经过层峦叠嶂，几经反射之后，才传入诗人耳朵里的。不见其人，但闻其声，山谷似乎变得更加空旷了。

"返景入深林，复照青苔上。"树林又深又密，叶片覆盖，形成一片片荫翳。这时候，一束夕阳光照进浓密的深林，又反射在树荫下的青苔上。光线微暗，显得山林更加幽深了。

西洋画中，画家经常使用光与影的对比，营造出幽暗或明亮的层次感。王维也深谙此道，他在诗中通过反衬的手法，借由声音和阳光的反射，衬托得静处更静，暗处更暗，真是灵动极了。难怪苏轼曾经这样评价王维："味摩诘之诗，诗中有画；观摩诘之画，画中有诗。"

空山不见人，但闻人语响：空山里的人语从何处传来？

回　声

站在山谷里，向着远处大声呼喊。稍后，山谷里的声音反弹回来，你会第二次听到自己的声音。声音传播后，又反弹回来的声音就是回声。在物理学上，回声就是障碍物对声音的反射。

"空山不见人，但闻人语响。"王维身处于空旷的山中，听到了声音，却看不见人影，这正是从远处传来的回声。或许是因为山崖的反射，将声音传入耳中。

一般来说，坚硬光滑的物体表面容易反射声音，形成回声，粗糙的物体表面会散射掉声音，柔软的物体表面则会吸收声音。

当我们走进一间房子里，无论多么大声说话，都很难听到回声。这是为什么呢？难道在室内就不会有回声吗？

其实，回声仍然存在，只是人耳无法识别。原声和回声相隔需要大于0.1秒，才能被人耳识别出来。如果房间较小，回声立刻传入耳中，我们根本不能分辨两次声音的区别。但原声和回声混合在一起，声音会加强，这就是我们在室内说话会比在旷野里听起来更加响亮的原因。

在雷电天气，我们先是看到天空中的闪电，几秒之后，一阵

声波

回声 声波

阵雷声轰鸣，不绝于耳。其实，这是因为雷鸣声在大气层中经过了数次反射，才先后传入我们的耳朵中。

大雪过后，世界银装素裹，到处都是积雪，周围仿佛突然变得安静了。这是因为由无数雪晶堆积而成的积雪，内部结构蓬松多孔。声音经过这些小孔洞中，被多次折射，损耗掉了大部分能量，当声音再次从孔洞传出来的时候，已经大幅度减弱了。

水为声音传播提供了得天独厚的条件。声音在水中的传播速度是在空气中的5倍。相比起来，光在水中的穿透力就很差，太阳光射入水中，很快会被吸收和散射。但是，鲸鱼发出的一声呼号，可以在海洋中传播上千千米。

海豚的回声定位

在昏暗的海水里，声音是比光线更加有用的信号。所以，海洋里的大多数鱼类都拥有敏感的听觉系统，它们的听力远远超出人类。

海豚可以调节所发出的声波频率，拥有独属于自己的"哨声"，就像独一无二的名字那样。它们凭借哨声，可以呼叫群体里的其他海豚，认出彼此。此外，海豚还拥有一套独特的回声定位系统。海豚的头部有个独特的器官叫作"额隆"，能够过滤声波，帮助它们在水中以损耗极低的方式发出一种滴答声，进行回声定位。

声波发射出去以后，一旦遇到四周的物体或是鱼儿，就会立即弹回来，反馈到海豚的颌骨，再传入内耳中。海豚的大脑能够分析声波的颤动，将获取的声波信息"翻译"成一种可视化的图像语言。这么一来，周边环境和目标物体就像一幅画似的瞬间呈现在海豚的脑海之中，其中包含着远近、方向、形状、大小等诸多信息。海豚就是通过这种方法迅速辨别远处海域的情形，探测是否有猎物出没。回声系统就像是海豚在深海中潜行的导航仪和追踪器，帮助它们在大海里自由地迁移、捕食。

科学家曾尝试将海豚接收到的回波转化成图像，得出的图像竟然能够呈现出三维立体结构，而不是扁平的二维画面。这个实验或许能说明，海豚的语言可能比我们所想象的更加神秘复杂。

自然界中存在着许多声音，人类耳朵可以听到的只是其中的一部分，声波频率落在20至20000赫兹。科学家们将频率高于20000赫兹的声波称为超声波，海豚发出的就是超声波，蝙蝠也会使用"超声波雷达"，这是人耳无法感知的世界。

声呐探测

当人们扬帆海上的时候，看到深不见底的海水，不禁会产生疑问：海水到底有多深？该用什么样的工具才能测量海水的深度呢？

大约3000年前，希腊地理学家波希多尼想到了一个好办法：将石头绑在绳子的一端，沉入海中，石头触底后再收回绳子，测量绳子的长度就可以知道海水的深度。这个原始的方法延续了几千年，人们不断升级工具，试图探向海洋更深处。直到20世纪20年代，回声测探仪的发明，终于让人类抛掉了五花八门的绳子和钢索，选择使用"回声"这条看不见的"绳索"。

回声测距的原理如下：船上的发射换能器向海底发射声脉冲，声脉冲穿透海水一路向下传播，触及海底介质时会立即反射，直到返回海面，再次被换能器接收。根据声脉冲在海水中往返的时间和它在海水中传播的速度，就能够计算出换能器至海底的直线距离，也就是海水的深度。

另外，考虑到海水的复杂性，声速会随着温度、盐度和压力的不同而发生变化，所以计算时需要做出相应的修正。回声测距不仅能够快速精确地测算水深，还能随着航船一边移动一边测量，不再被限制在海面的某一点上。

声呐装置可以利用声波在水中的传播和反射，收集水下目标的数据，从而描绘出海底的地形，探测地质、地貌，发现隐藏在大海里的冰山、礁石之类的障碍物，使船只可以提前获取信息导航，躲避障碍物，避免发生泰坦尼克号那样的悲剧。在军事领域，声呐可用于搜寻海底的潜水艇、水雷等。

山居秋暝

〔唐〕王　维

空山新雨后，天气晚来秋。

明月松间照，清泉石上流。

竹喧归浣女，莲动下渔舟。

随意春芳歇，王孙自可留。

　　一千多年前，终南山上的一个雨后傍晚，明月透过松针洒下清辉，清澈的泉水洗刷着光滑的山石，淙淙流淌，不止不休。诗人王维看到此景，不由得吟出："明月松间照，清泉石上流。"寥寥两句诗，就将明月和清泉刻画成流动着的永恒意象。

　　这首诗的语言洗练清新，动静结合，体现出王维诗"诗中有画"的特征。首联既是写景，又是对诗人心境的写照，为全诗勾画出空灵的轮廓，我们仿佛能够嗅到雨后秋山的清新气息。颈联侧面描写浣女归家时的欢声笑语，渔船在莲花丛中、在山林夜色里若隐若现，神秘幻梦。浣女和渔人是富有动感的画面，反衬出山间的宁静氛围，更显得空山清幽。诗中的景物、意象纷呈迭出，却又不显杂乱，共同构成统一的意境，同时也寄托了诗人的审美和人格追求。

　　《楚辞·招隐士》说："王孙兮归来，山中兮不可久留！"王维却在这里唱反调，说道："随意春芳歇，王孙自可留。"王维留恋山中美景，不惜远离朝堂，归隐终南山，将自己的理想人格和情怀寄托在山水之间。

清泉石上流：地球上的泉水都是"有数的"

泉水仿佛总是给人一种清洌、纯净的印象。事实上，我们有时去深山里，也能看到清澈的泉水从石缝中涌出，有些甚至可以直接饮用，尝起来清甜甘洌。这是为什么呢？要回答这个问题，我们得先弄明白泉水是什么，它又来自哪里。

地球之水

地球是一颗蔚蓝的水球，表面的海洋面积约占全球面积的71%。地球上的水资源分布，具体如下：地球表面的三分之二都被海洋覆盖，海洋中的水占据水资源总量的97.5%，淡水仅占2.5%。68.9%的淡水以冰的形式存在于极地和高山地区，呈现为冰川、雪山、浮冰、冻土等形态；30.8%的淡水是地下水，深藏在地下；地表液态淡水仅占0.3%，包括我们最熟悉的河流、湖泊、沼泽等。

地球上总共约有14亿立方千米的水资源，并且永远不会改变。

可是，我们每天都要用水，比如喝水、洗澡、冲厕所，都会用掉许多水。太阳一晒，大海里的水分还会被蒸发。所以，水不应该越来越少吗？

这些都没错。但是，千万别忘了一件重要的事情，那就是水循环。每分每秒，不舍昼夜，地球上的水都在进行水循环。地球表面的水体总量保持不变，总是以气态、液态和固态这三种形式存在，并在陆地、海洋和大气之间不断循环，相互转换。这个持续不断的转换过程被称为"水循环"。

太阳为地球提供了源源不断的能量，促使地球上的水分分秒秒永不停息地进行形态循环。太阳加热海洋，使得海水蒸发升入空中，空气中的水分达到饱和，汇聚形成云层，被风吹向陆地，形成降水。这些降水以雨、雪、冰雹等形式重新回到陆地，渗入地下，或者汇入河流、湖泊。陆地上的水分，一部分被植物吸收，通过植物的蒸腾作用回到空中，形成云，其余大部分以河流的形式从陆地流向海洋。

泉水是什么？

我们脚下的大地里藏有广袤的土壤和岩石，土壤能够吸收水分，一些岩石中有孔隙，也可以储存水分。不过，如果岩石过于致密，水分很难渗透或者储存在里面，这种岩石就会形成隔水层。

雨雪降水落到陆地上，一部分雨水、雪水渗入地下的土壤，流入地势较低的岩石层中，达到饱和程度，就形成了含水层。位于地下的含水层或者含水通道若被破坏，露出地表，地下水便从中流出来，就形成了我们看到的"泉"。

自古以来，人们都觉得泉水十分的纯净、甘甜，适合饮用。比如，跟王维生活在同一个年代的"茶圣"陆羽就曾经说："其水，用山水上，江水中，井水下。"这句话非常明确：泡茶的水，最好的

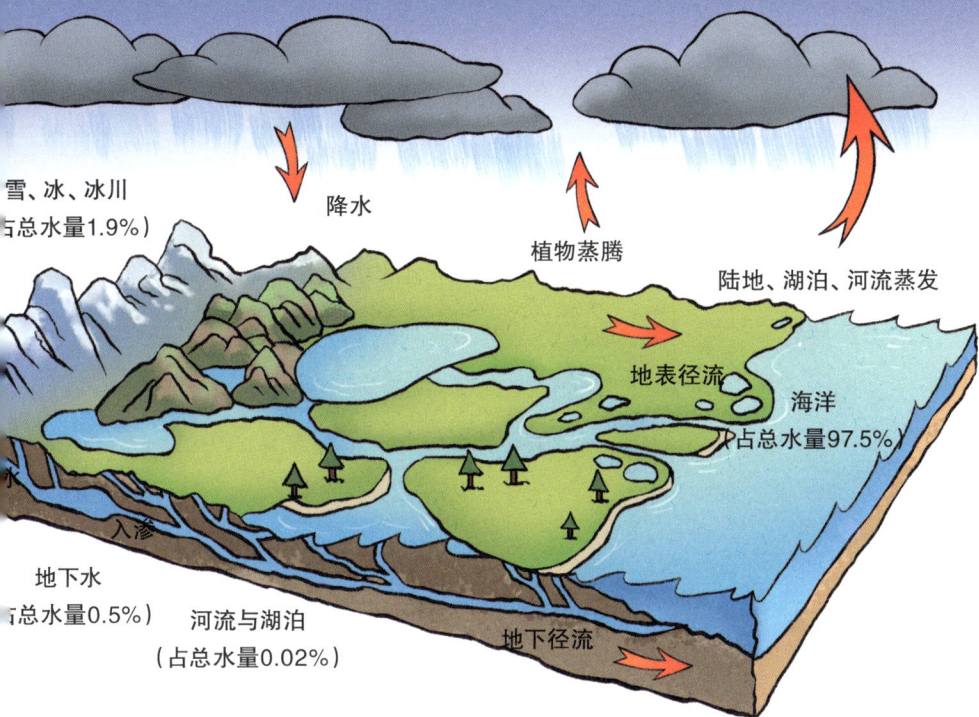

雪、冰、冰川
（占总水量1.9%）

降水

植物蒸腾

陆地、湖泊、河流蒸发

地表径流

海洋
（占总水量97.5%）

入渗

地下水
（占总水量0.5%）

河流与湖泊
（占总水量0.02%）

地下径流

水循环

就是山泉水！陆羽走访了全国的名山大川，品尝泉水，还给各个泉水排了个名次。当时许多爱喝茶的人为了喝一杯好茶，都不辞辛劳，长途跋涉，跑去深山老林里运回一桶上好的山泉水。

泉水的来源是地下水，地下水经过土壤、沙石的层层过滤，变得干净、清澈，所以才有了王维看到的"清泉石上流"。但是，如果泉水周边地区的环境受到了污染，水质也不会好到哪里去，千万不要冒险品尝。

泉水的一生，从黑暗的地下开始，源源不断地喷涌流出，暴露在天光下，然后再融入溪流和湖泊。那么，要如何区分泉水究竟是地下水还是地表水呢？很简单，泉水在地下的部分属于地下水，当它流出地表以后就属于地表水了。

一般来说，人类挖掘水井，就要打入地下含水层的位置，才能获取源源不断的水源供给。

上文提到，地下水的储存量仅次于固体冰川，占据地球上淡水储存量的第二名。地球上的大部分地区都能找到地下水，有些地方比较多，有些地方比较少。人们广泛地开采地下水，用于生产和生活，比如都市给水、农田灌溉、工矿业用水等。

泉水是如何形成的

有地下水的地方就一定会有泉水吗？这可不一定。泉水是地下水的一种排泄方式，一般出现在山区、丘陵的沟谷和山脚下，在平原地区较为少见。即便是泉水，它们的喷涌状况也不太一样。有些泉水可以源源不断，常年喷涌，有些泉水则随着环境变化，发生季节性的断流现象。随着水文变化，有些泉水甚至逐渐变得干涸，停止喷涌。在一些有地下热能的地区，还会涌出热水，也就是温泉。

总之，泉水的形成并不是一件简单的事情，需要满足许多自然条件，比如地形构造、水文地质、周边地区的降水量等。举个例子，山东济南是我国著名的"泉城"，城中百泉争涌，有趵突泉、黑虎泉、珍珠泉、五龙潭、百脉泉五大泉群。一个地方竟然同时出现这么多的泉水，当然与该地独特的地理环境脱不开关系。济南地处凹陷的盆地地带，四周地势较高。周边山丘的地下有厚厚的石灰岩层，这种岩石结构疏松，多孔隙，极易渗透水分，天上降落的雨雪、地面的江河流水渗入地下的岩石圈，形成地下潜流，一路向北，流入市区。由于市区内岩石的阻截，地下潜流无法继续前进，水流被迫改为垂直方向，向上流去，冲出地表，变成一股股喷涌的泉水。

在这些喷涌的泉水中，最著名的当属被誉为"天下第一泉"的趵突泉。趵突泉共有三个出水口，水量巨大，水位高的时候，泉水能够腾空喷涌40至50厘米，景象奇特壮观，就像郦道元《水经注》中记载的那样："泉源上奋，水涌若轮。"

使至塞上

〔唐〕王 维

单车欲问边，属国过居延。

征蓬出汉塞，归雁入胡天。

大漠孤烟直，长河落日圆。

萧关逢候骑，都护在燕然。

唐玄宗开元二十五年（737），王维奉旨出塞，前去边疆慰问将士。他乘着轻车，奔波万里，终于来到凉州（今甘肃武威）。王维当时的仕途不太顺遂，在朝廷中遭到排挤，所以皇帝命令他出使塞外。对他来说，这次出使有几分被放逐的感觉。当他风尘仆仆来到遥远陌生的边塞，心中难免生出许多抑郁、幽愤的感慨。因此他写道："征蓬出汉塞，归雁入胡天。"蓬草飘零无依，随风而逝，大雁也在天空中迁徙。这两种意象经常被用来借指漂泊的游子，表达乡愁和羁旅之思。不过，在王维的诗歌里，情感是委婉、淡泊的，令人过目不忘的是他笔下的风景。

盛唐的边塞，"大漠孤烟直，长河落日圆"。大漠十分荒凉，几乎什么都没有，但是有一道浓烟，正在孤耸直上。长河纵横，也是极其平淡的景色。这时恰好是黄昏，一轮圆圆的落日，给画面蒙上了一层温暖的色调。

这样开阔的构图，这样苍茫的气氛，跟王维以往的山水诗都不一样。诗人用极其凝练的语言，在我们眼前铺陈出一幅无比雄浑的风景画。只这一句，就被后世称道不已，王国维称之为"千古奇观"。

大漠孤烟直：狼烟？尘卷？"孤烟"的真实身份到底是啥？

　　这首诗营造出了一种壮丽、雄浑的塞外意境，在唐代的边塞诗中堪称一绝。然而，其中的科学性却一直备受争议。《红楼梦》中，曹雪芹就曾经借香菱之口提出质疑："'大漠孤烟直，长河落日圆。'想来烟如何直？日自然是圆的。这'直'字似无理，'圆'字似太俗。"

　　有生活经验的人都知道，烟雾在上升的过程中都会逐渐扩散，或者被风吹散，很难笔直地升腾。所以有些人认为"大漠孤烟直"写的是无风时的场景。至于诗中的"烟"是什么烟，则有几种说法。

大漠孤烟是传说中的狼烟吗？

　　在描写战争的文章里，我们常常可以看到"狼烟四起""烽火连天"这类词语，其字面意思是到处都是报警的烟火，指的是边疆不安宁，战乱频繁。"狼烟""烽火"指的都是烽火台燃起的烟火，白天施放的是烟，叫作"燧"，夜间点燃的是火，叫作"烽"，所以又称"烽燧"。

　　烽火台一般建在高山峻岭之上，台与台之间可以相互瞭望，方便侦察沟通。唐代的士兵们驻守边疆，一天下来，若是平安无事，便在初更时分点燃"平安火"，向京城报平安。一旦发现敌情，士兵便按照规定好的明灭次数，点燃狼烟，发出特定的信号。这些狼烟就相当于一种军事密码。每隔十里，邻台相望，犹如接力一般燃起烟火。狼烟一阵接一阵地升腾起来，可以将军情信息传递到很远的地方。

那么，士兵们点燃的"狼烟"究竟是什么呢？

古籍中关于"狼烟"名字的解释，一般都说狼粪燃烧形成的浓烟"直而聚，风吹不斜"，所以用狼的粪便作为烽火的燃料。这个说法神乎其神，仿佛狼粪是北方边塞独有的一种奇妙燃料。所以，在过去很长一段时间里，人们都认为"大漠孤烟直"描述的是边塞狼烟升起的景象。

然而，事实却没有这么简单。有人在实验后发现，狼粪燃烧后冒出的烟很稀疏，形态也不是笔直的，看起来不太显眼，无法作为信号传递十里地那么远的距离。更何况狼粪很难收集，数量又少，但是烽烟却要每天按时燃烧，经不起耽搁。所以，狼粪注定无法成为广泛使用的燃料。

近年来，一些学者考证得知，狼烟的燃料并不是狼粪，而是普通的柴薪。在烽火台的遗址里，曾经发掘出一些残留的烽薪，大多是红柳、干草之类的植物，都是当地土生土长的柴草。

王维看到的是尘卷风吗？

沙漠地区，在干热少雨的温暖季节，空气凝滞不动。正午后，地面被太阳晒得滚烫，升温很快，而上层冷空气比较凉爽、稳定，便阻挡了地面暖空气上升。这时，忽然来了一阵风，扰动空气层，或是某点升温较快，暖空气开始升腾、旋转，就形成了尘卷风。尘卷风能够卷起地面的沙子、尘土或者其他较轻的物体，远看就像是一个尘沙构成的柱子，甚至还能游走一段时间。

尘卷风发生在烈日暴晒的晴朗天气，是因为地面增热不均匀而形成的一种小范围的气旋运动。尘卷的直径一般在几米到十几米之间，持续时间从几分钟到十几分钟不等，影响范围很小。

发生在沙漠中的尘卷风，远远看去，就像是一根在荒漠中升腾直上的烟柱。这种景象和王维笔下的"大漠孤烟直"十分契合，所以很多人认为，诗中描述的塞外奇景应当是尘卷风，而不是传说中的狼烟。

尘卷风并不是沙漠的专属景观，在城市的马路上、学校的操场上，甚至是火灾现场，都可能发生尘卷风。2016年的一则新闻曾报道，甘肃瓜州的一个塑胶运动场发生了尘卷风，一个小学生被尘卷风裹挟，升到几米高的半空中，稍后又摔在地上，造成轻伤。由此可见，尘卷风的破坏力不容小觑。在火灾现场，大火侵吞地面的物体，温度迅速升高，火场中的温度不均匀，有些地方愈烧愈烈，温度远远高出周边地区，忽然之间，窜起一柱几米高的火焰，这也属于尘卷现象。

尘卷风的"兄弟"龙卷风

龙卷风和尘卷风只有一字之差，长得也有些相像，所以常常被人们混淆。不过，尘卷风不属于龙卷风，要是论起"出生地"，

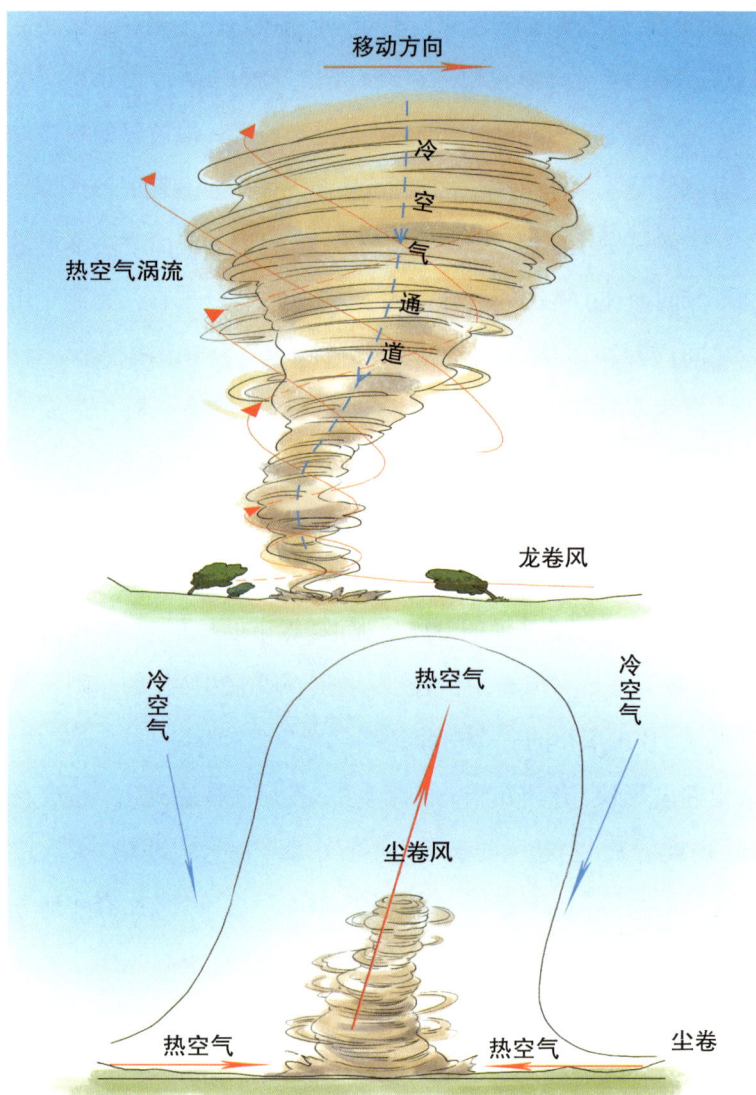

移动方向

冷空气通道

热空气涡流

龙卷风

冷空气

热空气

冷空气

尘卷风

热空气

热空气

尘卷

古诗词里的科学现象

那可真是一个"天上"，一个"地下"。

前文说过，尘卷风诞生于地面，因为地面局部增热不均匀而形成。龙卷风则"高高在上"，诞生于天上的积雨云中，伴随着雷暴、狂风等强烈的对流天气。

龙卷风发生在大气状况极不稳定、对流强烈的温暖季节。狂风大作，在浓厚的云层中形成一个旋涡，漩涡里空气极其稀薄，气压低于外部。地面的暖空气受热上升，一旦冲入旋涡，空气中的水分立刻冷凝，形成一个漏斗状云，这就是人们平常看到的龙卷风的主体。漏斗云有些悬举在半空中，有些可以从天上的积雨云（母云）延伸到地面，贯穿天地。

龙卷风是一种无法预测的突发性、小范围的气象灾害，平均直径250米，持续时间一般只有几分钟，最长不超过几小时。但是，龙卷风的风力十分强劲，能以每小时30至80千米的平均速度向前旋转移动，具有很强的吸纳能力。龙卷风过境之时，挟沙裹石，吸卷地面的树枝、房屋、汽车，甚至可以将一整个火车车厢卷离地面，常常导致人员死伤。龙卷风有时经过湖泊或海面，从云端直抵水面，吮吸起高高的水柱，形成"龙吸水"的壮观景象。跟它比起来，尘卷风的威力弱小，不值一提。

渡荆门送别

〔唐〕李　白

渡远荆门外，来从楚国游。

山随平野尽，江入大荒流。

月下飞天镜，云生结海楼。

仍怜故乡水，万里送行舟。

唐玄宗开元十二年（724），24岁的李白第一次出远门，离开故乡蜀地，沿着长江东行游历。这一路上，他见识了许多名山大川，结识了一些高僧、道士和友人。《渡荆门送别》正是李白经过湖北荆门时所作。

这首写景诗采用流动的视角，随着大船向东行，两岸风景更迭。李白乘船依次经过巴渝、三峡，终于来到了楚国故地，连绵的山峦消失不见，眼前竟是一马平川的荒野。"月下飞天镜，云生结海楼。"月亮倒映在水面，好似天上飞来的一轮明镜。江水之上，云霞变幻，筑造出亦真亦幻的高耸楼台。

别忘了，题目里说这是一首写"送别"的诗歌，可是自始至终，除了李白，我们并没有看到那位送别他的神秘友人。读到最后一句，这才恍然大悟——"仍怜故乡水，万里送行舟。"原来，那个不远万里将李白从故乡送到荆门的友人，正是长江之水啊！

云生结海楼：去哪能和李白一样见到海市蜃楼？

长江和沿岸地形

长江是中国第一大河，发源自青藏高原的唐古拉山脉，自西向东流淌，横贯中部地区，最终在崇明岛以东注入东海，全长共6387千米。

总体来说，中国西部海拔高，东部海拔低，呈现出西高东低、逐级下降的地势，可以分为三级阶梯。阶梯第一级主要分布在青藏高原附近，海拔在4000米以上。阶梯第二级主要分布在我国主要盆地，海拔1至2千米。阶梯第三级主要分布在我国主要平原，海拔500米以下。因此，我国的河流的流向大体是顺着地势，自西向东流淌，长江、黄河都是如此。

长江跨越了三级阶梯，流域面积达180万平方千米，约占中国陆地总面积的五分之一，其沿岸的地形复杂多样，风土文化也各不相同。

李白乘着船，一路向东，顺流而下，依次经过巴渝、三峡、楚国故地，奇妙的景象目不暇接。"山随平野尽，江入大荒流。"抵达荆门之后，两岸的崇山峻岭渐渐消失了，一望无际的原野映入眼帘。平原风光无限，让年轻的李白大开眼界！

那么，长江中游为何会形成与上游如此截然不同的景象呢？

诗中所说的"平野"和"大荒"指的是江汉平原，它是由长江和汉江冲积而形成的冲积平原。由于地势陡降，江水经过此处时流速骤减，河流的搬运能力减弱，河水从上游带来的泥沙在此沉淀、堆积，日积月累，逐渐形成广阔的平原。

江汉平原土地肥沃，河网密织，拥有得天独厚的自然条件，适宜发展农业耕种和水产养殖，是著名的"鱼米之乡"。这里物产丰饶，盛产稻米、棉花、莲藕、水禽、鱼类等多种资源。不过，在李白所处的盛唐时代，这里尚未被大面积开发，还是一片比较荒芜的原野。

海市蜃楼

"月下飞天镜，云生结海楼。"这是多么瑰丽壮观的奇景啊！

"海楼"也就是人们常说的"海市蜃楼"，又称"蜃景"。自古以来，关于海市蜃楼的故事层出不穷，古书中有许多相关的文字记录，很多人都曾经目睹这种神奇的景象。然而，由于缺乏科学认知，古人一直无法清楚地解释这种现象，他们只好杜撰出一种海怪——蜃。

传说中，蜃吐出来的气息能够幻化成亭台楼阁、车马人物，时隐时现，栩栩如生，其发生地点常在海面、江面或沙漠等。人们认为，蜃制造出种种幻象来迷惑人的心智。至于蜃长什么模样，众说不一，没有定论，有人说它长得像只巨大的牡蛎或者文蛤，也有人说它是一种蛟龙。

沈括在《梦溪笔谈》中记载："登州海中，时有云气，如宫室、台观、城堞、人物、车马、冠盖，历历可见，谓之'海市'。或曰'蛟蜃之气所为'，疑不然也。"

沈括在书中详细描述了一场在登州（也就是现在的山东蓬莱）出现的海市蜃楼。其中细节繁多，清晰可见，人们都说这是"蛟蜃之气"幻化出的奇景。沈括没有琢磨出其中的科学原理，但是，这位宋代科学家却对这种说法表示质疑。

实际上，海市蜃楼的原理并没有那么玄奥，它不是海怪的魔法，也并非人类的幻觉，而是一种真实存在的光学现象。

光在同一种均匀的介质中沿着直线传播，当光从一种介质斜射入另一种介质，传播方向便发生改变，从而导致光线在不同介质的交界处发生偏折，这就是光的折射。由于空气受热不均匀，没有风的时候，大气层中的空气难以流动，会在垂直方向产生显著的气温差异，形成密度不同的空气层。当光线从一个空气

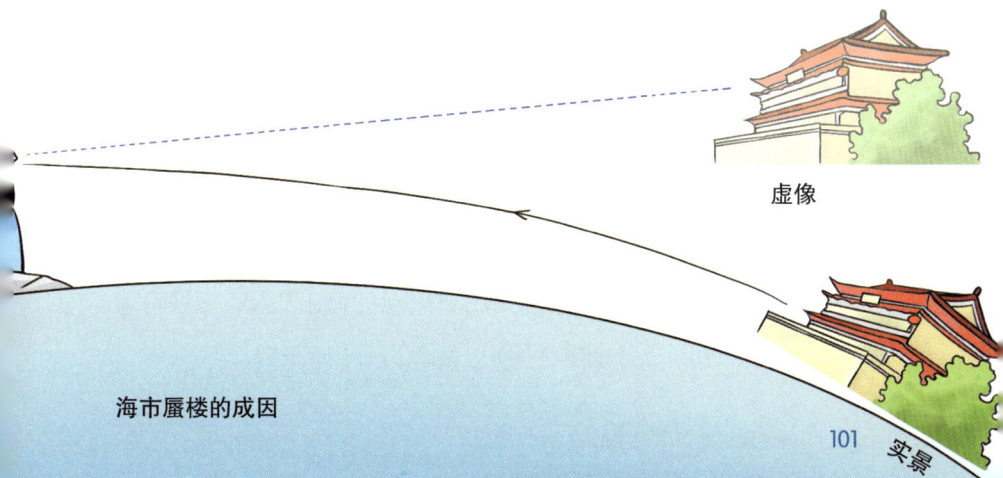

虚像

海市蜃楼的成因

实景

层进入另一个密度不同的空气层中，就会产生偏折。因为光线折射而形成的物体虚像就是"海市蜃楼"，即"蜃景"。简言之，海市蜃楼是一种光折射现象。

几种常见的蜃景

那么，现实生活中，在哪些地方可以看到海市蜃楼呢？

沙漠

烈日灼灼，沙漠中的行人顶着大太阳赶路，口渴难耐，他此时只有一个愿望：赶紧走出沙漠，找到一口水喝。这时，远处的黄沙里竟然真的出现一片湖泊！行人加快脚步，向前追逐。可是，那湖泊像是会移动一般，怎么也走不到跟前，直到乍然消失。

沙漠中，到处都是层层堆积的沙石，在白天吸热极快，容易形成下层热、上层冷的空气分布。贴近沙漠表面的空气温度很高，密度比较小，光线向下偏转，折射形成虚像，便将远处的湖泊或绿洲呈现在行人的眼前。

柏油马路

柏油马路与沙漠相似，因为路面颜色深，吸收热量的能力很强。炎炎夏日，柏油马路被晒得滚烫，地面热气蒸腾，密度较小，而在路面的上空空气较冷，密度大。经由光线的折射，柏油马路的前方会出现一摊晃动的"液体"。有些人认为那是一摊积水，有些人认为那是汽油。其实，这往往只是蓝色天空的折射。

一般情况下，沙漠、柏油马路上出现的海市蜃楼，虚像常常出现在物体实际位置的下方，所以被称为"下蜃景"。

海洋、江河、冰原

李白说"云生结海楼"，他看到江面上出现的海市蜃楼，认为是云霞缔造出的景观。这种说法不算准确，却比归因于海怪要靠谱一点。

在海洋、江河或极地冰原等地，容易形成上层热、下层冷的空气分布。这是因为上层的空气接受太阳光的强烈照射，热而稀；贴近水面或冰面的低处，温度比较低，容易形成冷而厚的空气层。这种情况下，形成的蜃景一般位于实物位置的上方，被称为"上蜃景"。

此外，还有一种"复杂蜃景"，可能出现于以上各种地区，涉及的物体多样，能在瞬息之间发生变化，甚至出现上下颠倒、物体扭曲的影像。

海市蜃楼的奇妙之处在于远看栩栩如生，走近了却捉摸不到，转瞬间消散无形。事实证明，不仅人眼能看到海市蜃楼，照相机也能拍下来，因为这是真实存在的大气折射现象，并非幻觉。那些因人而异的景观，其实都是经过大脑"添油加醋"的主观想象。

古朗月行

〔唐〕李　白

小时不识月，呼作白玉盘。又疑瑶台镜，飞在青云端。

仙人垂两足，桂树何团团。白兔捣药成，问言与谁餐。

蟾蜍蚀圆影，大明夜已残。羿昔落九乌，天人清且安。

阴精此沦惑，去去不足观。忧来其如何，凄怆摧心肝。

　　在古代传说中，月亮上住着仙女嫦娥，有月桂树、蟾蜍，还有一只白兔在不停地捣药。这首诗中，李白借用一个孩童天真烂漫的口吻，化用传说中的事物，提出了一个又一个奇思妙想。

　　月亮升起，逐渐变得又圆又白，皎洁明朗，高挂在天空中，像是"白玉盘""瑶台镜"。月亮中逐渐呈现出阴影，像是仙人的两只脚，还能看见一团团桂花树。传说月亮上有只白兔在捣药，它捣好了药，要给谁吃呢？

　　这时，月亮的圆影被侵蚀，变得残缺、晦暗，像是传说中的蟾蜍吃月亮。李白笔锋一转，突然引出后羿射日的故事。他感叹道：正是因为有这样的英雄，能够射下九个太阳，天上和人间才能清明安宁。"阴精此沦惑，去去不足观。忧来其如何，凄怆摧心肝。"月亮渐渐沉沦，迷惑不清，已经没什么可看之处了，不如就此离去吧！诗人积郁着一腔忧愤、凄怆的情绪。

　　这首诗写于天宝后期，向来被认为是影射现实的作品。诗人用"蟾蜍"来暗讽安禄山、杨国忠之类的奸臣，他们祸乱国政，蒙蔽君主，就像蟾蜍食月一般，让朝廷变得昏聩，让社会沉入黑暗。

小时不识月，呼作白玉盘：月球，你究竟从哪儿来？

月球，一个非常标准的卫星

月球是一个标准的卫星。卫星就是绕着行星运行的天体，在太阳系里，除水星和金星外，其他行星都有卫星。对于地球来说，除了那些人工制造的人造卫星，唯一的一个天然卫星就是月球。月球是一个约有45亿岁的天体，和地球的年龄仿佛，但它的平均直径是3476.28千米，不到地球的四分之一。如果把它的表面展开，面积略比亚洲大一些。和地球类似，月球也有壳、幔、核的分层结构，这是从月震发出震波中推测出来的。不过，月球的平均密度仅仅是地球密度的五分之三，这就导致它的引力只有地面上的六分之一，也就是说，一个60公斤重的人到了月球上，虽然人本身没有变化，但测出的重量会是10公斤。如果这个人在地球上能原地起跳一米高，或是举起10公斤重的物体，那么到了月球上，他就能跳到6米高，或是举起60公斤重的物体。所以我们看一些月面行走的历史录像，宇航员在月面上通常能举起非常重的科学仪器；他们走在月球上也轻飘飘的，反而造成不便，因此只能跳着前行。

月球的起源

目前，月球的起源还是一个未解之谜。我们在月球上采集到的物质来自50亿年前，但一般视为从外界掉到月球上的。去掉这个最高值，月球物质的最古老来源集中在45亿年以前，和地球的年龄一致。科学家最大的困难是没法解释月球为什么那么大，在太阳系所有的卫星里，月球的个头虽然不是最大的，但和母星的体积比绝对是排名第一。离我们最近的火星，它的两颗卫星就只有地球上的两个都市那么大。这种小型的卫星一般是被母星用引力俘获过来的，又因为它们自身很小，不能被自己的重力揉成一个圆球，所以它们长得并不规则，就好像两枚土豆。

如果月球也是经过地球的时候被地球俘获的，那倒可以解释月球和地球组分的区别，但这没办法解释月球的浑圆形状，也没办法解释月球公转的轨道（白道面）和地球公转的轨道（黄道面）几乎重合。所以也有人认为，月球也可能与地球同时形成。这项理论固然可以解释月球为什么又大又圆（因为只要和地球一起出生就可以了），但没法解释月球的密度为什么大大低于地球。如果两者是同时从具有相同重金属元素的核心开始形成，那么，两者的密度应该相差不大。真相可能是另一个假说描述的那样：月球来源于一场地球上的大撞击事件。

时间回到45亿年前，地球还是一颗外表包裹着火山岩外壳、内部极其滚烫的圆球，没有大气层的保护，也没有月球帮忙阻拦天外来客。不断有流星奔向地球，砸落在地壳上，使熔岩奔涌而出。但因为宇宙的冰冷，这些融化的部分又时刻冷却硬化，如此周而复始。

直到有一天，一枚名叫"忒伊亚"的小行星撞击了地球。这枚行星的大小几乎与火星类似，撞击的结果是忒伊亚的铁核直入地底，而其坠落途中崩解出大量的碎片，加上撞击后崩解出的另一些碎片，有些重新落到地面，有些飞出地球引力可以操控的范围，直奔太阳和其他行星，还有一些被地球的引力牵引，进入绕地球公转的轨道。很快地，地球表面的自我修复完成，而这些碎片也不断合并，最终形成了月球。

如今，这个"大碰撞"假说已经成为目前关于月球起源最成熟的假说。首先，它不仅回答了月球的大小，也解释了密度问题——地球有忒伊亚的残躯铁核，而月球没有。其次，它解释了月球岩石里为什么很少有氢、碳、氮、硫这类性质活泼的元素，因为高温使这些元素大部分蒸发了。许多实验证据也支持这一假设，比如中国紫金山天文台在分析月球陨石样品后，就发现氯元素的同位素变化范围很大，这正是大规模的撞击形成的高温才能达到的效果。

月的圆缺

在地心说的体系下，月亮看起来每天是在夜空中从西向东移动。但今天我们知道，这种移动及月相变化是月球对地球的公转和地球绕太阳的公转共同造成的。日、地、月相对位置一直在变化，所以我们看到月球被太阳照亮的部分也在发生变化，这就产生了月亮的"圆缺"，被称为月相，"蟾蜍蚀圆影"指的就是这个变化过程。

农历每个月的初一时，月球处在地球和太阳之间，月球正对地球的部分完全没被太阳照亮，称为"朔"。到了农历的每月十五，地球位于太阳和月亮之间，使得月球被照亮的部分成为完全可见的一轮满月，称为"望"。在朔望之间，月相的盈亏可以划分为"新月（朔）——蛾眉月——上弦月——渐盈凸月——满月（望）——渐盈凸月——下弦月——残月——新月（朔）"这几个阶段。

钟表匠通过精巧的设计，在一些机械表的表盘上设置了一个半圆形的窗口，窗口里有一个圆月，每天前进一齿，每天在窗口中露出不同的部分，这样就把天上的月相变化同步在了表盘上。

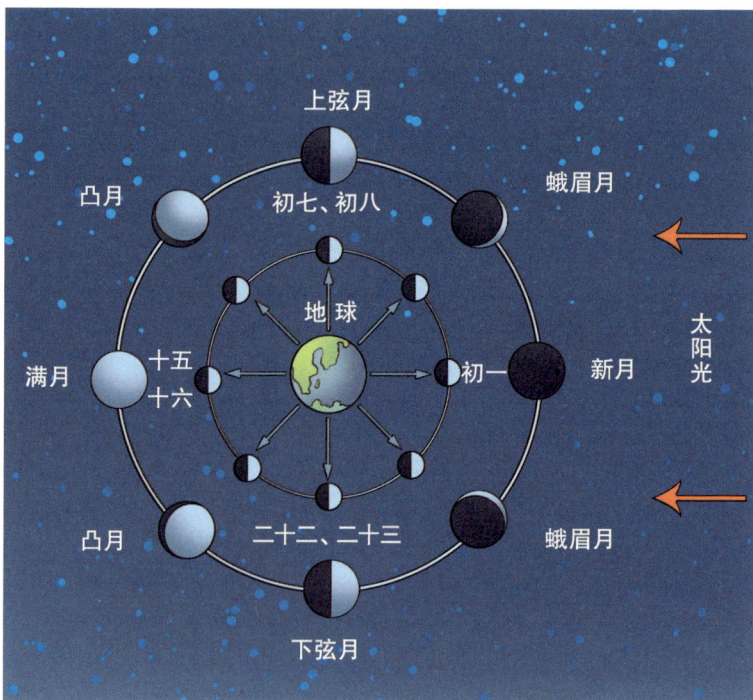

月相的变化

望庐山瀑布

〔唐〕李 白

日照香炉生紫烟，遥看瀑布挂前川。

飞流直下三千尺，疑是银河落九天。

这首诗是李白写景诗中的代表作，语言简洁易懂，音调铿锵，气势激昂。全诗由远及近，从香炉峰写到瀑布，再联想至银河，李白一如既往地发挥他那雄奇无边的想象力，纵意驰骋，描绘出一幅别样的庐山瀑布图。

太阳照在香炉峰上，紫色的云雾萦绕四周。诗人远远地便看到瀑布挂在山川的前方，三千尺流水飞奔直涌而下，莫非是从那九重天上坠落的银河？

"香炉"在诗里有两重含义，既是实指庐山的香炉峰，又是一个比喻，将山峰比喻成一鼎偌大的香炉，顶天立地，烟云缭绕，仿佛神话中的仙境。

"飞流直下三千尺，疑是银河落九天。"这是传颂千古的名句，令人印象深刻。诗人将飞落的瀑布比喻成从天而降的银河，极尽夸张的手法，写出瀑布飞流时的壮阔气势。"疑是"二字耐人寻味，让这个明知是假的比喻更显逼真。毫不夸张地说，李白以一己之力将庐山瀑布提升至宇宙尺度。

飞流直下三千尺，疑是银河落九天："水往低处流"，重力的终极规则

俗话说"水往低处流"，陆地上的水流总是从高处向低处流淌。水流在山壁上突然遭遇断崖，或是河床突然降落，流水从高空中跌落，水花飞溅，白雾弥漫，远远看去就好像一匹匹悬挂着的白布，人们就称其为瀑布，它还有一个形象的名字叫作"跌水"。

瀑布的成因有很多。火山口形成湖泊，水位溢出后会成为瀑布；地壳的运动造成陡坡，会让河流坠下成为瀑布；冰川崩解岩石，形成山谷和断崖，也会让高原上的河流跌落，成为瀑布。

重力与引力

"疑是银河落九天"，瀑布从高处下落是因为地球上处处存在着重力，而重力的来源是万有引力。宇宙中任意两个物体都会通过其质心连线方向上的力相互吸引，这个力就是万有引力，其大小与二者质量的乘积成正比，与二者距离的平方成反比。

地面附近的所有物体，包括你我也都受到地球的吸引，因此给我们带来直直下坠的感觉。在这里我们似乎把重力和引力看作同一个东西，但是仔细分析起来，引力其实被分成了方向不同的两个部分，一部分用来提供物体随着地球做圆周运动的向心

力，另一部分才是严格意义上的重力。

而且，重力基本上只能用来描述大小相比于地球足够小，距离地球又足够近（比如几千米内）的物体。这个情况下，向心力相比于引力非常小，我们也就认为重力等于引力了。而如果砸中牛顿的那枚苹果（牛顿被苹果砸中其实是一个虚构的故事）变成人造卫星那么大，又飞到月亮那么远，我们就只能按照引力概念来研究它了。

匀速与加速

由于引力的作用，物体下落是一个匀加速运动，而不是匀速运动，因为使它加速下落的并不是惯性，而是引力一直在给速度加码。伽利略发现了这一点，如今我们知道物体在地球上每下降一秒，速度大约会增加9.8米/秒，这叫"重力加速度"。牛顿第一定律就继承了伽利略的观点，认为任何物体在没有受力的状态下都是保持静止或者做匀速运动的。

又如，把小球推出桌面后，它划出的路线是一个抛物线，但人的直觉认为物体飞出后会直直地射出一段距离然后再下落。但是看到动画片里面汤姆猫跑出悬崖后停在半空，摊一下手，我们又会训练有素地知道那是错的，是加了特效的表现手法。只能说，我们的直觉就是不可靠。

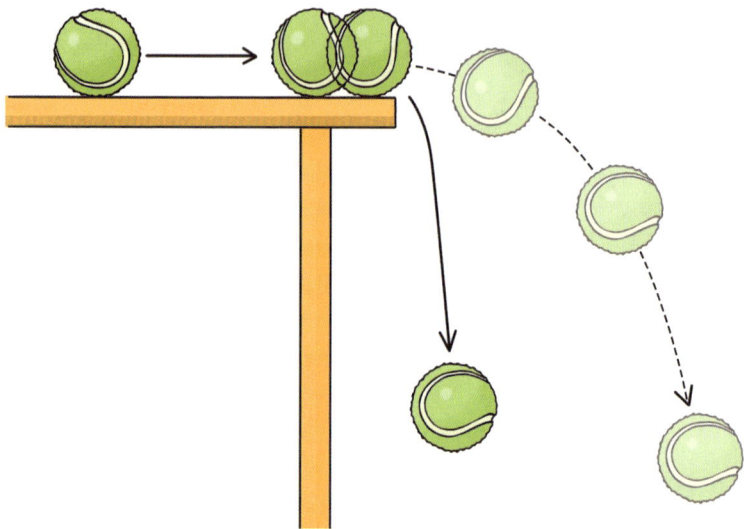

人的直觉总是忽视引力的存在

瀑布的重力势能

瀑布落下是一个由重力势能转换为动能的过程。究其字面意义，动能是正在做功的能量，而势能是具备做功潜力的能量。这种潜力是哪里来的呢？

物理学把它解释为，在一个"场"中，物体的位置不同，使它们具备做功的潜力也不同。比如重力场，把物体举得越高，掉下来的动能就越大，最终可以达到的速度也越快。势能就可以看作物体在场中因为位置不同而具有的能量，所以势能在过去也有个名字叫位能。因为这些场的性质不同，也就有了重力势能、弹性势能、电势能等区别。

水在高处会自动掉到低处，是因为物体有高势能自发回到低势能的趋势，大自然"认为"后者是一个更稳定的状态。一个高势能的稳态被破坏后，物理规则要求物体往更容易维持稳定的状态改变。

一个屋子，地面上摆满打开的老鼠夹，在每个夹子上面放一个乒乓球，使它恰好不会触发老鼠夹的弹簧。把最后一个乒乓球扔进屋子，屋子里就炸了锅，乒乓球与老鼠夹齐飞，最后几乎所有老鼠夹都会被激发，所有的弹性势能被"消耗"成动能（其实是转化，因为能量是守恒的）。

蕴含生命的自然就像是这样一个房间，包括人类在内的所有生命都需要不停地从外界取得能量，不断地把老鼠夹的弹簧拉开，只不过这些能量不是用来维持重力或是弹性势能，而是维持细胞、组织乃至社会的活力，不然就会跌落至一片死寂。因此，只要上游的水源没有枯竭，瀑布就会不断冲刷山体，让它跌落石块，更加圆滑，甚至瓦解。这样，瀑布后退，落差也跟着降低，瀑布也就慢慢地不存在了——这也是自然界讨厌维持高势能位的一个体现。所以瀑布看似流不尽，但它终究是一种暂时的景观。不过，在无数瀑布消失的时候，也会有无数瀑布因为地球的地质运动而诞生，就好像顽强的生命一样。

独坐敬亭山

〔唐〕李　白

众鸟高飞尽，孤云独去闲。

相看两不厌，只有敬亭山。

　　这首诗的题目是"独坐敬亭山"，谁在独坐呢？当然就是诗人李白，他独坐在敬亭山，不知凝望了多久，不知看到了什么。从诗中我们得知，天上的群鸟飞向高处，直到消失不见，孤零零的云朵也越飘越远。"尽""孤云""独"，这些字眼让"独坐"的李白更觉得孤独，飞鸟和云朵居然也像世人一般，冷眼厌弃着诗人，恨不得躲得远远的。

　　当孤云飘散，众鸟飞尽，空旷的画面中只剩下孤独的诗人与矗立的高山，他们彼此相望，凝固成一个永恒的姿态——"相看两不厌，只有敬亭山"。我们不禁展开遐想，如果敬亭山是一个人，那么想必他也是卓然独立，才能与这位"谪仙人"平起平坐，惺惺相惜。

　　这是一首山水诗，却没有描写一草一木、一石一水，诗人通过和山的对望，传达出一种既浪漫又孤独的精神写照。几百年后，另一个以豪迈著称的文人辛弃疾，大概受到了李白的启发，说出了一句相似的话："我见青山多妩媚，料青山，见我应如是。"

众鸟高飞尽，孤云独去闲：长了翅膀就能起飞吗？

"众鸟高飞尽"，但在发明飞机之前，人类只能被重力牢牢地束缚在大地上，脚踏实地地耕耘、捕猎、生活，如果想要距离天空更近，就只能爬到山上。后来，我们建造更高的楼台，或者用弓箭去触及天上飞过的猎物，但是鸟类早就可以自由地在天空飞翔，令人类羡慕不已。

有翅膀就能飞吗？

在希腊传说中，伊卡洛斯用蜡和羽毛粘成翅膀，想要逃离克里特岛，但他飞得太高了，接近太阳的时候，蜡质熔化，他也掉回地上。伊卡洛斯的故事表达了人类对没有翅膀、无法飞行的伤感，但鸟类之所以能够飞行，也并不只是因为它们拥有羽翼。

鸟类的翅膀与昆虫不同，它长有精心排列的飞羽，每根飞羽被肌肉和小钩牵动，都略有旋转的能力，因此可以在鸟扑翼时对空气产生强大的压力。除了最常见的扑翼飞行之外，鸟类还有两种飞行方式，一是自高处向下的滑翔，二是借助自然环境中的上升气流（热空气、风）进行的翱翔。但翅膀说到底也只是一对特化的前肢，为了飞行，还需要有更多特化的结构：

鸟类的骨骼有些非常薄，长骨通常中空，有效地减轻了体重；还有些骨骼愈合成一块，比如翅膀前端的指骨，除了减重外还能更好地支撑羽翼。为了更好地挥动翅膀，鸟的胸肌发达，为这些肌肉提供附着面的是一块发达的龙骨突。鸟的胸腔内除了肺脏还有气囊，在吸气时储存新鲜空气，呼气时气囊中的气体进入肺脏，使鸟类无论呼气还是吸气都能在肺部进行气体交换。另外鸟的食量大，消化能力强，直肠短，可以边飞行边排出粪便，尿液也随粪便一起排出，这是适应飞行生活的结果。

鸟能飞多高？

鸟的飞行高度是有极限的，因为高空空气稀薄，不足以给翅膀提供足够的升力。飞机用极高的速度解决了这个问题，得到了升力，但鸟类没有办法冲得那么快。但是，它们还是拥有挑战极限的本能，比如有些猛禽为了获得更广阔的视野，用它们出色的视力扫描大地上的猎物，就必须飞得高，再利用从高空坠下的速度捕杀猎物。

很不幸的是，我们了解鸟类飞行高度的极限，很多数据是通过飞鸟撞到飞机的"空难"获得的。1973年11月29日，有一只黑白兀鹫在11280米的高空与一架飞机相撞，被吸入后者的发动机，这是目前鸟类飞得最高的纪录。黑白兀鹫的平均飞行高度在6000米左右，翼展超过2.5米。

还有一些鸟类可以飞越喜马拉雅山，如斑头雁、黑颈鹤、灰鹤等，其中有些鸟甚至可以翻越珠穆朗玛峰。但是要考虑到这类飞得最高的鸟本来就生活在高原上，起飞的海拔就已经很高了，并不是一鼓作气从平原飞上那么高的。这些高原鸟类的血红蛋白比较特殊，能更有效率地结合氧气。

另外，这些鸟类平常也不用飞那么高，它们有固定的迁徙路线，大部分时间里沿着峡谷飞行，或者沿着某个固定的高度绕过高山。比如，中国的天鹅平常飞行高度为200至400米，只有在迁徙的时候才需要翻过新疆的天山。

鸟的起源与进化

就在电影《侏罗纪公园》上映的那个年代，大多数人还认为恐龙长得像灰皮蜥蜴，并且在白垩纪大灾变中全部灭绝了。但现在的人们已经普遍接受了恐龙长着华丽羽毛的事实，也确认了它们没有完全灭绝，其中有一部分进化成了鸟类。

从严格的分类学上讲，鸟类属于恐龙，具体说是属于恐龙总目蜥臀目下的兽脚亚目手盗龙类的鸟纲。而我们在日常生活语境下提到的那些"恐龙"，都只是"非鸟恐龙"这个大概念下的物种。

鸟类出现之前，会飞的大型动物是翼龙目。翼龙是恐龙的近亲，它们靠上下肢之间的皮膜来飞行，这种结构使它们很容易变得体型巨大，在空中俯冲到平原和江海，捕捉鱼类等小动物，称霸天空。

但体型巨大就意味着消耗的能量也大，这给了一些本就披覆羽毛、在林间纵跃滑翔的恐龙起飞的理由。如果这些羽毛进化成翼，那么它们的翼将由模块化的羽毛组成。丢掉一两支羽毛

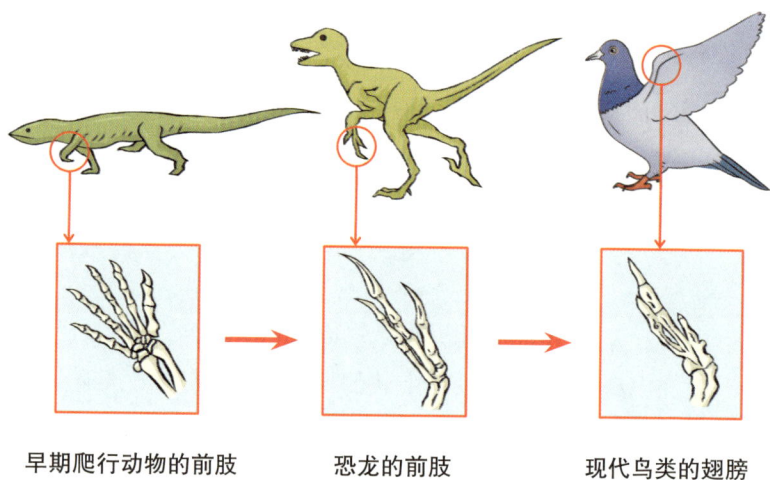

早期爬行动物的前肢　　　恐龙的前肢　　　　现代鸟类的翅膀

可以迅速替换，但皮膜破了个大洞就很难再飞起来了。这一点使得新产生的鸟类既可以在空中飞行，又可以钻进地形复杂的<u>丛林</u>高树里觅食、躲避攻击。另外，由前肢独立演化的翅膀控制起来也比联动上下肢的皮膜要灵活。从这一点上说，鸟类比翼龙更有生存优势。

6500万年前，在那颗陨石造成的大灾难中，大部分鸟类还是陪着所有非鸟恐龙一起灭绝了，只剩下今鸟亚纲的一小撮活了下来。它们继续争夺天空，也争夺着非鸟恐龙留下来的生态位，在不到1500万年的时间里爆发出一万多种新的鸟类。现存95%的鸟类的祖先都起源于这一时期，这为现代鸟类如此丰富的多样性打下基础，让它们能在大海、高山、草原、森林等大部分环境中都生存得很好。

为什么有的鸟不会飞？

我们知道，有些鸟天生不会飞，这些鸟类可以统称为走禽，它们的共同点是常分布在荒漠和草原，翅膀退化，但双腿比例惊人，适合奔跑，我们熟知的非洲的鸵鸟就属此列。大洋洲环境封闭，遗世独立，也是走禽的天堂，大到鹤驼、鸸鹋，小到几维鸟，都丧失了飞行能力。

走禽生活在这些地方并不是巧合。艰苦环境下，天空往往不足以养育过多的飞禽，所以有一部分鸟类在进化的过程中放弃了对天空的角逐，脚踏实地地开拓大陆，有些走禽甚至可以凭借双腿来长途迁徙。这就是物种适应不同的环境，占据各自生态位的体现。还有我们喜爱的南极企鹅，也不会飞，它们虽然不像走禽那样有发达的长腿，但也用自己笨拙的方式进行一年一度的大迁徙，场面十分壮观。

行路难（其一）

〔唐〕李　白

金樽清酒斗十千，玉盘珍羞直万钱。

停杯投箸不能食，拔剑四顾心茫然。

欲渡黄河冰塞川，将登太行雪满山。

闲来垂钓碧溪上，忽复乘舟梦日边。

行路难！行路难！多歧路，今安在？

长风破浪会有时，直挂云帆济沧海。

　　从诗中的"金樽清酒""玉盘珍馐"可以看出来，这是写一场欢聚的宴席。但是，爱喝酒的李白放下酒杯和筷子，拔剑四顾，两个动作中饱含情绪——"心茫然"。为何茫然呢？李白到了长安之后，仕途的大门并没有向他敞开。他四处拜访高官显贵，却一无所获。他不禁想起两个古人："闲来垂钓碧溪上，忽复乘舟梦日边。"姜子牙在渭水边钓鱼，后来得到了周文王的赏识；伊尹曾经梦到自己乘船经过日月的旁边，后来被商汤邀请去做官。李白心想：或许我的际遇就像姜子牙和伊尹那样呢？诗人暂时这么安慰自己，却又不是很确信，再次从心底发出呼号："行路难！行路难！"希望与失望，积极与迷茫，全诗充斥着不确定的情绪，节奏富于变化，跳荡纵横。我们跟随李白那信马由缰的想象力，穿越了古今，也体验到诗人的心绪起伏。不过，李白就算在最失意的时刻也仍然坚信"长风破浪会有时，直挂云帆济沧海"。

欲渡黄河冰塞川: 黄河结冰了怎么办?

黄河为什么会结冰?

每年冬天, 随着气温下降, 北方的一些河流会结冰, 有些只是铺在水面的一层薄冰, 有些冰层却无比坚实, 仿佛整条河都冻住了, 甚至经得起人在上面奔跑。那么, 这些河流结冰的时候, 河中所有的水都冻结了吗?

当然不是。冬季, 陆地温度很低, 河水从水面开始结冰, 在河流表面形成冰层。这个冰层同时也是一个厚实的隔温层, 隔绝了外界和水下的温度。所以, 在河流的底部仍然是流动的液态水。在冰层与水的交界处, 温度恰好是冰水混合物的温度, 也就是0摄氏度。

当春天来临的时候, 天气回暖, 冰消雪融。河流中冻结的冰层也开始融化, 冰层碎裂解体, 形成一块块形状各异的冰块, 漂浮在河面上。流水裹挟着大大小小的冰块, 声势浩大地向下游漂流, 这种景象实在是壮观极了, 民间俗称为"跑冰排"。

不过, 在冰河解冻的时候, 你要是着急过河, 可就麻烦了! 这段时间里, 河流中充塞着大量破碎的冰块, 既不能乘船横渡, 又不能踏着冰块走过去, 只能站在岸边干瞪眼, 也就是李白在诗中说的"欲渡黄河冰塞川"。

其实, 除了李白提到的黄河, 中国的许多河流都会结冰, 比如说东北的黑龙江、松花江，华北的海河等。但是，珠江、长江这些河流，冬天却不会结冰，什么原因呢？

我们知道，淡水结冰的一个条件是温度低于0摄氏度，而温度又受到纬度、海拔等因素的影响。中国地理以秦岭—淮河一线为南北分界线，这是一月0摄氏度等温线经过的地方，该分界线以南的地区，冬季气温高于0摄氏度，河流没有结冰现象；该分界线以北的地区，冬季气温低于0摄氏度，河流有结冰现象。这就是为什么北方的黄河、松花江会结冰，但是南方的长江、珠江却不会结冰。

黄河凌汛

在理想的情况下，春天到了，冰河苏醒，河流的水温增高，从上游到下游，冰层逐段解冻，流水带动冰块汇入大海。但是，在有些年份，河流解冻的过程却充满艰难险阻，甚至会引发凌汛。

"凌"指的是水凝结成固体所形成的冰块或冰锥，又叫冰凌。"汛"指的是江河湖泊的周期性涨水现象。所谓凌汛，指的就是冰凌阻塞流水，从而引发的江河涨水的现象，属于一种自然灾害。

黄河呈几字形蜿蜒流淌，南北跨越10个纬度，气温差异比较大。黄河在宁夏河段的流向是自南向北流淌，也就是从低纬度地区流向高纬度地区。因为南边的河段纬度较低，气温率先升高，冰河已经大片解冻。但是，北边的气温比较低，河水还处于封冻状态。流水携带大量冰块，自南向北流淌，一遇到还在封冻的冰层，那些漂浮的冰块就会堵塞在下游，越积越高，造成流水不

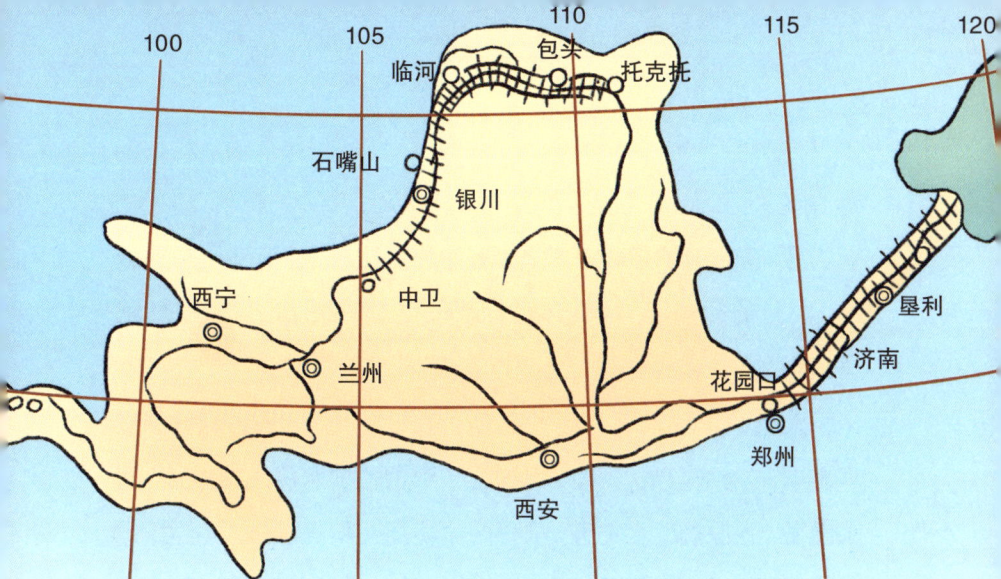

| 100 | 105 | 110 | 115 | 120 |

临河　包头　托克托

石嘴山

银川

西宁　中卫

兰州

花园口

郑州

垦利

济南

西安

‖‖‖‖‖‖‖　防凌河段

黄河凌汛

123

畅，水位上涨。

另外，黄河河道蜿蜒曲折，有些河道比较宽，有些河道比较窄。大量的冰块混着流水倾泻而下，突然涌进了一段狭窄的河道，也很容易堵塞堆积。

大量的冰凌堆积，阻塞河流，就像是一座座冰块筑成的堤坝，叫作"冰塞"或"冰坝"。这会导致河流的水位迅速上涨，河水漫溢，便带来洪水灾害。堆积的冰凌还会给堤坝造成压力，严重情况下会造成堤坝决口，给河流附近的居民和建筑物带来许多危害。

另外，黄河凌汛发生的时间不只是春天，有时候也发生在冬天河流刚开始结冰的时期。为了有效解决凌汛灾害，人们采取过很多措施，比如用水库来调节、控制水量，采用破冰船、炸药爆破之类的方式进行破冰等。

海水会结冰吗？

在人们的印象里，淡水湖泊、河流很容易冻结，但是海水好像永远不会凝固成冰。即便是在极寒的南极和北极，海中到处都漂浮着终年不化的冰山，可是海水依然不会结冰，保持着蔚蓝的液态。这是为什么呢？

我们都知道，海水尝起来是咸的，这是因为海水中含有盐分。随着海水中的盐度增加，海水凝结成冰的温度逐渐降低。另外，因为海水中含有盐分，海水上下层的密度也不一样，容易形成对流，这样一来，又给海水结冰增加了难度。由此可见，海水的环境十分复杂，受到盐度、水温、潮汐、水深等许多因素的影响。可一旦达到所需的条件，海水也会结冰。

即便如此，现在南极和北极的冰川也并不是由海水一点一滴冻成的冰块，它们是从冰河时期遗留下来的。大陆冰川，又被称为"冰盖"，指的是连续的冰川冰覆盖50000平方千米以上的陆地，目前仅存于格陵兰和南极。小于50000平方千米的则被称为"冰帽"。这些固态的冰都是淡水，储存着地球上最大的淡水资源。

在冰冷的极地海域，一座座巨大的冰块漂浮在海面，状若山川，在阳光下释放出神秘的幽蓝色。然而，因为冰块的密度低于海水的密度，漂浮在水面上的是一小部分，它剩余90%的庞大体积都藏在水下，所以我们很难看清一座冰山的全貌。

冰山是由于冰川冰断裂而形成的碎块，它们脱离陆地，滑进海洋，在风浪的推动下，自由地漂流在海上。不过，如果冰山一直漂向纬度较低的海域，很快就会因为温度升高而融化，消失在蔚蓝的大海中。

望 岳

〔唐〕杜 甫

岱宗夫如何？齐鲁青未了。

造化钟神秀，阴阳割昏晓。

荡胸生曾云，决眦入归鸟。

会当凌绝顶，一览众山小。

杜甫24岁时带着一腔抱负游历齐赵之地，在游览"五岳之首"泰山之后，写下了这篇流传千古的《望岳》。诗歌前四句自问自答，由远及近，依次写出了泰山的高耸与神秀。

"齐鲁青未了。"站在齐鲁之国的境外，依然能够看到泰山绵延不尽的青翠峰顶。齐鲁，就是先秦时期的齐国和鲁国，后来也被用来代指山东。杜甫没有直接描写泰山的巍峨高耸，而是将视线延伸到整个齐鲁大地，通过距离之远来烘托泰山之高。这是何等高远广阔的风景啊！一开篇，便给这首诗定下了一个雄伟的基调。

大自然的造化堪称鬼斧神工，将山的南面和北面分成拂晓和黄昏。"荡胸生曾（层）云，决眦入归鸟。"诗人不再置身其外，而是全身心地融入泰山的千岩万壑之中，想要睁大眼睛，饱览美景。

诗人对于这泰山美景野心勃勃，不只是尽于眼下所抵达的地方、所看到的景色。他放言一定登上那最高峰，俯瞰众山。"会当凌绝顶，一览众山小。"这里的"绝顶"既是实指，又是虚指。杜甫望着那矗立的高山，抒发出了志在高远、兼济天下的胸怀。

古诗词里的科学现象

会当凌绝顶，一览众山小：透视造就了你眼中的世界

登泰山而小天下

中华有"五岳"，指的是五座名山：东岳泰山、西岳华山、中岳嵩山、南岳衡山和北岳恒山。若论高度，华山最高，海拔2154.9米；恒山次之，海拔2016.1米；泰山绝顶玉皇顶，海拔1545米。可以看到，泰山在五岳之中仅仅居于中等水平。那么泰山何以被冠上"岱宗""五岳之首"的称呼呢？

我们来看看泰山的地理位置：它位于东方，传说，盘古开天辟地之后，头向东方，化作泰山，当然这只是远古先民的幻想罢了，但是，泰山的位置的确使它在五岳之中最早沐浴到太阳的光辉。而这里临近孔子的故乡曲阜，沾上了儒家圣人的气息。除此之外，历朝历代的帝王，比如秦始皇、汉武帝、唐玄宗等人，都曾经亲自登上泰山，举行封禅仪式，祭祀天地，以求达到天、地、人的神秘感应，为自己的执政争取名义上的合法性。在漫长的历史时期里，泰山所承载的政治、历史和文化意义要超出山岳本身。

泰山古称"太山"，就是"大山"的异写，是一个非常直接的称呼。在现代，我们习惯了一座座高楼大厦在城市里拔地而起，缆车可以在泰山的山顶和山腰间往来，泰山好像看起来没有那么雄伟。但泰山处于平缓的山东丘陵地带，在古代的环境下，在

这些平原和丘陵上漫步，陡然从地平线上出现这么一座大山，视觉冲击力还是相当惊人的。

在登上这座大山之后，四周景色尽收眼底，群山隐没在最远处，山下的房舍如同蚂蚁，也难怪古人会发出"登泰山而小天下""一览众山小"的感慨。

人类获得空间和物体的深度信息，有一个途径就是比较物体的大小。日常生活中我们见到的真实物体，都会呈现近大远小的特点。极目远眺，远处的物体会变得无限小。人类视觉的这种特性，就叫作"透视"。

试想一下，这种视觉功能对你是有一定好处的。不然，所有的山都会在你眼中以1:1的比例展开，你看到的太阳不是天空中的圆盘，而是一片流火的背景，远近的事物争先恐后地占据你的视野，那将会是一幅多么恐怖的景象！

透 视

还记得几何题里的立方体是怎么画的吗？用斜的角度投影的方式，把立方体投射在二维平面上，得到六边形的外轮廓，再用正的角度投影，得到立方体的一个正面，重合到六边形里。

除此之外，你也可以从正方体的一个面——正方形出发，在脑内想象另一种构建立方体的方式：

第一步，想象把这个二维的正方形原地复制一份"拷贝"；

第二步，把拷贝稍微拉离、错开原来的正方形，拉到合适的位置。注意只能平移，而不能使拷贝本身发生旋转。你就得到了

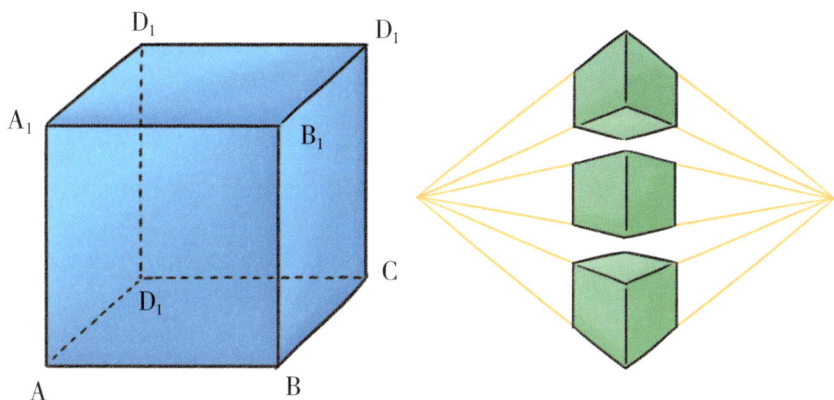

几何课上的立方体和美术课上的立方体，你能看出区别吗？

两个部分重合的正方形；

　　第三步，如果你的空间想象力足够好，那么你已经能想象出，刚才拖动拷贝的过程好像并不仅仅是在二维的纸面上进行的，而是让正方形原件突破纸面，在三维空间里变"厚"了，它占用了一个三维空间，拥有了一个三维形状。如果实在想象不出来，那就用四根虚实不同的线，把正方形的原件和它的拷贝连接起来。很显然，这四条线相互平行。这样，你就又模拟出一个几何题上的三维立方体，其本质和前一种模拟方式是相同的，就是在纸上模拟一个"斜向平行投影"。

　　但是，你会发现这样的立方体好像和美术课上画的立方体不完全一样，仔细观察，你会发现区别就是美术课上的正方形原件和它的拷贝大小并不一样，离你眼睛近的那一面正方形更大一些。

美术造型的基本要求之一，就是尽可能地去还原这种近大远小的透视感，所以它的投影是透视投影，模拟出了景深，就模拟出了画者或观众的视角。而立体几何中的立方体是用于解释几何体内部空间关系的，它追求绝对客观，不要求从某个观察者的视角去看待一个物体，所以不需要透视投影，而是采用简单的斜向平行投影。

人眼的极限

在使用透视投影绘制出的立方体里，四条（当然，美术作品总是画不透明的石膏立方体，所以实际上只能看到三条）反映深度的边本来是相互平行的，但因为透视的缘故，四条线无限延长后，会在很远处的一个虚拟的点上最终相交，我们称它为"灭点"。

在登山者视线的最远处，所有物体也最终在那里交汇了。这是因为物体和我们的距离超过约500米后，离我们越远，我们双眼的立体视觉就越不明显，因为两眼之间的宽度相比遥远风景实在是太微不足道了。在目力的极远处，我们的大脑会把所有事物判断成在一个平面上，以便更多地塞在视野里。比如夜晚观看星空，我们就会觉得所有的星星都是镶嵌在一块平滑的天穹上的。

再加上我们看到远处的事物，目光要穿透更多空气里的粒子，所以离我们距离太远的物体不光会小，而且会变模糊。文艺复兴时期的建筑师和画家发现了这些秘密，尤其是布鲁内莱斯基、达·芬奇等大师，在建筑图纸和绘画里孜孜不倦地重现这些透视和模糊，这些技法是经典西洋画的基础。

不过，我国古代人并不是没有观察到透视现象。唐代王维的《山水论》里就说："远人无目，远树无枝。远山无石，隐隐如眉；远水无波，高与云齐。"在远处，树的枝杈、人的五官、细微的水波这些细节就很难观察到了，在灭点处，水面更是和天空模糊到一起。只不过，中国画没有选择把透视运用到极致，一个最直观的例子就是，中国画里的亭台楼阁，尤其是宫墙，常常呈现为几何题里那种斜向平行投影的状态，并不会近处宽、远处窄。

茅屋为秋风所破歌

〔唐〕杜 甫

八月秋高风怒号，卷我屋上三重茅。茅飞渡江洒江郊，高者挂胃长林梢，下者飘转沉塘坳。

南村群童欺我老无力，忍能对面为盗贼。公然抱茅入竹去，唇焦口燥呼不得，归来倚杖自叹息。

俄顷风定云墨色，秋天漠漠向昏黑。布衾多年冷似铁，娇儿恶卧踏里裂。床头屋漏无干处，雨脚如麻未断绝。自经丧乱少睡眠，长夜沾湿何由彻！

安得广厦千万间，大庇天下寒士俱欢颜！风雨不动安如山。呜呼！何时眼前突兀见此屋，吾庐独破受冻死亦足！

这是一首歌行体古诗，它的音节、格律较为自由，形式上的拘束较少，灵活多变，又夹杂着记叙、议论，语句流畅，放情抒发。

唐肃宗乾元二年（759），杜甫弃官，辗转到了四川成都，在亲友的帮助下，于浣花溪畔建造了一间茅草房，想要在这里开始新生活。次年八月，一场暴烈的风雨几乎将茅屋摧毁，杜甫和全家老小只能在漏雨的屋子里度过漫漫长夜。杜甫在诗中记叙了整件事情的经过：

一场突如其来的暴风掀起屋顶的茅草。茅草四处乱飞，或是高挂林梢，或是飘转沉入塘坳。正在诗人一筹莫展之际，一群孩童跑过来，公然抱着茅草跑进竹林里。然而，诗人此时"老无力"，唇干舌燥，追赶不上，只能回到家中，倚杖叹息。没想到，一波未平一波又起。狂风刚刚平息，一阵骤雨猛然袭来，床头、屋子里到处漏雨，布衾似铁，长夜沾湿，地上没有一片干的地方……

诗中对风、雨的描摹极具动态，充满冲击力。"丧乱"指的是唐代"安史之乱"。从那以后，诗人便常常失眠，这一夜更是倍受折磨。但在诗的最后一段，诗人并没有沉浸于个人的痛苦之中，反而想起那些与他一样受苦受难的天下寒士。杜甫多么希望能有千万间宽敞的大屋，能够庇护那些困苦贫寒的人们。他说，若是能够实现这个目标，即便他被冻死也不足惜。

从此诗中，我们可以看出，杜甫不管是为官还是隐居，始终怀有悲天悯人、忧国忧民的赤诚之心，这是他能达到高超的艺术成就，被后人尊为"诗圣"的重要原因。

茅飞渡江洒江郊：其实，飞起来是许多植物的梦想

飞翔吧！植物

房顶的茅草被风吹得高高，可愁坏了杜甫，但他这时可能没想到飞翔是许多植物的夙愿。

在距今4亿多年前的奥陶纪中期，一些藻类从海洋登上陆地，它们发展为陆地植物后，就发现自己很难再移动半步了。在陆地上不像是在海里可以随波逐流，植物想要获取更多的资源，想要更远地传播后代，通常只能把自己铺展得更大，生长得更高。

但是陆地上还有一种资源可以利用，那就是风。在陆地植物的进化历程中，风成了左右植物进化方向的重要因素之一，到今天，现代植物已经发展出两种使用风力进行自我传播的策略。

第一种是"壮士断腕"，整株拔地而起，被风吹走。这些会移动的植物统称为风滚草，一般长得圆滚滚的，像个蓬松的球，在宽阔的地理环境中生存。在戈壁和沙漠地带，有的风滚草的地上部分可以被大风吹断，有的可以整个被大风连根拔出；草原地带的风滚草等待雨季，及时让雨水把自己的茎腐烂掉，挣脱地面。它们这么做，都是为了顺着大风一直滚动，集体滚动时就好

像动物中的角马大迁徙一样壮观。

但是，能自己滚动的"虚胖"植物毕竟很少，于是便有了第二个思路：让自己主管遗传物质的部分飞走。很多孢子植物的孢子长得如此轻盈，就是为了容易随风飘摇，在远处繁殖。

对种子植物而言，在发育出受精的种子后，直接让风把种子或者果实一次带走显然更加安全。但种子或果实因为要有支持发育的足够营养载荷和复杂的生理结构，本身就较重，比起孢子和花粉来并不适合飞行，所以一般只能让风传播它的花粉。

兰花反其道而行之，它们的种子缩得非常细小，比花粉和孢子还小，可以随风飘到很远的地方，并且脊椎动物对这种干瘪细小的粮食都会视而不见，因此它可以避开动物采食。这么细小的种子携带不了太多营养，所以兰的幼苗和植株也长不大。兰花总是像楚楚可怜、无人知晓的小草，还总是在岩缝里附生，这并不是因为它们多么清高和坚毅，而是因为这些狭窄空间就是它们的生态位。还有些兰花种子要靠土壤中特定的共生菌才能顺利发芽，这些都是兰科植物在地球上如此繁盛却又如此脆弱的原因。

对于"正常大小"的种子，植物们只能想办法把它们弹得远一些，比如那些拥有荚果的植物，会把荚果炸开，像豌豆射手一样把种子射出去。又如葫芦科有一种喷瓜，果实成熟后能把种子混着一些液体喷出五六米远。

如果既想要保持适当的大小，又想借助风力飞走，那么可以尝试开发一些新的种子结构。一些植物的果实干脆演化成翅

翅果

榆钱

槭树种子

蒲公英

会"飞"的种子

果，比如榆树的榆钱，好像有一个单翅，里面就是种子。而中华槭的果实则更加特化，翅膀有一对儿，是双翅果。这些翅膀虽然不能扑动，但比起圆圆的豆粒，飞翔能力还是强太多了，碰上长风，可以迁徙很久、很远。

还有我们最熟悉的杨絮，那些絮由雌性毛白杨的果皮变态发育而成，载着种子随风飘舞。但如果是在城市里，过多杨絮就会给人造成困扰，所以现在人们会给杨树注射绝育药物。而蒲公英被吹离植株后，放射状的丝上方形成的涡旋会把它们有效拽离地面，并且始终保持果实向下的降落伞姿态。

当然，靠昆虫传播花粉，靠鸟类和食草动物吃掉自己的果实，飞远、走远后再从体内排出种子，不再靠风力的随机性传播，更是进化的智慧。

登 高

〔唐〕杜 甫

风急天高猿啸哀，渚清沙白鸟飞回。

无边落木萧萧下，不尽长江滚滚来。

万里悲秋常作客，百年多病独登台。

艰难苦恨繁霜鬓，潦倒新停浊酒杯。

  唐代宗大历二年（767）农历九月九日重阳节，杜甫虽然疾病缠身，仍然按照古来的习俗，独自登上了白帝城外的高台。他登高远眺，视点从天空移向江水，依次观察到风急天高，猿猴哀啸，群鸟飞旋，落木萧萧，长江滚滚……

  诗人看到萧瑟的秋景，想起自己的身世经历，不由地发出"悲秋"的哀叹。如果我们将杜甫年轻时写的《望岳》和本诗放在一起看，同样是登高望远，前者气魄豪壮，这首诗却沉郁悲凉。因为这时候的杜甫已经年迈，拖着病体，暂时寄居在夔州。"万里悲秋常作客，百年多病独登台。"他回想起自己的经历，一生已经过了大半，在各地漂泊了大半辈子，人生都被消磨在"艰难苦恨"之中，化作一头白发。

  如果结合时代背景，我们会发现，衰老、潦倒的岂止是杜甫？他所在的大唐王朝也是江河日下了。"安史之乱"以后，繁华盛世一去不回，只留下满目疮痍的破碎江山。曾经满怀抱负的诗人又该向何处寻找心灵的依托呢？

无边落木萧萧下：叶落知秋，冥冥中自有激素调节

"无边落木萧萧下"，落叶是风的追求，还是树的不挽留？其实说到底是因为植物激素在起作用。

脱落酸、乙烯、生长素

植物靠植物激素，比如生长素、乙烯等来调节自己的生理活动。1960年，人们发现了一种在落叶脱落过程中起到重要作用的植物激素，并把它命名为"脱落酸"。在果实成熟坠落、种子离开果实等过程中，也发现了脱落酸的身影。长久以来，人们都以为是脱落酸直接引起叶片脱落：叶柄基部的细胞分裂出几层新的薄壁细胞，形成一个叫"离区"的区域。在植物收到脱落酸的信号之后，离区内的一部分细胞胞间层的果胶酸钙可以转化为果胶和果胶酸，使得细胞呈现黏液化的胶质过多的状态，从而更容易解体，称为"离层"。离层不再像正常植物细胞那样能提供足够的支持力，所以秋风起后，叶片就从离层断裂开来，飘落到地上。这个时候，离区剩下的那部分细胞就暴露在空气中，会发生栓质化，在断面处形成一个保护层，把自己愈合起来，避免水分从断层中蒸发，也能有效防止病虫害的入侵。但几十年过去后，人们发现脱落酸并不是直接促使落叶脱落的激素，它只是引

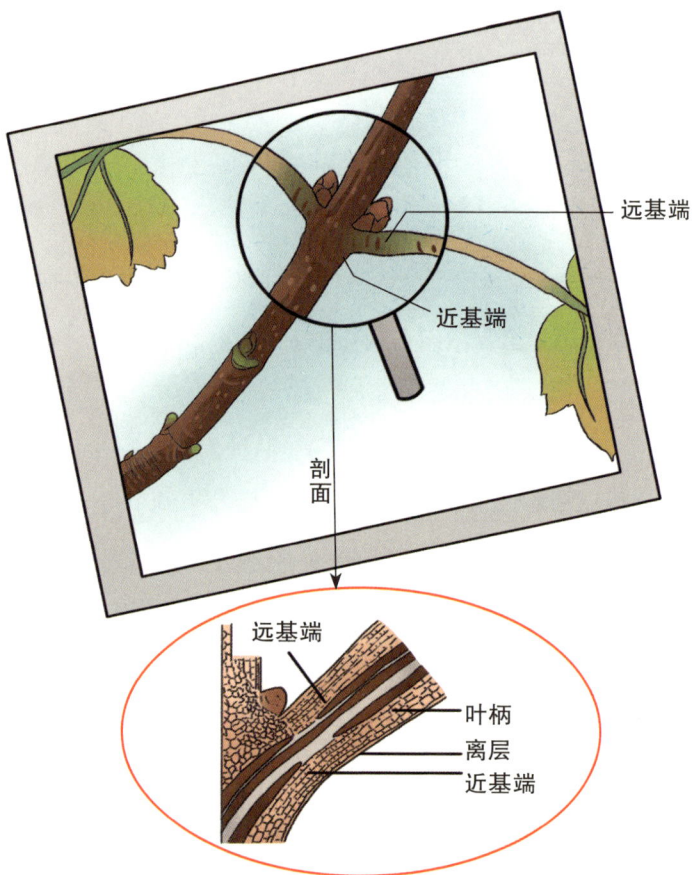

远基端

近基端

剖面

远基端

叶柄

离层

近基端

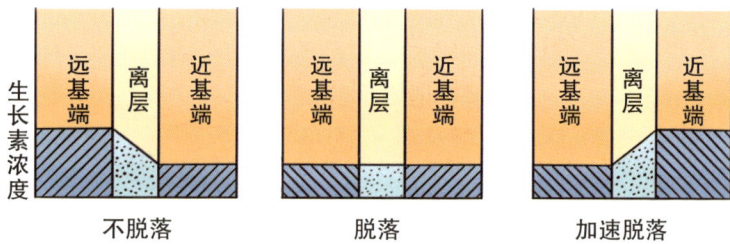

生长素浓度

远基端　离层　近基端

不脱落

远基端　离层　近基端

脱落

远基端　离层　近基端

加速脱落

起叶片细胞过早衰老，衰老引起了乙烯的加速生成，真正诱导叶片发生上述脱落过程的是乙烯。不过，脱落酸的名字还是留了下来，成为一个误会。

当然，植物不能让乙烯一家独大，调控叶片等器官落下的过程中还有另一个控制者——生长素，它和乙烯之间存在拮抗作用（相互抑制、抵消）。生长素调节植物脱落靠的不是绝对含量，而是相对浓度，也就是离层两侧的浓度梯度。当远离根部一端的生长素浓度高于靠近根部一段的浓度时，它会抑制乙烯的作用，让叶片不脱落，这称为负反馈作用。而当秋风渐劲时，生长素也就放弃了抵抗，不再维持浓度梯度，把决定权让给乙烯，叶片的脱落就轰轰烈烈地开始了。

狭窄的秋天

秋天树叶变黄是植物的一种自我保护机制，树叶脱落同样也是这一机制的结果。秋季气温变低，白昼时间变短，空气也变得越发干燥，植物为了保持体内的水分，抖落掉一身的叶子是个非常明智的选择。落叶后，这些植物准备进入冬季的休眠期。

但是，这种典型的秋景只在地球上的有限区域内存在，这些地段往往是温带落叶林地带，主要分布在北半球亚欧大陆的东西两侧，也就是西欧、中欧、中国的部分地带、朝鲜、韩国、日本。北美洲的东部，也就是美国的大西洋沿岸地带，还有非洲、南美洲、澳洲的东部也存在一些落叶林地带，但很少。

而在更北方，针叶林更加茂密，它们的针叶很狭小，水分本就不易流失，叶片的替换也方便，因此在冬天反而不会落叶，典型的就是"松柏长青"的现象。不过，也有一些松树不是四季常青的，比如落叶松在冬季落叶，这个特性让它们极度耐寒，可以在西伯利亚甚至冻土带生存。

再把目光投向南方，比如我国的广东等地，那里属于湿润的亚热带常绿阔叶林带，秋冬的气温并没有那么低，因此常绿阔叶林的叶片一年四季都在落旧叶、长新叶。比如榕树、樟树，在经过冬天之后，会有大量的黄叶落下，因此反而会出现春天集中落叶的景象，但此时它们的树冠依然绿意盎然。在古代纸帛缺乏的时候，南方的人们还会捡起菩提树落下的菩提叶、贝多罗树落下的贝叶，把它当成纸张，在上面书写经书等文字。

也就是说，秋天不仅是个季节交替的时间概念，也是个很狭窄的地域概念，"一叶落而知天下秋"的自信，只在某片特定地域内存在，也只有这些地方的人们，目睹树叶变黄落下，经常会有悲秋的心绪，生出"万里悲秋常作客"的感慨。

植物落叶习性的起源

落叶是典型的被子植物的习性。在距今约1亿年前的白垩纪中期，有花的被子植物开始逐渐爆发，疯狂地抢夺裸子植物的生态位。在花的结构完善的同时，叶的结构也在完善。原始的被子植物都是常绿的，直到晚白垩纪，一些被子植物开始走出热带雨林，向气温没那么高也没那么湿润的中纬度地带进发。

于是它们遇到了困难。我们今天赞颂四季分明的宜人环境，但在被子植物初出茅庐的年代，间歇性的水汽和变化的温度对植物来说简直是致命的。在自然选择的压力下，这些被子植物的先驱进化出脱落自己叶片的习性，并且学会了成片地同时落叶，集体进入"休眠"状态。因为有了这套技能，它们才能在今天这种四季分明的环境中存活下来。也就是说，秋天落叶的景象在地球上可能只出现了1亿年左右，后来的每个秋天，这些狭窄区域里的金秋只是在一年又一年地重现这次进化的选择。

白雪歌送武判官归京

〔唐〕岑 参

北风卷地白草折，胡天八月即飞雪。

忽如一夜春风来，千树万树梨花开。

散入珠帘湿罗幕，狐裘不暖锦衾薄。

将军角弓不得控，都护铁衣冷难着。

瀚海阑干百丈冰，愁云惨淡万里凝。

中军置酒饮归客，胡琴琵琶与羌笛。

纷纷暮雪下辕门，风掣红旗冻不翻。

轮台东门送君去，去时雪满天山路。

山回路转不见君，雪上空留马行处。

　　北风席卷大地，八月的塞北飞雪连天。诗人走出门外，竟然看到了春天才会出现的景象，"千树万树梨花开"。这是怎么回事？原来，那些树木经历过一夜风雪之后，银装素裹，可不像是春天的梨花树吗？从室外到营帐中，风雪侵入每一个角落。将军的角弓被冻得拉不开，都护的盔甲冰冷，难以穿着。沙漠上百丈冰封，天空中愁云惨淡，凝滞不动。在这种极度压抑的苦寒环境中，将士们却毫无怨言，依然积极乐观。他们在营帐中布置酒局，奏响胡琴、琵琶和羌笛的乐曲，送别即将离去的同僚。傍晚，军营大门外雪花飘扬。红旗被冻得硬挺挺的，连风也吹不动。在轮台东门外，诗人送别武判官。白雪覆满天山，山回路转，友人已经远去，身影消失在一片白茫茫的积雪中，只留下一串马蹄印……

岑参笔下的边塞细节生动，饱含真实的生活体验，冰封的异域风光如在读者眼前。岑参亲身经历过塞北的冰天雪地，历尽艰辛，诗中仍然语气豪迈，饱含浪漫奔放的情怀，真所谓盛唐气象！

"胡"是中国古代对北方或西域一些游牧民族的统称，他们的足迹遍布的地方，一般都被笼统地称为"胡天"。所谓"西域"，一般指的是玉门关、阳关以西的地区，也就是现在甘肃敦煌以西的地区，最远可达葱岭，也就是帕米尔高原。盛唐是一个国力强盛、开放包容的年代。那时在长安城中，可以看到西域面孔的商人、使者。经由丝绸之路，各个民族之间的经济文化交流越来越频繁。

在西北战场上，唐朝的军队屡屡获胜，一片前所未见的广阔版图在人们面前徐徐展开。那是与中原、江南都截然不同的奇异风光。唐太宗、武则天为了加强对西北边疆的管理，先后设立了安西都护府和北庭都护府。当时在文人中，也掀起了一股创作边塞诗的热潮。黄沙、边关、胡马、金甲、楼兰……这些名词开始频繁地出现在唐诗里。金戈铁马，从戎报国，似乎成为大唐文人的一种热血情怀。

本诗的作者岑参是罕见的真正到过塞外的诗人。他曾经两次出塞，在边塞军队里生活了六年时间。唐玄宗天宝八年（748），岑参第一次前往安西，担任高仙芝的幕府书记。五年后，岑参来到了西北边陲北庭，在封常清手下担任判官。经年累月的行军生活，让他体验了戍边将士的艰苦生活，也目睹了西域许多离奇而壮美的自然景观。在岑参笔下，西域边塞的许多地方第一次被记入诗中，大大地拓展了唐诗的版图。

胡天八月即飞雪：边塞风光为何如此神奇?

天山飞雪

农历八月的一天，岑参在西域边疆看到飞雪忽至，惊叹不已：“胡天八月即飞雪。”

为什么会出现八月飞雪的景象呢？我们首先看看岑参所在的位置——大唐的北庭都护府，统辖天山以北，东起伊吾，西至咸海，北至额尔齐斯河—巴尔喀什湖一线。这片地方深处大陆腹地，远离海洋，干燥少雨，属于温带大陆性气候。昼夜温差极大，白天很炎热，入夜后气温骤降，天气变化极快。尤其是在海拔较高、地形复杂的山区，飞雪说来就来，可不会挑时间。

温暖湿润的空气迎着山坡爬升，温度降低，空气上升到一定的高度时，遇冷凝结，就会形成雨或雪。是否能降雪，则取决这个地区的温度和大气状况。李白说过：“五月天山雪，无花只有寒。”你瞧，只要大气状况达到了降雪的条件，不管是几月，天山都可能漫天飞雪。

天山横亘绵延，像是一道天然的界限，把新疆划分为南、北、东三个部分，人们习惯称它们为南疆、北疆和东疆。遥遥望去，天山山脉高举着一片片皑皑白雪，即便在夏天也不肯卸去这些“雪顶”，实在叫人好奇：高山上的“雪顶”究竟是怎么形成的呢？

这些雪顶其实是高山冰川。我们知道，高山上也会下雪。在

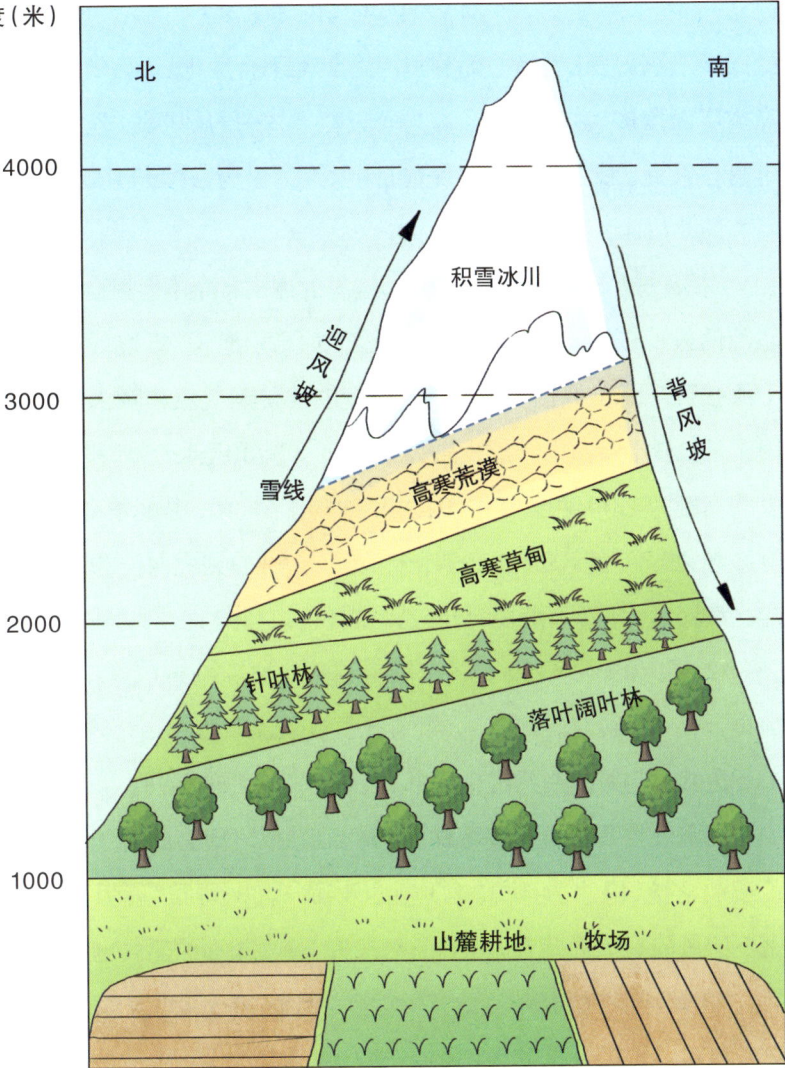

高度（米）

北　　　　　　　　　　　　　　　　南

4000

积雪冰川

迎风坡

背风坡

3000

雪线

高寒荒漠

高寒草甸

针叶林

2000

落叶阔叶林

1000

山麓耕地．牧场

天山雪线与自然带

147

坡度较为平缓的地方，雪花飘落，堆成积雪；每当气温回暖的时候，一部分积雪消融。然而，海拔较高的地方全年气温都低于0摄氏度，这就意味着有一部分积雪终年都不会融化。千百年来，降雪不断增多，越积越厚，雪花变成粒雪，一层层压实，紧密地包裹住彼此，积雪内部的空气被挤出，逐渐融为一体，形成致密坚实的冰川冰。

雪线就是常年积雪带的下界，这里的冰雪常年不会融化。在寒冷的极地，雪线位于海平面；在温带的高山地区，雪线一般位于海拔几千米的高山上。雪线的高度主要受到气温和降水两个因素的影响，天山山脉的南坡雪线高度为3900至4200米；北坡雪线高度为3500至3900米。因为天山的南坡向阳，温度较高，雪容易融化，不易形成常年积雪；北坡背阴，又受到大西洋和北冰洋水汽的影响，降水量多，更容易形成积雪。

火焰山和伊犁河谷

边疆不但有冰封雪冻的严寒，还有烈日黄沙的酷热。

新疆吐鲁番盆地远离海洋，河湖稀少，一眼望去都是裸露的荒漠和戈壁，降水量极少。盆地地形四面高，中间低，就像一个密不透风的超级大脸盆，外部的水汽进不来，里面的热气也散不去。"吐鲁番"在维吾尔族语言里就是"低地"的意思。艾丁湖位于吐鲁番盆地的最低处，湖面低于海平面154.31米，堪称中国陆地的最低点。

因此，吐鲁番盆地成为我国夏季气温最高的地方。其中，火焰山的夏季最高气温可达47.8摄氏度，地表温度可以超过80摄氏度，把一颗生鸡蛋埋在沙窝里就能烤熟，所以这里被称"中国热极"。《西游记》中，孙悟空三借芭蕉扇，就发生在火焰山这个地方。

火焰山的山体是赤红色的砂岩和泥岩，吸热能力很强，斜坡上布满沟壑，那是山体受到外力侵蚀而形成的痕迹。烈日当空，炙烤着大地，热气蒸腾，火焰山就像是一团团正在熊熊燃烧的烈火。

在唐代，火焰山因为极其炎热，被称为"火山"。岑参出塞时经过此处，他在另一首诗《经火山》中描述了火焰山的炎热："赤焰烧虏云，炎氛蒸塞空。不知阴阳炭，何独燃此中。"

然而，当我们将视角移向天山的西侧，便会发现这里却有一片宛如世外桃源的仙境：绿草如茵，林海苍翠，河川密布，还有世界上最古老的野苹果树。这里就是伊犁河谷，也是新疆最湿润的地区。那么，在干旱的大陆腹地，为何会形成"塞外江南"一般的伊犁河谷呢？

这主要是由伊犁河谷独特的地理位置决定的。伊犁河谷三面环山，向西敞开一个口子。大西洋的暖湿气流一路向东，跨越了地中海和广阔的中亚地区，抵达河谷，在迎风坡形成降水。此外，天山的冰雪融水，也为这里提供了充沛的水源补给，孕育出这片水草丰茂的宝地。

夜上受降城闻笛

〔唐〕李 益

回乐烽前沙似雪，

受降城外月如霜。

不知何处吹芦管，

一夜征人尽望乡。

在一个月色皎洁的边塞夜晚，李益登上高高的城头，极目远眺。只见沙漠荒渺。诗人所在的受降城是一座孑然独立在沙漠中的孤城，月光照射下，回乐烽（烽火台）前的沙子白得像雪，城外的月色寒冷如霜。"沙似雪""月如霜"为全诗渲染出一种清冷、疏淡的色调。

这时候，不知从何处飘来一阵呜呜咽咽的笛声，衬托得孤城更加空旷，月夜更加寂寥。戍守边疆的将士们听到那笛声，触景伤情，情不自禁地遥望故乡。

这是一首边塞诗，诗中抒发的是戍边将士对故乡的思念和渴望归家的心情。然而，诗人并未肆意释放绵绵无尽的乡愁，而是通过夜景和笛声渲染出孤寂、悲凉的氛围，最终将诗情定格在一幅画面里——"一夜征人尽望乡"。诗中的景物、声音和情感达到高度统一，雄壮悲切，婉转含蓄。

回乐烽前沙似雪：每一粒沙子都曾是岩石

　　全球陆地面积里，有20%都是沙漠。可能有时候你会很好奇，为什么在陆地上会有这么一大片几乎完全被沙子覆盖的地带？为什么海滩旁边也是沙子，但临近它的就是大海呢？

沙海与海沙

　　沙子的主要成分是二氧化硅，沙子的来源是岩石的崩解。在裸露的陆地上，岩层受风力的侵蚀，逐渐剥落出二氧化硅的小颗粒。而经过沙漠的季风能把这些风化物搬运到不同的距离，黏土、尘埃吹得比较远，就成了高原和平原上的土壤；沙子的重量大一些，就形成了沙漠；而那些大块的石头跑得更慢，就变成了戈壁和石滩。这也是为什么中国地形中戈壁、沙漠、黄土高原是大体向东依次排布的原因。

　　而在海滩，岩层受海水的侵蚀，也可以剥落出这种小颗粒。不过，海滩的沙子中往往混有许多盐分、贝壳和垃圾碎屑等杂质。由于海浪的大力冲刷，这些沙子和杂质的颗粒也比较圆润。在海边漫步，很容易就能在沙子里捡到被磨成小圆球的贝壳、珊瑚，有时候还会捡到一些晶莹圆润的大块玻璃，那就是人类活动的遗留物被海水改造的例证。而在沙漠，风的搬运能力比海浪弱，不是什么大小的沙子都能卷走，所以沙漠的沙子往往颗粒更细，大小也都整齐划一，因为它体现了风力搬运能力的上限；再加上那里人类活动较为贫乏，也没有那么多海洋生物的遗骸，其纯度会比海滩沙高很多。

诗人提到的"回乐烽"，如今已经难以考证位于哪片沙漠。在诗人的描述中，沙漠在月色下呈现一片雪白，这可能是因为沙子的二氧化硅纯度太高了，适合做成玻璃，但也可能是因为沙子里有石膏或者远古生物残骸的杂质。热带常见白色沙滩，多是因为鹦嘴鱼啃食珊瑚后排泄出细小的珊瑚骨骼，被海水掺进了沙滩里。而我们最常见到的黄色沙漠，其颜色是沙子里面富含的氧化铁等杂质呈现出来的。常见的啤酒瓶是绿色或者褐色，就是因为地壳中硅矿的氧化铁含量太高了，所以刚开始做出来的玻璃瓶要么是氧化铁的褐色，要么还原成亚铁离子的绿色。后来大家习惯了，觉得啤酒瓶就应该是绿色或者褐色的，这些杂质也就不再去除了。

中国的沙漠

世界上面积最大的沙漠是非洲北部的撒哈拉沙漠，它拥有典型的热带沙漠气候。因为它处于北回归线上，常年受到副热带高气压带的控制，盛行下沉气流。空气下沉被加热，可以容纳更多的气态水，没办法冷凝成雨；并且，高气压带的风持续不断地吹向赤道的低气压带，形成"信风"，在吹向赤道的时候越来越热，还会永无止境地消耗水分。所以尽管撒哈拉沙漠两端不远处就是两个大洋，但它还是被副热带干旱气候塑造成一片不毛之地。

而我国的沙漠大多属于温带沙漠，也就是分布在温带大陆腹地的沙漠，远离大海。这种沙漠的特点是干旱炎热，昼夜温差大，白天经受太阳的照射，地面温度可以升到60至70摄氏度。但这里的风总是从大陆的腹地吹向海洋，而不是反过来把潮湿的海洋空气吹到内陆，所以这里空有灼热的上升气流，却因为干旱而无法形成雨云。到了晚上，地面又突然冷却，在冬天还可以达到0摄氏度以下，所以我国西北有"早穿皮袄午穿纱，围着火炉吃西瓜"的谚语。

不过，就算在这样的温差下，我国西北沙漠的边缘还可以开展农业。在塔克拉玛干沙漠的边缘，人们利用天山和昆仑山冰雪融化后的水来灌溉作物，种植粮食、棉花、葡萄、西瓜等，因为白天光照剧烈，昼夜温差又大，作物在白天储存了足够的有机物，所以收成反而不低，质量也都很好。

而在沙漠中央，生物也在顽强地生存，比如小型哺乳动物沙鼠，它们白天钻进地下的巢穴，躲避灼热的阳光和空气，晚上凉快了就出来觅食，属于夜行性动物。而沙漠里的蜥蜴则恰好相反，作为变温动物，它们的体温不能保持恒定，只能随着环境温度变化，如果晚上出来活动就会被活活冻死。因此，它们会在白天出来，把身躯在热的沙子上摊平，先把自己焐热了，再出去觅食。

沙漠里最大的生物大概就是"沙漠之舟"骆驼了。骆驼背上有一个或两个驼峰，里面储存着大量的脂肪，可以为长途跋涉储存足够的能量。我国的家养双峰驼一般生活在酷寒烈风的戈壁地带，而单峰驼才是穿越中亚、北非那些沙漠地带的主力军。双峰驼的毛发比单峰驼更长，适合保温而不是散热。

沙漠的移动与纹路

沙漠其实是活的。风把沙子堆成自然凸起的小沙堆，叫作沙丘。一般来说，沙丘的迎风面会比较平缓，背风面则比较陡峭。这是因为风把沙粒在缓和的迎风面吹得滚动起来，滚到顶峰的时候就在背风面落下。随着迎风面的沙粒一层层地被吹到背风面，沙丘们就保持着这个"波浪"的形状向前迁徙。有时候，沙丘的迁徙会造成沙漠的扩张，我们需要种植一些植物去减缓这个进程。

沙丘的波浪形态多种多样，形成不同的纹路，有的像一轮轮各自独立、边缘锐利的新月，有的连成波澜壮阔的横向沙丘。甚至有些沙丘长得像一个个海星，被称为星形沙丘，那是来自四方的风在固定沙丘旁边吹出沙臂的结果。

风向　迎风面

风向

迎风面

新月形沙丘　　抛物线形沙丘　　星形沙丘

横向沙丘　　线形沙丘

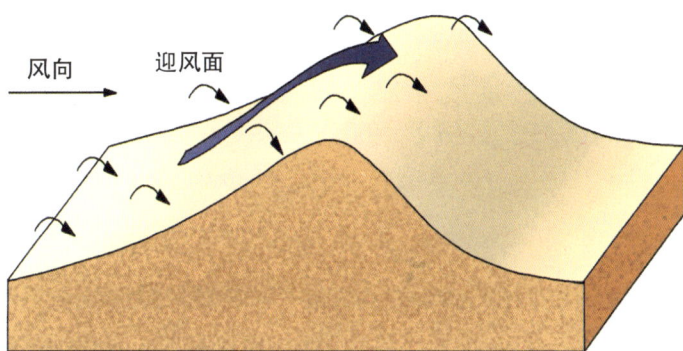

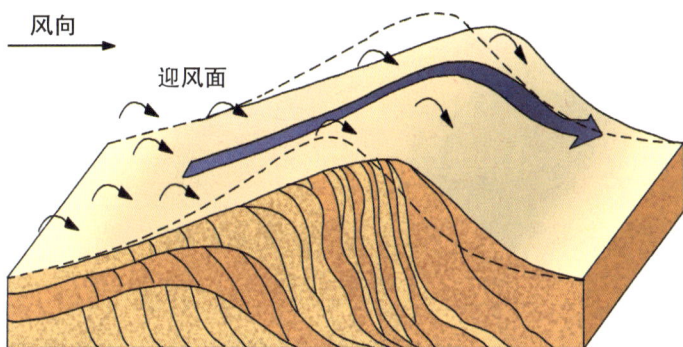

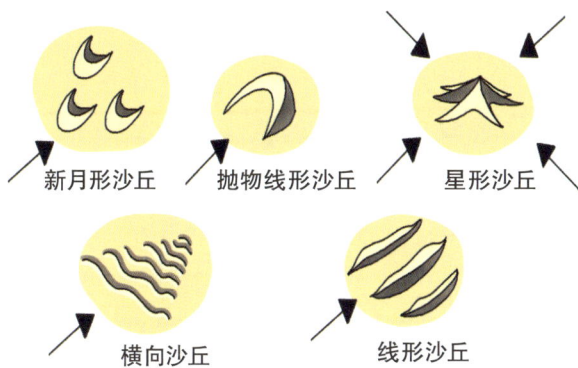

几种沙丘的形态

早春呈水部张十八员外

〔唐〕韩 愈

天街小雨润如酥，草色遥看近却无。

最是一年春好处，绝胜烟柳满皇都。

从题目中，我们可以看出这首诗是韩愈写给张籍的。张籍官至水部员外郎，在兄弟中排行十八，所以叫"张十八"。这首诗的特别之处在于取材角度刁钻，韩愈选取了常常被人们忽视的早春景物作为吟咏对象。中国北方的冬天既冷又长，所以对生活在这里的人们来说，春天显得来之不易，弥足珍贵。

早春时节，寒气尚未褪去，仍然被笼罩在寒冬的余威之中。一场小雨过后，长安宽敞的天街上，扑面而来一股清新的气息。

俗话说，春雨贵如油。诗中形容早春的小雨"润如酥"，像是动物的油脂一般珍贵、细腻，滋润着万物。远远望去，路边泛出了一抹抹油绿的青草色，大概是春天来了！不过，走近了细看，那春草矮小、纤细，刚刚才从泥土里冒出绿芽儿。

许多人都喜欢仲春时节，那时候绿柳布满皇城，在温煦的风中摇曳如烟。但韩愈却大唱反调，他态度决绝地宣称：早春才是一年之中春色最美的时候！

这首诗清新自然，造语平淡，看似浅显的文字里暗藏曲折，蕴含着诗人的精巧诗思。正如韩愈自己所说的那样："妡穷怪变得，往往造平淡。"

天街小雨润如酥，草色遥看近却无：春雨和春草为何总是润润绵绵？

春雨为什么是绵绵细雨

和夏季突如其来的暴雨不同，春雨给我们的感觉总是细细绵绵，好像化成雾气扑在脸上一样，非常舒服。这是因为春雨的成因多数和夏雨不同。

我国是典型的季风气候，也就是说，我国大部分地区的气候是受两股季节性的风支配的：冬季，来自西伯利亚的冷风由北方袭来，从陆地吹向海洋；夏季，来自太平洋的暖湿气流从海洋吹向陆地。两者你方唱罢我登场，在冬去春来的时候，正是冷空气逐渐向北转移、太平洋暖湿气流不断活跃、逐渐北上的时候。

此时，由于白天太阳辐射强烈，暖湿气流中的水汽不足以凝结成云，常常是晴天。而到了夜晚，太阳落山，气温降低，水汽开始大量凝聚成微小的水珠。地面又不如夏天时那么滚烫，不足以产生足够的上升热气流托举那些小水珠，小水珠飞升不了多高，就掉回到地面了。这也是春雨经常发生在夜间的原因，"夜来风雨声，花落知多少"就精准地描摹了这个现象。

在这样一场春雨中，大地与云层之间没有特别强烈的对流，所以也不会有疾风骤雨。而夏天的雨就不一样了，其成因往往是强烈的对流。此时大地足够灼热，像个蒸笼，湿热的空气被加热

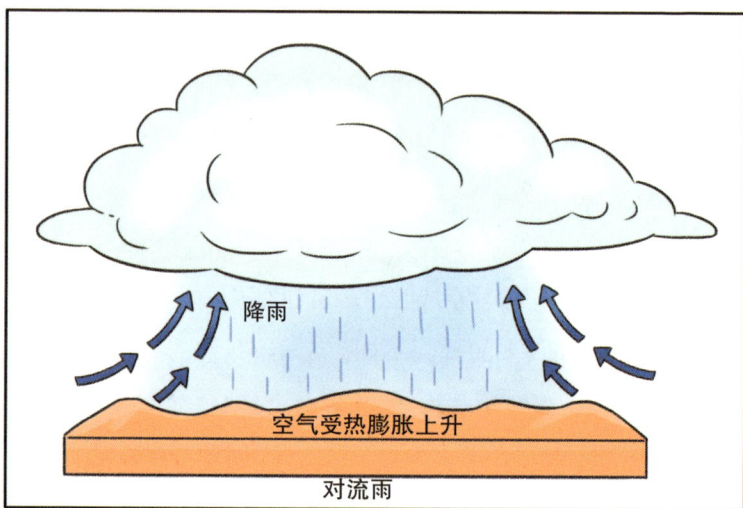

空气受热上升，水汽在高空冷却凝结，由此形成降雨。强度大、历时短、范围小。常伴有雷电和暴雨。赤道地区常年以对流雨为主，我国夏季午后也常出现对流雨。

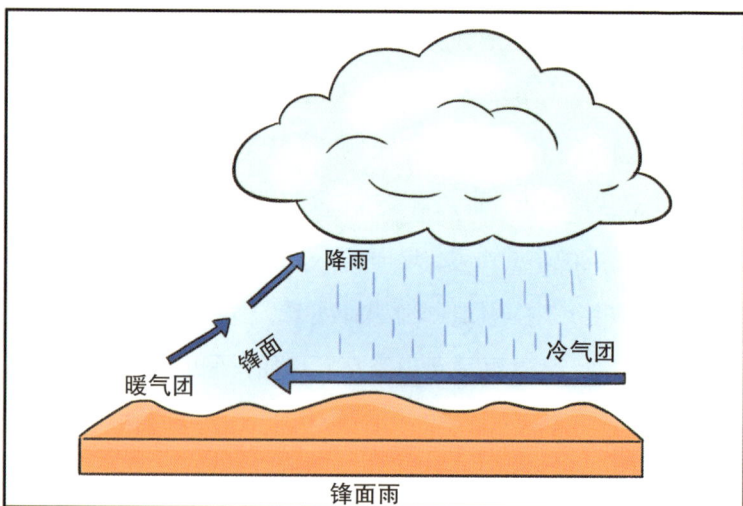

冷暖气流相遇，暖湿气流被抬升，水汽冷却凝结而形成降水。我国东部夏秋季多为锋面雨。

后膨胀上升，形成强烈的上升气流，冲到高处，比春雨的水汽冲得更高。而等它升到气温低的高空，其中的湿热水蒸气便凝结成小水珠，开始下降。在小水珠下降的过程中，又被更强烈的上升气流托举到高处，遇到更多冷凝小水珠，碰撞集聚成大水滴。水经过几轮剧烈的循环滚动，直到上升气流没办法托举，就以大水珠的形式降到地面。这个强烈的对流过程，往往还伴随着大风、雷暴。

春雨与夏雨，一个好像"小扣柴扉久不开"，一个好像"杀了个七进七出"，所造成的效果自然也就不同了。

春雨有时也很"暴力"

诗人写这首诗的时节是早春。早春季节的降水量，是从雨水节气开始增加。雨水在每年的公历2月18至20日交节，是二十四节气中的第二个，此时太阳直射点由南半球逐渐向赤道靠近，我国所处的北半球开始升温，降雨逐渐增多。

但是，我国幅员辽阔，地大物博，每个地区的春雨"脾气"自然又有所区别。比如北方常说的"春雨贵如油"，就不被江南居民理解，因为北方气候干旱，连春季都有大风和沙尘，非常需要一场雨水来滋润干涸的大地。诗人写这首诗的时候正在都城长安，想必也有这种感慨。

而在江南，每年的公历3至4月，冷空气无法北上，暖湿气流又杀到了，狭路相逢之时，引发强烈的对流，造成北方春季罕见的雷雨天气，并且引发强烈的降水。唐代诗人徐凝的"花时闷见联绵雨,云入人家水毁堤"之句,就展示了江南地区春雨的"暴力"一面。

而西南地区的春雨把"夜雨"的特质展现得淋漓尽致。据气象部门统计,四川、重庆以及贵州部分地区夜雨率最高的季节就是春季,例如重庆北碚区春季夜雨占全部降雨次数的比例是70%。而且,这些地区的春季降雨日数多,总雨量却不大,成都的小雨日数更是占到了将近九成,远远高于江南和华南地区,不愧是让杜甫写下"随风潜入夜,润物细无声"的地方。

草色与牧童

越冬后,新草刚刚冒出土地就叫"返青"。这个时候,我们观看远方的草地,总觉得一片嫩绿,非常舒服;但走到近前,却发现这片草地比刚刚看起来要"光秃"很多。远处的草看起来总是比脚下的草更茂密,这就是"草色遥看近却无"的现象。它有两个原因:

第一,看远处的草,我们看到的是它的"身体",看脚下的草,我们看到的是它的"头顶",后者投入我们视野的面积本来就小。

第二,远处有更多的草被压缩在我们视野的远端,所以就会显得稠密。就像摄影师拍摄都市照片,想拍出上下班人头攒动的效果,通常就会跑到远处,用长焦距镜头拍摄。并且,我们的视觉会把"远处的草"处理成一个完整的色块。电视显示屏的原理也是这样:当你离电视好几米远的时候,电视画面是非常柔和的；趴在电视机前面仔细观察，就会发现这种柔和的画面是由一个个边缘锐利的小像素聚集起来组成的。

春草的这个特性还影响了古代的牧业。古代缺少贮存青饲料的方法，所以羊在漫长的冬季只能靠干草为食。一旦开了春，青草生长，羊就撒开了欢去吃嫩草。但是这个时候的草刚刚发芽返青，草量本来就少，再加上"草色遥看近却无"，羊儿总觉得远处的草更茂密一些，所以它们往往还没等吃完脚下的草，就跑开去吃远处的草；等它们失望地发现远处的草也并不茂密，就把目光投向更远处……结果跑了整一天还吃不饱肚子。人们把这个现象称为羊的"跑青"，这时候再拿干草去喂羊群，它们就会挑食，不肯吃了。所以，放羊人在开春的时候会有意识地缩短放羊的时间，每天只放牧2至3小时；等青草长到10厘米左右时，才放手让羊一整天都在外面吃草。

浪 淘 沙（其一）

〔唐〕刘禹锡

九曲黄河万里沙，浪淘风簸自天涯。

如今直上银河去，同到牵牛织女家。

　　"浪淘沙"原为唐教坊曲名，后用为词牌名。刘禹锡的《浪淘沙》组诗共九首，这是其中的一首。

　　九曲黄河之中有许多黄沙，它们随着黄河流经万里，经历了波浪的冲淘和狂风的簸荡。如今，它仿佛就要迎风破浪，直上银河，带我们前往神话里牛郎织女的家中。

　　这首诗语调豪迈，想象雄浑，"浪淘沙"说的不只是黄河，也是对世事的比喻。牛郎、织女是神话之中田园牧歌般的想象，代表着诗人对美好生活的向往，也有一说，银河代表着高高在上的朝堂。黄河之浪，则暗喻着人生中的恶浪侵袭。

　　刘禹锡的仕途坎坷，屡次遭到贬谪，但他并没有因此消沉，反而积极乐观地面对挫折和人生变迁。这首诗借黄河之景抒情言志，表达了诗人百折不挠、逆流而上的精神。

九曲黄河万里沙：黄河从头到尾都是黄的吗？

失落的黄土高原

一提起黄河，我们的脑海里便会出现这样一幅图景：大河滚滚流淌，黄流奔腾汹涌，所经之处荒凉干燥，弥漫着风沙尘土……

可是，你能够想象吗？远古时期，黄河流域曾是大片浓密富饶的森林。这里草木茂盛，河湖遍布，秀美的山林之中到处都是飞禽走兽，充满野蛮蓬勃的生命力。就连如今只能在热带看到的大象，曾经也是这里的常住居民。

1973年，甘肃省的几个农民像往常一样挖沙掘土，挖着挖着，泥土里突然露出一段洁白的古怪东西，那竟然是一段象牙！在当地政府的指挥下，人们深入挖掘，终于将这位神秘的远古来客从泥土里请了出来，见到了它的全貌。这副骨架身高4米，体长8米，身躯庞大，令人瞩目，最叫人称奇的是那两根形似长剑的牙齿，长达2米多。经考证得知，这是早已在地球上灭绝的大象，根据发掘地和外形特征，它被命名为"黄河剑齿象"。

专家推测，因为一个偶然的契机，这头大象在300万年前不慎失足，深陷泥潭，从此被掩埋在沉积的泥沙之中。黄河剑齿象的出现，刷新了人们对于古代黄河流域地理气候的认识。

4000多年前，黄河流域的气候环境依然优越，适宜动植物生长。《孟子·滕文公上》记载:"草木畅茂,禽兽繁殖。"黄河孕育出灿烂的华夏文明,被誉为中华民族的"母亲河"。

春秋战国时期,由于冶铁技术突飞猛进,铁器被广泛使用。人类使用的农具和手工具得到大幅度升级,先民们拥有了锋利、称手的工具,可以更加方便地砍伐树木、开垦土地、建造房屋。从此,黄河流域逐渐褪去了原始的面貌,人类文明在这里繁衍生息,一步一步走向繁荣。一座座城池拔地而起,那片古老的原始森林也不可避免地走向被砍伐的宿命。此后的几千年里,历史沉浮,朝代兴衰,人类一直通过砍伐森林来满足大量增长的人口需求,黄土高原的原始森林被破坏殆尽,这里的生态环境也遭到了毁灭性的打击。

黄河为何多泥沙

黄河发源自青藏高原的巴颜喀拉山脉,流出青海,进入黄土高原,又流经华北平原,最终在山东半岛汇入渤海。正所谓"九曲黄河",黄河河道迂回曲折,呈现出一个大大的"几"字形。

黄河上游的河水比较清澈,并不呈现为黄色。然而,在入海口的地方,我们可以清楚地看到一股浑黄的河水流入海中,黄河的"黄"与渤海的"蓝"形成鲜明的对照。

刘禹锡在诗中说:"九曲黄河万里沙,浪淘风簸自天涯。"这只不过是诗人的想象和夸张。黄河里的泥沙当然不可能是从天上飞下来的。那么,黄河水究竟是怎么变黄的呢?

黄河流域大约70%都在黄土高原,如前所述,这里的森林遭到过毁灭性的破坏，草原严重退化，高原表面缺乏植被覆盖，土壤裸露在外，形成了一层几十米到几百米厚度的黄土层。黄土的质地疏松，遇水容易崩解。所以，黄土高原是中国水土流失最为严重的地区。

黄土高原地区，冬季和春季干旱少雨，降雨多集中在夏季。猛烈的暴雨侵蚀黄土地，形成纵横交错的地表径流，流水像一把把锋利的刀子划过松软的黄土，切割出一条条沟壑，也带走了大量土壤。久而久之，这里便形成了千沟万壑、支离破碎的奇特地貌。流水侵蚀黄土高原，也卷走了大量黄土。它们经由大大小小的支流，最终汇入黄河。所以，黄河流经黄土高原之后，河水中挟带大量泥沙，呈现出混浊的黄色，这条河流也因此得名"黄河"。

水土流失，黄河泛滥

水土流失指的是水力侵蚀地球表面土壤，裸露的地表土壤和母质、岩石遭受破坏、移动或堆积，以及水本身的损失现象。

黄土高原的水土流失会给周边环境带来诸多不利影响。首先，水流冲蚀土壤，会导致滑坡、崩塌，使土壤大量流失，甚至可能导致岩石层暴露。其次，水流蚕食耕地，土壤的保水性能差，失去肥力，又导致土壤贫瘠，难以开垦。这些危害都会直接或间接影响到人类和其他动植物的生存。

此外，黄河泛滥的历史也同样源远流长。上古传说中，中原地区受到大洪水的侵袭，百姓深受其苦。尧帝命令大禹前去治水。大禹摒弃了水来土挡的旧办法，改"堵"为"疏"，疏通淤积的河道，引导河水流入海中，最终成功治理水患。故事中，大禹所治之水正是黄河。黄河"三年两决口，百年一改道"。根据相关数据统计，过去的几千年中，黄河决口泛滥1593次，规模较大的改道可达26次。其中，黄河改道最北的一次，经过海河，从大沽口流出；改道最南的一次，流经淮河，汇入长江。究其根源，是因为黄河水少沙多，河水向下游输送大量泥沙，随着水流速度减慢，泥沙淤积严重，致使河床不断抬高。其中最为著名的便是"开封悬河"。黄河流经河南开封的一段竟然比城市还要高，河流高高悬挂在城市地平线的上方，成为一条名副其实的"悬河"。这一段黄河的河床比开封市区地平面高出7到8米，最高处可达10米以上，而且河床仍在以每年10厘米的速度增高。

开封铁塔

55米

黄河　　大堤

河床　　地面　　7—8米

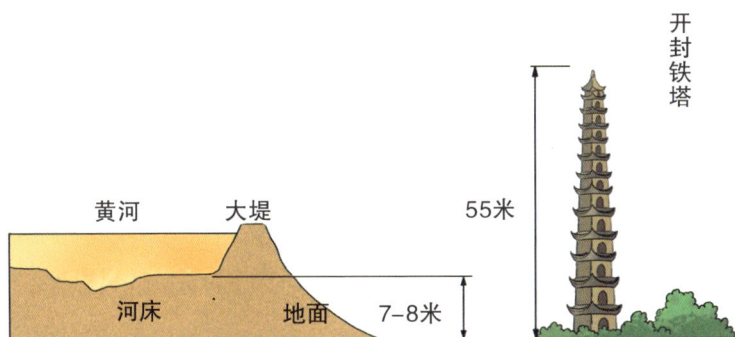

黄河——"地上悬河"

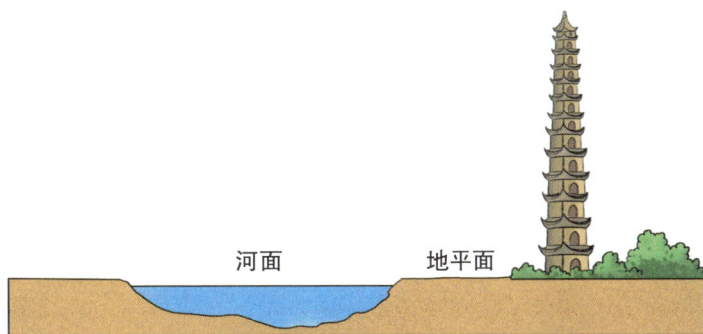

河面　　地平面

一般河流

浪 淘 沙（其七）

〔唐〕刘禹锡

八月涛声吼地来，

头高数丈触山回。

须臾却入海门去，

卷起沙堆似雪堆。

　　农历八月十八，在钱塘江入海口处可以看到壮丽的潮水景观，其中以海宁所见的大潮最为壮观。本诗开篇一个"吼"字便突出了钱塘江大潮的浩大声势，极富威慑力。潮水像是有生命力的猛兽，嘶吼着向陆地袭来。几丈高的潮水冲击岸边的山石，又立刻退回去。诗歌第二句描写的是潮水起落的动态远景。"吼地来""触山回"极其形象地写出了潮来潮去的迅疾之势，来时不可阻挡，去时无可挽留，凸显出自然的伟力。

　　诗的后两句写退潮时的景象，由动及静，节奏也随之舒缓。片刻过后，大潮退入海里，岸边的沙堆被卷起，在太阳光的照耀下犹如洁白的雪堆。

　　这首诗节奏紧凑，语言凝练，诗人用形象的语言，精准地捕捉到潮来潮去的奇壮之景，显示出高超的艺术表现力。

八月涛声吼地来：控制潮水的力量，来自你的头顶

涛之起也，随月盛衰

在地球上看，月球只以一面示人，这叫作"潮汐锁定"。之所以起这个名字，是由于月球对地球具有引潮力。月球对地球也具有引力作用，月球经过时，引力使地表的水被提拉得上升隆起，引起涨潮；月球的引力去了别处时，海水退潮。这种涨落呈现周期性，所以也可以视为一种周期非常长的特殊波浪。

早在汉代，学者王充就指出了潮汐和月亮的相关性，他说"涛之起也，随月盛衰，大小满损不齐同"，但是他并不明白其中的原理。

我们可以换个思路，理想化地假设地球布满均匀的海水，而固体的地球本身和"水壳"一起转动，引潮力其实是月球对这层"水壳"的引力，以及"水壳"转动的离心力构成的合力，所以潮流才有升降和进退。因此，月球飞临地球上某个点的上空时，此点的水位被月球引力拉到最高，而此点背面的对应点则被地月系统的离心力甩到最高。这是"水壳"上的两个高潮点，它们之间的海水形成了两个下陷，也就是两个低潮点，我们理想的地球水体成了一个类似橄榄球的形状，而地球本体在这个橄榄球内的自转，可以让高潮点转到低潮点，再转回来，一天之内经历两个高

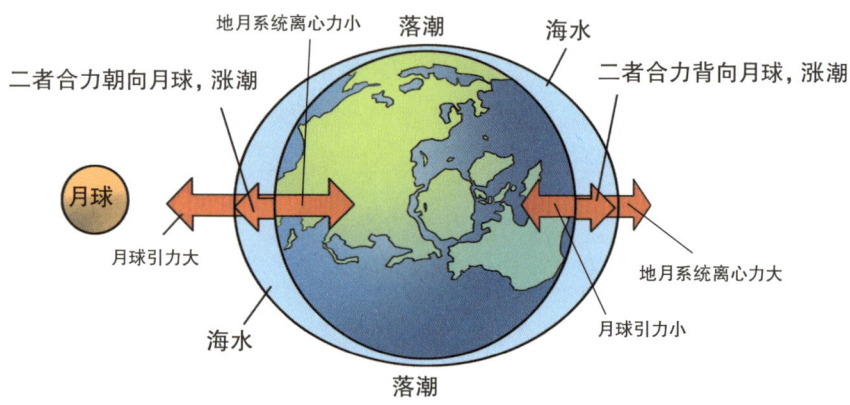

地月系统离心力小　落潮　　海水

二者合力朝向月球，涨潮　　　　　　　　　　二者合力背向月球，涨潮

月球

月球引力大　　　　　　　　　　　　　　　　地月系统离心力大

海水　　　　　　　　　　　　　　　月球引力小

落潮

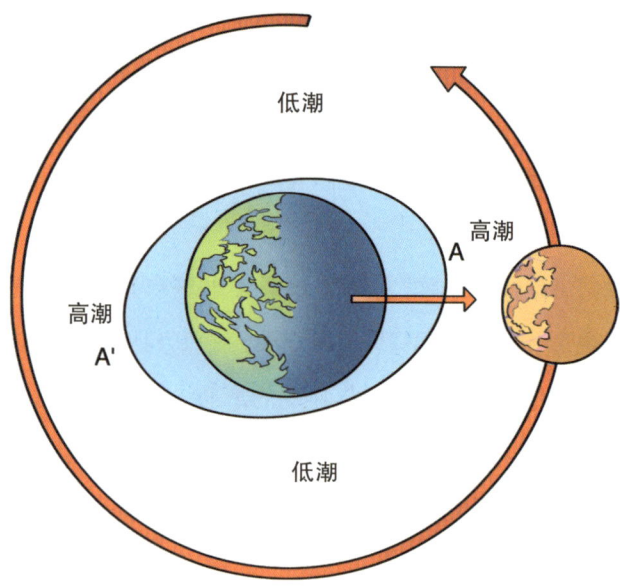

低潮

高潮

A

高潮

A'

低潮

潮和两个低潮，所以，地球上大部分潮汐会随着月球升降（实际上会延迟约45分钟）在一天的朝、夕各发生一次，故而分别被命名为"潮"和"汐"。

潮汐在每个月内也有节律性，这是因为太阳也有一定的引潮力。农历每月的初一和十五，也就是新月和满月时，太阳、地球和月亮处在同一条直线上，日月的引力具有加成，使得潮水更高，称为大潮；而到了农历每月的初八和二十三，也就是上弦月和下弦月时，太阳、地球和月亮的连线呈90°，月球的引力被太阳的引力抵消了一部分，潮水的涨幅就没那么高，称为小潮。

涌 潮

诗人所写的"八月涛声吼地来，头高数丈触山回"的景象，还不是一般的潮起潮落所能及的，它其实是潮汐遇到特定地形后的另一种特殊变形——涌潮。只有在形状和水深都适宜的河口或浅海海湾才能出现这种涌潮。涌潮发生时，潮水涌向陆地的速度骤然加快，使水位剧烈上涨，形成一道水幕。

由于泥沙的淤积，很多涌潮口在历史上逐渐消亡，仅存于记录之中。但杭州湾呈现特殊的喇叭口状，并且少有泥沙，所以到现在还是观潮的最佳去处。每年农历八月十八日，这种涌潮都会如约来到钱塘江口，其高度可以达到8米，十分壮观。

潮尽其用

潮汐携带着大量的能量，可以把船只推离或者推回港口，方便海航。现在也有一些装置可以利用潮汐能，在高潮时蓄水，退潮时放水，推动涡轮机发电，古代的一些水车就是建在海边来推动磨盘等机械的。但真正能用来修建潮汐发电站的海湾很少，因为设备的安装和维修成本非常高。

潮汐更实际的作用，是把海洋里的更多物体带到近海，促进生态循环。所以一些渔民会趁着海潮钓鱼，有"小潮钓小鱼，大潮钓大鱼"的经验之谈。大潮时汹涌的海水可能将小鱼、礁石上的藤壶等生物冲到近岸，把那些吃贝类的大鱼吸引过来，方便渔民捕钓。

也有些渔民直接利用潮汐形成的水塘，更方便地获取海洋的馈赠，称为"赶海"。潮把大量海水涌上陆地，在海滩和陆地的低洼处形成暂时的咸水池。渔民们会掐准时间，去这些咸水池捕捞大鱼、蟹类、贝类、章鱼等海获。

潮汐与进化

实际上，变幻的潮汐还有一个意想不到的作用：它很有可能加速了生命从海洋走向陆地的进程。

以动物为例，2004年，加拿大北部的埃尔斯米尔岛出土了一些奇特的鱼类化石，它们生活在距今3.75亿年前的泥盆纪晚期，"鳍"的基部隐约有腕骨和指骨，半像鳍半像手，肋骨强大，离水后不会坍塌。这种鱼被称为提塔利克鱼，它极有可能像今天的弹涂鱼一样在陆地上艰难行走，演化成后来的两栖类，甚至我们人类沿着进化树上溯过去，都极有可能追溯到它的身上。

那么,潮汐在其中起到了什么作用呢? 目前有一个假说是这样的:在提塔利克鱼生活的那个年代,月球和地球的距离比现在还要更近一些,潮汐也许会更大,也会形成像今天沿海地带的那种咸水塘,对提塔利克鱼来说,水塘里不仅有海里的食物,也可能会有陆地上被暂时淹没的食物。因此,一些提塔利克鱼冒险冲上海岸,用孱弱的"四肢"将身体短暂地推向陆地。

　　小潮退潮形成的水塘离海洋的怀抱更近。提塔利克鱼演化出一些"行走"能力,足以在近海池塘里吃饱喝足,再趁涨潮回去。但大潮形成的池塘就危险得多,它们离海太远了,提塔利克鱼的大脑又没办法分析出那是远离海洋的池塘,就很有可能困在那里十天半个月。这样的严酷陷阱倒逼那些闯滩的鱼类演化出更强壮的、真正意义上的四肢。这些四肢本来是为了让它们更安全地回归大海,但拥有了这样的武器,似乎回头已经没有必要了,它们便转身向更远处的陆地走去……

忆江南

〔唐〕白居易

江南好，风景旧曾谙。日出江花红胜火，春来江水绿如蓝。能不忆江南？

白居易曾经在江南做官，担任过杭州刺史、苏州刺史，这首词是他回到洛阳之后追忆江南风景而作。一开头，作者便开门见山，发出感叹："江南好。"好在哪里？千言万语怕也写不尽江南风景。于是，作者回忆起一幕曾经最熟悉的江南春景——日出时，江边百花争艳，比火还要红；春天的江水极绿，仿佛被蓝草浸染。这么好的风景，怎能叫人不回忆江南？

这首词赞美的是江南的风景，却并未大篇幅描述景色，全词描写景色的只有"日出江花红胜火，春来江水绿如蓝"两句。这两句对仗工整，江花胜火和江水如蓝形成对照，红花与绿水又相互衬托，花色与水色辉映、烘染，愈显得色彩饱满明艳。不得不说，白居易真是一个擅长使用色彩的高手，寥寥十四个字，便画出一幅鲜艳绝伦的江南春日图。结尾处，诗人发出感叹："能不忆江南？"再次流露出对江南春色的无限眷念。

春来江水绿如蓝：春天的江水到底是绿还是蓝？

光的散射

光在均匀的介质中沿直线传播，而当通过不均匀的介质时，一部分光就会偏离原先的方向，这就是光的散射。空气对光的影响较小，一般情况下我们无法看见空气。不过，大量空气可以对蓝光形成散射，所以高远处的天空看起来是蓝色的。

在不同的介质之中，光的传播速度也不相同。所以，光从一种透明介质斜射入另一种透明介质的时候，传播方向会发生改变，这就是光的折射。

比如说，我们常常看到清澈见底的溪水，会觉得水很浅。但是，一脚蹚进水里，才发现溪水要比想象中深很多。这就是因为光线发生了折射。

如果物体表面非常光滑，比如玻璃或平静的水面，一束平行光反射到表面时仍然会平行地向着一个方向反射出来，这就叫作镜面反射。镜面反射的光线集中在某一方向，所以人眼迎着光看物体的时候会感到刺眼，视线被扰乱，看不清物体的全貌，这也就是我们平常所说的"反光"。

春来江水绿如蓝

颜色不只是一种视觉感知，也是一种文化感知，颜色的命名

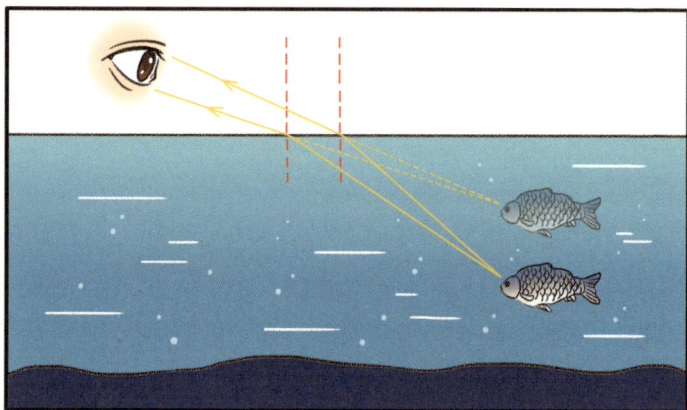

折射

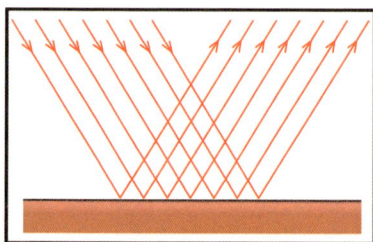

镜面反射

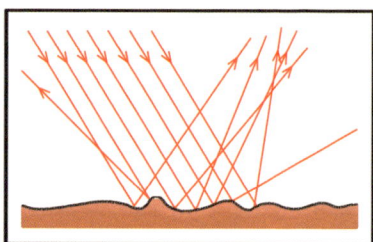

漫反射

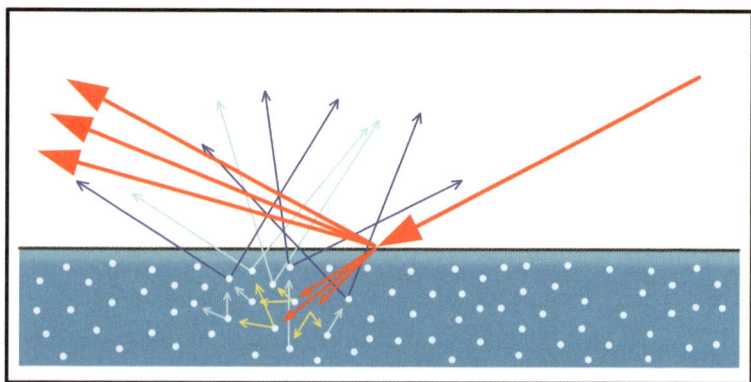

散射

是人类长期形成的一种"共同协议"。古代没有统一的色谱，色彩的命名更加依赖于人的感官，人们大多采用近似物体对颜色进行命名，比如鹅黄、雪青、月白、鼠灰、鸭蛋绿、孔雀蓝……南唐后主李煜将宫中染的布匹称为"天水碧"，宋徽宗赵佶称赞汝窑瓷器的一种颜色是"雨过天青色"。

不过，对于生活在千年以后的现代人来说，这些华丽的名字理解起来却有些困难，有些名称的意思与这些字的现代含义相去甚远。要想搞清楚白居易描述的"春来江水绿如蓝"是什么样子，我们先得知道"蓝"这个汉字指什么颜色。

白居易词中，"蓝"指的是蓝草，又名蓼蓝，是一种可以提取蓝色的植物染料。《荀子·劝学》中记载："青，取之于蓝，而青于蓝。"这句话的意思是说：靛青是从蓝草染料中提炼出来的，但是它的颜色却比蓝草更深。

其实，综观自然界里的动物和植物，蓝色是一种极其罕见的颜色，我们吃的食物里几乎找不到蓝色的。在18世纪初，普鲁士蓝被意外发明之前，蓝色一直是不可多得的天然颜料。当时画家笔下那种鲜艳、饱和的蓝色，主要来自一种名贵的矿石——阿富汗青金石。青金石研磨成粉，可调制出稳定的蓝色颜料"群青"。这些宝贵的石头通过丝绸之路，从中亚流向欧洲和中国，成为画家们笔下神秘绚烂的一抹异色。在莫高窟的壁画中，我们便可以找到这种蓝色。因为珍稀罕见，青金石在市面上流通的价格一度比黄金还要昂贵几倍。

水是什么颜色

如果我们的视线像鸟儿一样上升至高空，俯瞰整个地球，会发现这是一颗充满水的星球。海洋、河流、湖泊散布各处，海洋的碧蓝色构成了地球的主色调。

在人们的普遍印象里，海洋是蓝色的。然而，当我们从中舀起一瓢水，海水又变成无色透明的液体。这究竟是为什么呢？

水的颜色来源于水对太阳光的散射、反射和吸收。由于波长不同，水对不同的光波的吸收率也不一样。当白色的太阳光射入海中，其中的红光、黄光、绿光容易被水吸收，逐渐消失不见。蓝光难以被水吸收，最容易被散射和反射，可以在深不见底的海洋中传播很远，这样就形成了海水的蓝色。

所以，海水的颜色从沙滩向深海延伸，形成一条深浅不一的渐变蓝色带。海水越深，对蓝光的散射越彻底，海蓝色也就越深。除此之外，海床的颜色、海中不期而遇的珊瑚礁等因素都会影响到海水的颜色。

比起深邃广阔的海洋，地球上的河流、湖泊还要复杂许多。因为地理环境不同，它们呈现出的水色也就千变万化。有些河流颜色混浊，充满泥沙；有些河流的水质优越，清澈见底，能够一眼看到水底的石头；还有一些高原上的湖泊，它们甚至比海水更加碧蓝明澈。

水的颜色，除了受到水量多少影响之外，还受制于水中所含的浮游生物、藻类和其他杂质。这些杂质都会影响到光线在水中的传播，让光波产生散射现象。著名景区九寨沟的水色，就时常呈现出如梦似幻的彩色。"日出江花红胜火，春来江水绿如蓝。"白居易回忆中的江南水色，多么令人浮想联翩！

大林寺桃花

〔唐〕白居易

人间四月芳菲尽，山寺桃花始盛开。

长恨春归无觅处，不知转入此中来。

公元815年，白居易被贬谪到江州（今江西九江），担任江州司马。这个时期，他仕途失意，郁郁不得志。不过，白居易在庐山上建设草堂，常与当地的僧侣交游往来，倒也怡然自得。

公元817年，农历四月，江州的春天已经结束了，百花凋零，芳菲散尽。春光潦草收场，一旦结束，再也无处寻觅，就只能苦苦等待下一年。白居易感到无奈惋惜，却又无计可施。

这天，白居易与朋友们一起登临庐山，拜访了人迹罕至的大林寺。他恍然发现，这里的桃花才刚刚盛开。要知道，这可是只有初春才能看得见的美景！没想到，一直苦寻不得的春光，竟然就藏在这偏僻的深山古刹之中。这种失而复得、不期而遇的际遇，难道不比风景本身更加令人惊喜吗？白居易看着那一树桃花，发出感叹："长恨春归无觅处，不知转入此中来。"

短短几句诗中，诗人的心情从一开始的惜春、恨春，转变为惊讶、欢喜，最终豁然开朗。诗人借由灿烂的"桃花"来代指稍纵即逝的春光，化抽象为具体，仿佛春光也有了栩栩如生的面容和性格。

人间四月芳菲尽，山寺桃花始盛开：山上的花为何如此"害羞"？

桃花与物候

如果你细心地观察大自然，就会发现万物都遵循着生命的法则，年复一年，有条不紊地向前迈进。比如，桃树在特定的时间里抽青、开花、结果、凋谢；燕子追随着季节的变化，南来北往，乐此不疲；还有猫狗的换毛，鱼类的洄游，什么时候结霜、结冰，什么时候下第一场雪……这些都是大自然中的周期性生物、环境现象，古人称之为"物候"。

苏轼说："春江水暖鸭先知。"有时候，动物和植物仿佛更比人类了解大自然，它们能灵敏地感受到冷暖，察觉悄无声息的气候变化。不过，我们人类当然也不甘示弱，一直在努力探究大自然的规律。早在3000年前，人们就开始仔细观察着动植物和自然界的各种物候变化，并将它们记录下来，为我所用。后来，古人甚至还总结出全年的物候历。我们熟悉的"二十四节气"便记录着每个节气所对应的物候现象，草木荣枯，花开花落，冰雪消融，这些事儿看起来再寻常不过了。可是，你千万别小瞧了它们！这些事物可以充当"活的仪器"，反映出气候和节令的变化，农民通过观测物候，可以确定耕种的时间，安排农事节奏。

我们都知道，桃花一般在农历三、四月盛开。桃花开了，也就

古诗词里的科学现象

意味着春天来了。白居易登临庐山，却看到"人间四月芳菲尽，山寺桃花始盛开"。白居易在《游大林寺序》中详细描写了这次游庐山的经历："山高地深，时节绝晚，于时孟夏月，如正、二月天。梨桃始华，涧草犹短，人物风候与平地聚落不同。初到，悦（恍）然若别造一世界者。"

初夏四月晚春，这里的天气居然像是阳春时节一般：桃花刚刚盛开，青草还没长高。山上的气候、风物与平地的村落大不相同。初到大林寺，这种体验新鲜极了，恍然之间竟像是进入另一个世界。

农历四月，江州（今江西九江）已近初夏，春天的花儿早就凋谢了。可是，在庐山上的大林寺，桃花才刚刚盛开。为什么同样是桃花，开花的时间却不一样？是哪些因素造成这种现象呢？

我国现代物候学的奠基人竺可桢先生就曾经针对《大林寺桃花》的内容进行考察，得出结论：大林寺的海拔在1100至1200米，平均气温比山下低5度，春天物候与山下相差20天，因为气温高低直接影响植物的生长。也就是说，大林寺的春天的确比山下要迟一段时间。按照白居易所说的，农历四月，大林寺的天气像是二月，这与山下足足差了两个月，实在是惊人！不过，竺可桢先生认为，诗人的说辞难免有些夸张，不足为信，实际情况是大林寺桃花的开花时间大约比山下晚20多天。

垂直自然带

攀爬过高山的人们都会有这样的体验：越往山上走，温度会越来越低，甚至极为寒冷。明明山下是温暖的春夏季节，穿着单薄的衣裳。爬到半山腰或山顶的时候，却要穿上厚厚的棉大衣和羽绒服来保暖。山顶和山脚的温度相差巨大，简直就是两个季节。在对流层，高度越高，气温越低，每上升1千米，温度下降约6摄氏度。在一些高山地区，海拔较高的山坡上甚至会出现与山脚截然不同的天气现象和植被。这就说明，随着海拔的升高，不仅温度降低了，就连气候也在发生改变，也就是俗话所说的"一山有四季，十里不同天"。

气候的形成主要是由两个重要因素决定的：热量和水分。从山麓到山顶，自下而上，热量和水分的分布也会呈现出差异。比如，随着海拔上升，气温降低，植物的生长季节缩短，以及山地的迎风坡降水更丰沛，等等。这就使得山上的气候、动物、植被、土壤等在垂直方向形成更替，呈带状分布，也就是垂直自然带。其中，山麓地带的植被带被称为"基带"，也就是垂直自然带的最下层，与当地的典型植被带保持一致。

乞力马扎罗山的垂直自然带

那么，世界上最丰富的山地垂直植被带出现在哪里呢？答案是非洲的乞力马扎罗山。

乞力马扎罗山位于赤道附近，海拔5895米，是非洲最高的山脉，素有"非洲屋脊""赤道雪峰"等诸多美称。乞力马扎罗山位于炎热的赤道地区，却是一座雪山，它的风景是如此独特：山麓种植着热带作物香蕉和咖啡，遍布绿草树木，大象和长颈鹿悠

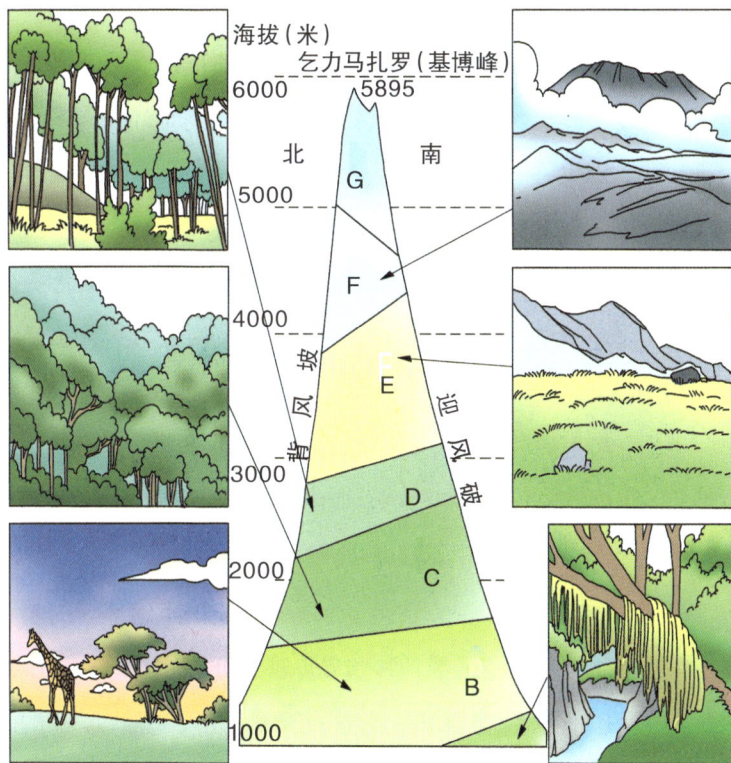

海拔（米）

乞力马扎罗（基博峰）

6000   5895

北   南

G   5000

F

4000

背

风   E

坡

3000   D   迎

风

C   坡

2000

B

1000

乞力马扎罗山的自然带景观

然前行;山顶覆盖着终年不化的积雪,犹如洁白的王冠。

乞力马扎罗山的最下层是当地典型的热带雨林带。从山麓到山顶,主要的自然带依次为:热带雨林带、亚热带常绿阔叶林带、温带森林带、高山草甸带、高山寒漠带、积雪冰川带。

那么,为什么乞力马扎罗山会如此独特呢?

首先,它位于绝佳的纬度位置——赤道到南纬3度之间的热带,这就为它的气候变化提供了足够的潜力。假如这座山本身就位于极地,无论它有多高,山脚就已经是冰雪地带,再往上也不会有什么复杂的自然变化。

其次,它拥有足够高的山体高度。相对高度为植被变化提供了可能。随着海拔上升,气温逐渐降低,植被一层层更替,呈带状分布。

此外,乞力马扎罗山拦截了来自印度洋的季风,温暖潮湿的气流迎着山坡爬升,南坡降水充沛。所以乞力马扎罗山的迎风坡和背风坡的气候、植被也不尽相同。

这些因素综合在一起,造就了乞力马扎罗山丰富多样的垂直自然带,跨越了热带、温带和寒带。所以,攀登乞力马扎罗山是一种绝妙的体验。沿着山坡一路向上攀爬,几天之内,眼前的风光从热带雨林逐渐过渡到冰川积雪。这种感觉,多么像是从赤道走到极地啊!而要想在水平方向体验这种感觉,就得穿越大半个地球了。

暮 江 吟

〔唐〕白居易

一道残阳铺水中，

半江瑟瑟半江红。

可怜九月初三夜，

露似真珠月似弓。

"暮江吟"，吟咏的当然是江边的暮色。这首诗的前两句细致地描写了夕阳西下时的江面：一道残阳"铺"在水面上，江水被分成两种颜色，一半是碧绿，一半是红色。诗人采用油画一般的笔触，写出了落日贴近地平线，余晖铺洒江面的柔美。

"可怜九月初三夜"点明这是一个秋日，起到了承上启下的转折作用，时间也从黄昏过渡到夜晚。"露似真珠月似弓"，圆圆的露珠，在月光下闪耀光泽，就像珍珠一样。天空中的新月初悬，犹如一曲弯弓。这两个精妙的比喻，形象地写出了珍珠和弯月的外形特征。

细细品读，你会发现，这首短短的七绝诗中蕴含着很大的信息量。残阳、江水、露水、秋夜、新月、真（珍）珠、弓……诗人用高度精简的语言和生动的比喻，提炼出了几种具有代表性的景物，工笔细绘，描述出了从日落到月升这段时间的景象变幻。

一道残阳铺水中，半江瑟瑟半江红：五颜六色的太阳

　　一千多年前的黄昏，白居易伫立江畔，眺望远处，残阳铺洒在水面，染红了半边江水，形成"半江瑟瑟半江红"的美景。太阳落下，月亮升起，地球开始进入漫长的黑夜。

　　那么，太阳光究竟是什么颜色？白天的时候，我们抬头仰望太阳，它高挂在天空，释放出耀眼的白光。可是，到了傍晚或早上，日出、日落时它为什么变成红色或黄色呢？难道太阳一直在变色吗？

　　这个问题一直困扰着人类，为了弄清楚太阳光是什么颜色，科学家们绞尽脑汁，提出各种猜想和实验，最著名的那次实验当属1666年英国科学家牛顿进行的色散实验。牛顿磨制了一枚三棱镜，放在太阳光下。白色的太阳光通过三棱镜，被分散成为一条色彩纷呈的彩虹色光带，按照次序排列为红、橙、黄、绿、蓝、靛（diàn）、紫七种主要颜色；反过来，七色光也能重新聚合，形成白光。这个色彩序列被称为"光谱"。通过色散实验，牛顿得出结论：太阳光是白色的，白色光是光谱中所有有色光的混合。

朝霞和晚霞

　　在日常生活中，我们仰望落山的太阳，有时候也能看到漫天云

霞,落日余晖不仅能染红江水,还能将白云映射得灿烂辉煌。这种大气光学现象被称为"霞"。日出时候,在东方天空看到的叫作朝霞;日落时分,在西方天空看到的叫作晚霞。

霞是怎么形成的呢?

太阳光照射地球表面,需要穿透厚厚的大气层。然而,随着太阳与地球相对位置的改变,太阳光需要穿透的大气层厚度也在发生变化。

光是一种电磁波,在可见光范围内,波长越长,越不容易消散,传播距离也就越远。日出、日落前后,太阳贴近地平面。此时,太阳光需穿过比白天时厚几倍的大气层,才能斜射到地球表面。太阳光在穿透大气层的过程中,波长较短的可见光,也就是蓝、绿、紫光,被大幅度散射减弱,消耗得所剩无几。当太阳光到达地平线的时候,只剩下波长较长的红、橙、黄光。这些可见光经过空中水汽和尘埃的散射之后,就形成我们所看到的橙红色、金黄色的霞光。白居易说:"一道残阳铺水中,半江瑟瑟半江红。"江水就像一面镜子,能够反射橙红色的落日霞光,让这日落美景变得更加壮丽。

一般来说,空中的杂质越多,霞的颜色也就越鲜艳多彩。比如,城市空气里含有大量悬浮颗粒物,落日常常呈现出浓郁的暗红色。再比如挪威画家爱德华·蒙克创作的名画《呐喊》。画面中,一个人站在桥上,捂住耳朵呐喊,神情痛苦而扭曲。奥斯陆峡湾的漫天血色为这幅画布置出一个反常而诡异的背景,令人骇然。很长一段时间内,人们都认为这是一幅充满想象力的作品,

晚霞时太阳位置

白天太阳位置

大气层

厚

薄

观测点

地球

画中杂糅了夸张、抽象和幻觉的艺术表现手法。后来美国物理学家唐纳德·奥尔森发现了这幅画的写实之处，他多方考据，最终揭示出《呐喊》的创作背景：1883年的喀拉喀托火山喷发事件。火山喷发后，尘埃遮天蔽日，四处弥漫，阳光经大气中的悬浮颗粒物折射，形成一片血色红光。蒙克目睹了血红色的天空，极受震动，并且把它画了出来。

反过来，我们通过观察朝霞、晚霞，也能够推测出大气状况。

民间有种说法是"朝霞不出门，晚霞行千里"。这句话的意思是，朝霞预示着今天是个雨天，所以不要出门；晚霞则预示今天是个晴朗天气，可以远行。这个说法是人们根据经验总结出来的，具有一定的科学性。清晨出现朝霞，说明此时空气中含水量较多，日出后气温上升，对流运动加强，可能会成云致雨，带来降水；晚霞出现在日落时分，此时气温趋于稳定，对流运动较弱，形成降水的可能性减小，再加上阳光能够穿透云层形成晚霞，说明此时西方天空中的云层已经散开，天气将要转晴。

我们的太阳

霞光的出现离不开太阳。宇宙中存在着无数恒星，它们自身可以发光发热，但这些恒星距离地球太过遥远，只有等到夜晚，我们才能在天空中看到一个个固定的发光点，也就是平常所说的星星。

太阳就不一样了。对于人类来说，太阳是最特殊的存在。太阳距离地球大约1.5亿千米，是距离地球最近的恒星，也是人类能够看得最清晰的一颗恒星。

太阳极其巨大，直径是地球直径的109倍，质量约是地球质量的333000倍，占据太阳系总质量的99.86%。它温度炽热，持续不断地发生热核聚变反应，向外释放着光和热。太阳的寿命约有100亿年。现在，太阳的年龄已达46亿岁，正处于一生的中间阶段，是一颗"中年"恒星。

在太阳系中，八大行星和其他无数天体都受到太阳引力约束，围绕太阳运动。

我们居住的地球，身处在太阳系之中，每时每刻都在绕着太阳进行公转，周期为一年。与此同时，地球每天还要自转一圈。当一天结束，太阳消失在地平线下，就形成了人们平常所说的"日落"，这个时候，地球的这部分区域将要转向背面，进入黑夜，无法继续接收太阳光的照射。

其实，我们用肉眼看到的日落和日出并不是真正的太阳，大气层又一次跟我们开了个玩笑。光线经过大气时，折射形成了太阳的虚像。所以，白居易看到太阳从江面坠落的时候，实际上真正的太阳已经落下。而在清晨看日出，当太阳从地平线探出脑袋的那一刹那，实际上，它还没有真的升起。

卖 炭 翁

〔唐〕白居易

卖炭翁，伐薪烧炭南山中。满面尘灰烟火色，两鬓苍苍十指黑。卖炭得钱何所营？身上衣裳口中食。可怜身上衣正单，心忧炭贱愿天寒。夜来城外一尺雪，晓驾炭车辗冰辙。牛困人饥日已高，市南门外泥中歇。

翩翩两骑来是谁？黄衣使者白衫儿。手把文书口称敕，回车叱牛牵向北。一车炭，千余斤，宫使驱将惜不得。半匹红纱一丈绫，系向牛头充炭直。

白居易曾经继承古乐府传统，模仿其体制，创作了一系列《新乐府》组诗。《卖炭翁》是《新乐府》组诗中的第32首，写于唐宪宗元和年间，白居易有注云："苦宫市也。"

中唐时期，宦官当权，诗中的"黄衣使者"借用皇宫采买的权力，横行霸道，公开掠夺老百姓的财物。白居易借用卖炭翁的遭遇，直言讽刺了"宫市"的腐败与黑暗，表达了对底层百姓的深切同情。全篇采用白描手法，描绘出卖炭翁这个经典的诗歌形象。"可怜身上衣正单，心忧炭贱愿天寒"，卖炭翁在寒风中冻得瑟瑟发抖，却希望天寒地冻，好让人们都来买炭。否则，他辛苦烧来的木炭就会贬值。"一车炭，千余斤"最终只换来"半匹红纱一丈绫"。故事在残酷的结局里戛然而止，诗人不发一字议论，却将满腔的愤慨和同情都表达了出来。

伐薪烧炭南山中：黑不溜秋的木炭凭什么比木柴还要贵？

卖炭翁为什么在伐木后还要把木柴烧成炭，而不是直接卖掉柴，让别人直接烧柴？这是因为木柴并不是最好的燃烧材料。除了在后厨的灶下烧烧水、做做饭，木柴很难派上更精细的用场。无论是房屋取暖，还是冶炼金属，木炭都是比木柴更有效的燃料。

木炭可以用木柴堆直接点燃制成，柴堆表面的木柴烧尽后，翻检内部的木柴，会发现它们没有完全烧成灰，而是变成了一块块的炭。更为可控的方式是造一个封闭的火窑，用它来隔绝空气和保温，这种情况下添火加热木柴，木柴不会剧烈燃烧，而是缓慢地碳化。两者虽然工艺不同，但原理都是把新鲜木柴里的有机杂质全部氧化去除，只剩下无机的碳元素。

柴与木炭

我们先来看看木柴和木炭烧起来有什么区别。提起木柴火，很难不想到这样一幅画面：在野外露营，点起熊熊燃烧的篝火，火焰照着围坐者的脸——这也的确是人类最早得到的火。但木炭烧起来却并没有火焰，这是为什么呢？

因为只有气态物质燃烧时才有可能产生火焰。木柴的主要

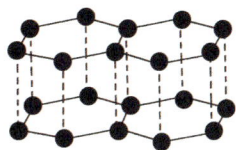

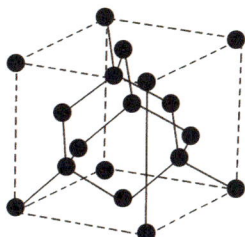

石墨的分子结构　　　　　　　　金刚石的分子结构

　　金刚石和石墨是由碳元素依照不同结构组成的，而木炭可视为大量石墨的无规则堆叠

成分是纤维素和木质素，并且带有大量的碳水化合物、蛋白质、脂类等维持树木生命的活性物质。木柴燃烧的时候，先是水分蒸发，变得干燥；温度到达100至130摄氏度时，水分几乎全部变成水蒸气消失；接着，木材开始分解出一氧化碳、甲烷、氢气等可燃气体，与柴火周围的空气接触，开始燃烧；温度到达200至280摄氏度时，形成剧烈的火焰。

　　所以，火焰并非木材直接产生的，而且木柴的火焰看起来很旺，但它燃烧的温度其实并不高，只有几百摄氏度，如果想要更高的温度，就需要把柴堆或者灶、窑堆得足够完美，或者使用鼓风机来增加氧气的流通。这样能把温度增高到一千摄氏度以上，可以烧造陶器、瓷器，但还是不能用来冶炼金属。

等木柴里的细胞、液态物质被烧光，火焰熄灭，它就只剩下的碳骨架，呈现疏松多孔的状态，这个骨架就是木炭。再也没有汽化物质来引发火焰，木炭只能靠它疏松的表面和空气接触来氧化自己，所以它会一直保持着稳定的无焰燃烧状态，直到变成灰白色不可燃的无机矿物质，也就是灰分。

除了没有火焰、燃烧稳定外，木炭燃烧时的烟和不良气味也更少。最棒的是它看起来烧得很慢，但可以达到很高的温度，我国古人正是在掌握了烧炭的技术之后，才发展出了点燃木炭冶铜、冶铁的能力，进而可以使用金属器具。

炭的用途

正是由于炭具有这些燃烧特性，它方方面面都比木材更精，加之轻量化的身躯便于运输和存储，因此可以看作一种提纯了的木质燃料。除了刚刚说的冶炼金属，古代还有许多使用场景只能用炭而不能直接烧柴，木炭的作用体现在生活的方方面面。

比如唐代长安冬天天气寒冷，在屋里取暖就只能采用暖炉加木炭的形式。那时，朝廷有"木炭采造使"之类专门的职位，负责给宫里的皇室成员和文武百官买炭、烧炭。面对如此巨大的需求量，卖炭翁"伐薪"，应该是砍伐比灶间用的柴枝更大的原木树干。

古代又有黑炭和白炭两种制法：当木材在窑内形成木炭后，并不直接取出，而是在窑内隔绝空气，慢慢冷却，称为黑炭；但如果立刻取出，让炭与空气接触，表面会燃烧一部分，形成灰白色的矿物质灰分，称为白炭。白炭比黑炭轻且坚硬，所以价格也更贵。还有人用蜜糖、米粥等物质把炭末黏合起来，做成神兽、将军等不同的造型，点燃的时候兽口隐然发出红色的光来，极尽奢侈，使那些挥霍无度的贵族可以炫耀自己的财力。

木炭疏松多孔，还可以药用，吸附有毒有害物质。除此之外，古代人书写、绘画、化妆、制造火药，也常常用到木炭。

不过，光是驱动炭窑本身，就要耗费柴火来提供能量。再加上木材成为木炭是会减重的，因此取得一斤木炭，可能要耗费大约六斤木头，其制作成本在古代还是很高的。诗中说卖炭翁"一车炭，千余斤"，照此估算，他为了制炭而砍伐的木柴也得有六七千斤。如此辛苦的劳动，最后只换来"半匹红纱一丈绫"，可见所受盘剥之重。

木材的干馏

在今天，我们仍然保留着用窑生成木炭的技术，虽然设备已经变得更加现代化，但其核心原理是一致的，那就是使木材中的固体有机物在隔绝空气的条件下加热，使它充分分解，不要燃烧起来。这个反应过程叫"干馏"。如今人们更加了解木材干馏的过程，所以可以从干馏中获得的物质也得更加多样，不只有木炭一种。简单地说，干馏的原理是利用木材内部的各种成分沸点不同，将其加热提取，因此这些物质干馏出来的先后顺序不同。只要掌握各种组分的沸点，就可以按照顺序收集这些蒸汽，再用低温使它们凝结成液体保存起来，而不是白白变成火焰消失掉。

这些液体往往是工业上很有用的原料。比如甲醇，它的别名叫"木精"，很早就被人们从木头里干馏出来，一吨木材可以产十升。它可以作为汽车的燃料使用。又如木醋酸，它的主要成分是醋酸、酚类、水，除了可以杀菌防虫外，还可以作为烤肠、腊肉等烟熏食品的风味剂，增加类似果木熏制的香味。除了这些轻质、清澈的液体外，还可以得到一些较重且黏稠的木焦油，在工业上也很有用处。你可以把木棒重新浸到这种物质里，得到一个火把。这就好像先从牛奶里面提炼出炼乳，再把炼乳加到新的牛奶里做奶茶一样，看起来好像绕了个圈子，多此一举，但其中蕴含着如何把大自然中混合着的原材料先依次分解开来，再按照人类的需求进行组合的工业智慧。

悯 农

〔唐〕李 绅

其一

春种一粒粟，秋收万颗子。

四海无闲田，农夫犹饿死。

其二

锄禾日当午，汗滴禾下土。

谁知盘中餐，粒粒皆辛苦？

　　《悯农》二首，重在一个"悯"字。第一首诗的前两句描写出农民顶着大太阳，冒汗在田间劳作的场景。这是人们熟悉的生活图景，诗人却体察得更深刻，更透彻，从中引发深层思考：春天种下一粒种子，秋天便可以收获一万颗粮食。天下的土地都已经开垦成了农田，为什么农夫还是被饿死？第二首诗中的"谁知盘中餐，粒粒皆辛苦"更是传诵千古，一直警醒世人要珍惜来之不易的粮食。

　　诗人没有空洞地说教，也没有给出答案，而是通过鲜明的对比，揭露出残酷的现实问题，发人深省。第一首诗中，"农夫犹饿死"与前三句营造的大丰收图景形成鲜明对比；第二首诗中，诗人塑造出勤恳、艰辛的农民形象，凝结了无数农民的汗水与苦难，具有普遍的感染力。读者不得不反思：究竟是什么原因导致这些农夫在丰收之年仍然被饿死呢？谁又能时时谨记粮食的来之不易？这是两首诗歌跨越千年依然广为传颂、能够引发人们普遍共鸣的深层原因。

锄禾日当午，汗滴禾下土：农田里的"无间道"——如何识破杂草的伪装

粟与稻，两个文明的诞生

新石器时代，生活在黄河流域的人类已经驯化出一种野生狗尾草，将它当作维持生存的粮食，也就是诗中所说的"粟"，又称"稷"，俗称谷子。大约在同一时期，长江中下游的人类驯化了野生稻，耕种于潮湿的土壤中，这就是早期的水稻。

人类学会耕种以后，获得了较为稳定的食物供给，逐渐结束狩猎、采集活动，放慢了迁徙的脚步。我们寻找肥沃的土地，开垦农田，建造房屋和村落，渐渐定居下来，世代以耕种为生。就是在这些村落和田地的遗迹里，考古学家发现了远古文明的雏形。

两颗种子，两条河流，两种农作物，不约而同地孕育出中华大地上的两种文明。

在古代汉语中，"社稷"就是国家的代称，社指的是土神，稷指的是谷神。普天下的土地上长满谷物，代表着人民丰衣足食，安居乐业。这是远古时期人们对于国家的美好想象。在农耕时代，粮食种植向来是头等大事。

粟的谷粒脱皮后就是黄色的小米，其营养成分主要是碳水化合物、蛋白质、脂肪和维生素。我们现在常常用小米熬粥，制

作窝窝头等各种点心，也可以用它来酿造酒和醋。曾经在上千年的时间里，粟一直是北方中国人的主要粮食。

粟的生长期短，产量高，抗热耐旱，即便在贫瘠的土壤上也能生长，适于生长在海拔1000米以下的旱地里。因为这些优越性，粟一直是不可取代的农作物。

一提起水稻，你脑海里可能会马上出现一碗香喷喷的白米饭。实际上，水稻和白米饭可差得远呢！

稻谷脱壳之后，变得粗糙泛黄，也就是我们平常吃的一种杂粮——糙米。糙米是水稻的种子，保留了稻谷的全部营养，但是吃起来口感粗糙。糙米还得经过碾米、抛光等多道加工程序，除掉米糠和胚芽，最终才能变成一颗颗晶莹、洁白的大米。盘中之餐，果然是粒粒得来皆辛苦！

春种秋收

"春种一粒粟，秋收万颗子。"诗中所说的"粟"应该不只是特指小米这一种农作物，而是代指所有粮食谷物。我国位于北半球温带地区，四季气候分明。夏天光照强烈，气温较高，降水充沛，非常适合农作物的生长；冬季光照少，气温低。所以在传统农业中，农民们选择在春天播种，夏天作物生长茂盛，秋天就可以收获了。

农民依据耕种的节奏，总结出一年四季的劳作程序，也就是人们常说的春种、秋收、夏耘、冬藏。不过，并不是所有粮食作物都遵循春种秋收的原则，比如说馒头和面包的原材料小麦，原产地是西亚的两河流域，约在春秋战国时期传入我国。中国古代人种植小麦，一开始也是春种秋收。但是后来人们逐渐发现，小麦的幼苗可以抵御寒冷，竟能越过漫长寒冷的冬天，在春天茁壮成长。于是人们开始尝试在秋天播种小麦，到了来年春天，恰好可以收获。这就是"宿麦"，也是如今我们所说的"冬小麦"。汉代时，为了增加粮食的产量，朝廷在全国推广种植宿麦，这样一来，冬天的农田就不再被荒废，粮食产量大大提高，可以养活更多的人口。

如今，我国长城以南的地区都广泛种植冬小麦；长城以北的地区因为太过寒冷，种植的是春小麦。

锄禾日当午

耕种是一项极其辛苦的工作，需要耗费大量的人力和时间，涉及的程序繁复细致。过去几千年的时间里，主要是依靠劳动者的双手和简单的工具来完成耕种，"锄禾日当午，汗滴禾下土"描绘的便是农民在正午锄草的画面。锄禾，指的是给田地除草松土。在田地里，杂草会消耗土地中的养分，遮蔽阳光，争夺生存空间，影响农作物的茁壮成长，所以要被驱逐出去。古代农民没有除草剂，只能用锄头将田野里的杂草一点点铲除。正午的气温最高，日头最烈，在这时候除草，野草里的水分容易蒸发，植物细胞丢失水分，很快便被太阳"晒死"了。

随着现代农业的发展，化学除草的方式得到广泛应用。喷洒除草剂，可以在保护禾苗的同时达到很好的除草效果，农民再也不用冒着大太阳除草了。

杂草的伪装

除草并不是一件简单的事情，农民面对的敌人（杂草）不仅生命力顽强，还擅长伪装自己。

大家都知道，大自然中很多动物都擅长拟态，随着环境的变化而改变自己的颜色和形态。比如说，枯叶蝶可以伪装成一片片干枯的树叶，藏身于树，肉眼几乎看不出区别；比目鱼察觉到危机或是等待捕食的时候，常常在海底躺平，身体颜色能与海底的沙石融为一体。这些神奇的能力其实都是动物为了适应环境而演化出来的自我保护功能。而田间地头上，那些看起来毫不起眼的杂草也有伪装自己的能力。

当我们走进田间，在稻田周边的沟渠、沼泽、荒地里经常能看到一种与稻子长得很像的植物。仔细一看，它的颜色比稻子更浅，叶片毛涩。这个似稻非稻的家伙叫作稗（bài）草，它是生长在稻田里的杂草，也是一个聪明而狡诈的伪装高手。

在人类驯化稻子的过程中，稗草通过模仿稻子，找到了自己的生存之道。当它还是一棵棵幼苗的时候，几乎长得与稻子一模一样，叫人难以分辨。但随着它逐渐长大，外形也与稻子越来越不相似，开始露出马脚。可是，这时候它已经在稻丛的缝隙里扎根，与稻子们打成一片，很难轻易拔除。稗草的伪装，发生得悄无声息，更像是一场旷日持久的周旋。几千年来，它默默地适应自然的变化，一直没有放弃与人类斗智斗勇。

小麦 水稻

与农作物十分相似的稗草

江 雪

〔唐〕柳宗元

千山鸟飞绝，万径人踪灭。

孤舟蓑笠翁，独钓寒江雪。

　　这是一首山水诗，但诗人没去细写"有"什么景物，而是重笔渲染"没有"什么景物："千山鸟飞绝，万径人踪灭。"柳宗元用极其凝练的语言，瞬间铺陈出一片幽僻、空寂的画面。

　　"千山""万径""绝""灭"，这些词语一下子将诗的视野扩大到了极其广袤辽远的地方。这个地方一片冰天雪地，看不到人迹，连一只鸟都没有，真是孤寂到了极点。但是，也正是在这个地方，竟然还有个渔翁，披着蓑笠，坐在小船上孤独地垂钓。白茫茫的大雪覆盖万物，消弭了时间和空间的界限，空幻如梦。这首诗真正的主角不是山水，也非江雪，而是那个在寒山冰雪之间的"蓑笠翁"，山水孤独，不过是渔翁心境的一种投射。

　　渔翁是谁呢？他是柳宗元想象出来的理想化的人格象征。渔翁清高孤傲，不畏苦寒，忍受得了旷古孤独，为了实现自己的目标心无旁骛，已然达到忘我境界。在古代的山水画里，我们常常可以看到渔翁垂钓的形象，渔翁早就不只是一个个具体的人物，而是一种文化符号。

千山鸟飞绝，万径人踪灭：冬天里的动物都藏到哪里去了？

物种过冬的策略

既然"千山鸟飞绝，万径人踪灭"，那么，春夏季节那些苗壮生长的生物都跑哪儿去了呢？

冬天对大部分动植物来说都很难熬，即便能够抵御寒冬，能量的匮乏也是一个大问题，需要觅食的动物，可能出去觅食一次，得到的能量都不如消耗的能量多；吸收太阳能的植物，光合作用又不如春夏季强烈，产生不了太多能量。为了让冬天不对物种繁衍造成致命打击，生物们演化出众多的策略度过寒冬，其中有些技能，可能是在一次次冰川期的考验下演化出来的。

首先就是试图保温。恒温动物要维持恒温，最简单的方式就是换一层毛。有些生物还发生了比换毛更彻底的生理变化，比如落叶植物褪去树叶，昆虫降低自己的含水量，都可以让自己在冬天过得舒服一点。

第二个策略是休眠，把能量消耗降到最低。有许多动物会冬眠，除了两栖类和爬行类这些变温动物之外，我们最熟悉的冬眠动物就是熊，冬天来临时，它们大吃特吃，囤积脂肪之后躲在洞里不出来，连怀孕母熊都以这种方式度过怀孕期。但熊冬眠的本领还不是最强的，北极地鼠冬眠起来，心率会降到最低，体温甚至能降到冰点以下，靠着血液内丰富的糖和盐才能不冻成冰块，这种状态就像科幻电影里的太空旅行者住进冬眠舱一样。

一部分松鼠没有采取冬眠的策略，而是选择了"囤年货"。它们会收集、埋藏大量的松子、橡实等坚果来过冬，但是经常不记得自己把东西藏哪儿了，所以促进了这些植物种子的传播，给北半球高纬度地带的森林化做出了巨大贡献。有趣的是，科学家发现纬度越高、环境越寒冷的松鼠一般记性就越好，否则早就被自然选择给无情地淘汰掉了。

"惹不起躲得起"，北半球的候鸟选择从秋天开始向南方迁徙，也是一种越冬的思路。

最后一种思路最为悲壮，那就是把自己演化成一年生动物，春生，冬死，自己的生命并不重要，把基因传播下去，使命就完成了。这种生物的代表是昆虫，大多数昆虫的一生会经历卵、幼虫、蛹、成虫等不同形态，在每个形态下都有度过冬天的方式，有些还挺抗冻，可以实现"成虫越冬"，但大部分则以其他形态越冬，第二年春天才出来，成虫就死光了。那些一年生植物用种子过冬，也是同样的道理。

实际上，算上昆虫，大部分野生动物都活不过一个冬天，但它们会在来年春天重新恢复到原先的种群规模，这就是生命演化的智慧。

独钓寒江雪

"孤舟蓑笠翁，独钓寒江雪。"大家或许会心生疑问：这么寒冷的天气，渔翁还能在江水里钓到鱼吗？

要想知道这个问题，我们先要搞清楚，冬天到了，鱼儿们都

近水层
0.1至0.3摄氏度

↑氧气

1米
0.80至1.2摄氏度

2米
1.6至2.5摄氏度

古诗词里的科学现象

去哪儿了？鱼是变温动物，对水中的温度很敏感，而水中的温度并不一样，所以，鱼儿总是游向温度适宜的水域中去。

冬天水面的温度很低，呈现出上冷下热的特点。所以冬天的时候，鱼儿们会下沉，潜伏在水下温暖的地方，停止进食，减少活动量。这时候钓鱼的难度很大。

但是，在有些极其寒冷的地方，钓鱼反而变得很简单。因为冬天河面、湖面封冻，在水面形成广阔厚实的冰层。冰层变成了一个厚厚的保温层，隔绝了外部寒冷的空气，冰层以下的水是温暖的。但是，这时候水下的氧气含量却很少。渔人敲击冰层，在冰面凿出一个个窟窿，鱼儿们很快就会不请自来，聚集到窟窿周围，呼吸新鲜的氧气。这时钓鱼简直易如反掌。

等天气回暖，鱼就会浮出水面，或者游向温暖的浅水。就像古诗里说的"桃花流水鳜鱼肥""兰溪三月桃花雨，半夜鲤鱼来上滩"，尤其是春雨蒙蒙时，鱼变得十分活跃，还会贴近水面潜游。这是钓鱼的绝佳时机。

捕鱼的历史

人类捕鱼的历史十分悠久。刚开始捕鱼的时候，人类还比较笨拙，直接伸出两只手去河里捞鱼，或是搬起石头、拿起木棒砸向河里的游鱼。

大约6000年前的新石器时代，黄河中下游的人类已经发明出比较成熟的渔猎工具了。在半坡仰韶文化遗址中，出土了大量跟捕鱼有关的器物，如捕鱼用的骨鱼叉、骨鱼钩、鱼镖、渔网坠等。就连烧制的陶罐上，也绘有各式各样的鱼纹图案。

半坡人使用的骨鱼钩，由动物的骨头磨制而成，呈现出弯曲的弧形，鱼钩上还带有一根尖利的倒刺。这个巧妙的小设计，可以让上钩的鱼儿被牢牢勾住，难以挣脱。我们今天使用的鱼钩，还保留着倒刺。

除了鱼钩，人类还发明了另一种工具——渔网。先民们从麻类植物中提取出纤维，搓成一股股绳线，联结在一起，就可以织成渔网，并在渔网的边缘挂上许多沉甸甸的石坠子，用来增加重量，使得渔网下沉，而不是浮在水面。渔网一撒下，像个大罩子似的沉到水底，这时，慢慢收网，石坠子收拢起来，鱼儿们就被兜在网中，无处可逃。因为鱼总是一群一群地游动，它们聚集在一起，形成有秩序的鱼群，撒网捕鱼，可以将它们迅速地一网打尽。渔网的出现，大大提高了捕鱼效率，人们不用再像以前那样苦等鱼儿上钩了。

许多游牧民族都有鹰猎的传统，猎人们捕捉并驯服了凶猛、敏锐的鹰隼，让它们成为狩猎的助手。而在水上捕猎的渔民们，也驯养了一种猛禽，俗称为鱼鹰。鱼鹰的学名叫鸬鹚，是一种大型食鱼游禽。鸬鹚擅长潜水，听觉敏锐，是捕鱼高手。鸬鹚下水之前，渔民用草绳或金属环扎住它的脖子，这样一来，鸬鹚捕到了大鱼，也无法吞进肚子里。捕鱼时，鸬鹚严阵以待，栖立在渔船两侧的木架上。渔民发出号令，它们便一跃而下，冲入水中。眨眼间的功夫，它们就陆续蹿出水面，嘴上衔着肥鱼。渔民快速地从鸬鹚的嘴中拿走肥鱼，顺手丢给它一条可以下咽的小鱼作为奖赏。

山 行

〔唐〕杜 牧

远上寒山石径斜，白云生处有人家。

停车坐爱枫林晚，霜叶红于二月花。

　　这是一首描写秋景的千古名诗。诗人驱车，沿着山路去往某个地方。然而，秋山就好像一幅看不完的画卷，美景层出不穷，让他流连其中，沉醉不已。

　　诗的前两句描写的秋色疏淡、荒寒，充满了深秋的萧瑟气息。视线从下往上，依次可以看到萧瑟的山峦、曲折的石头小路，白云缭绕的山顶，似乎有人烟，叫人不禁产生疑问：住在那里的究竟是何方人士呢？

　　然而，诗人并没有去一探究竟，却突然停下马车，欣赏途中偶遇的枫林晚景。"霜叶红于二月花"，枫叶红得灿烂，如火如荼，为萧条的寒秋增添了许多色彩和生命力。读到此处，我们方才明白诗人的用意，原来真正吸引他的是这漫山红叶，它们比二月盛开的花朵还要红艳，焕发着生气，是秋日里奇迹般的景观。

　　这首诗前两句写得萧瑟疏淡，后两句画得浓墨重彩，颇具声势。远景与近景形成了鲜明对比，看起来好似一幅色彩交织的画卷。也正是因为秋山萧瑟，才显出那片红灿灿的枫林具有难能可贵的生命力！

霜叶红于二月花：谁为树叶染上红黄？

在秋天，一些植物的绿叶会逐渐变成黄色或红色。北京香山的黄栌红叶如火，新疆喀纳斯的桦树林满目鹅黄，长沙岳麓山的枫树层林尽染，都是比较适合观赏秋叶的去处，还有秋季田野里那些金黄的稻子、小麦、高粱……也透着成熟的可爱。我们知道，植物的叶子在春夏季一般呈现绿色，这是因为植物细胞里富含叶绿体，而叶绿体里有大量的叶绿素，植物正是要靠它来进行光合作用。到了秋天，低温促使叶绿素逐渐降解，显色作用让位给叶黄素、胡萝卜素、类胡萝卜素、花青素，叶子就呈现出红、黄、橙等色彩了。

叶绿素与光合作用

我们之前介绍过，太阳光可以分解为七类单色光。叶绿素让叶子呈现绿色，并不是因为它要吸收绿光才能工作，恰恰相反，叶绿素主要靠吸收可见光中的红光和蓝光进行光合作用，它们把绿光透射或反射出去，这些无用的绿光进入我们的眼中，我们才能感知到叶子是绿色的。

说起来，叶绿素的分子和我们血液中的血红素有点相似，都是由一种叫作卟啉（bǔ lín）的小分子组成的巨大基团，只不过上面连接的化学组件不同，内部的金属离子核心也不同——血红

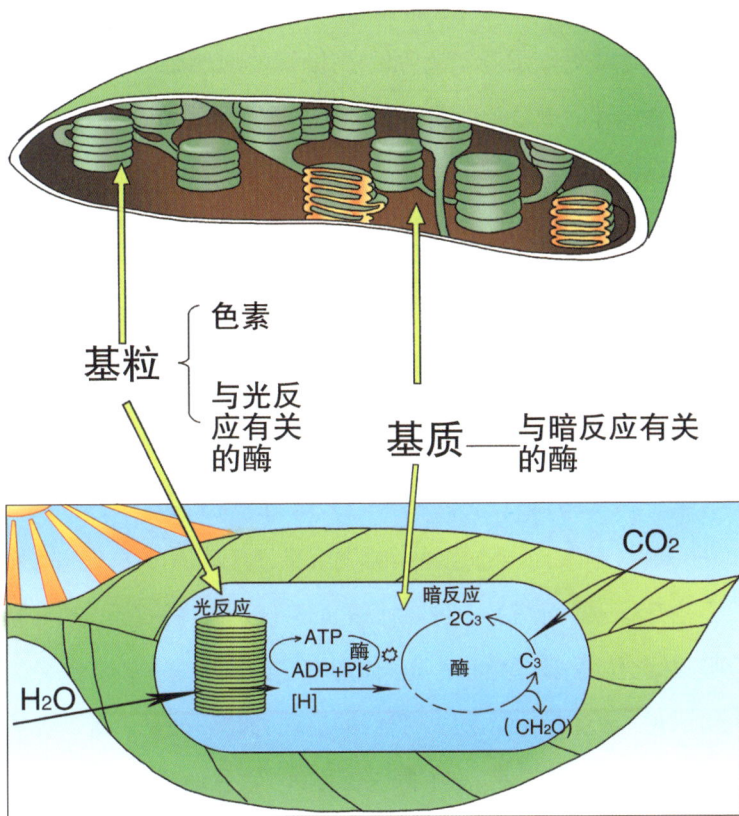

基粒 { 色素

与光反应有关的酶

基质 —— 与暗反应有关的酶

CO_2

光反应

暗反应
$2C_3$

ATP 酶
$ADP+Pi$

H_2O

[H]

酶

C_3

（CH_2O）

叶绿体的结构与功能

素的中心是一个铁离子，而叶绿素的中心是一个镁离子，就是这么一个小小的差异，导致了血红素主要吸收绿光，让血液呈现红色，而叶绿素走上了截然不同的道路，把绿光放行到外面。

另外，与血红素不同的是，叶绿素在吸收红蓝光的过程中还可以激发出电子。这有点像那种老式的CRT"大脑袋"电脑显示器（阴极射线管显示器），里面的阴极管被加热后可以激发电子投射到荧屏上，来显示出图像。光合作用的本质，正是这种激发出电子让能量得以转移的过程。

那么，为什么生命选择了叶绿素来进行光合作用，换句话说，为什么光合作用舍弃了太阳光中的绿光？生命尝试过吸收绿色光来进行光合作用吗？

紫色地球，一个惊人的假说

基于演化的伟力，它们还真的尝试过，但是最终失败了。这就是一些科学家提出的假说：他们猜测，光合作用的物质一开始并不是叶绿素，而是另一种叫作视黄醛（quán）的物质。这种物质吸收绿光，反射红光和紫光，让拥有它的微生物呈现紫红色。换句话说，曾经有一个阶段，我们的地球并非到处是生机勃勃的绿，而是一片诡异的紫。这个假说被称为"紫色地球"。

在此之前，地球上本没有光合作用，原始的生命都是靠暗无天日的海底热泉来获得能量。后来，才有些微生物可以脱离幽深的海底，去到海洋的浅层，利用合成视黄醛的能力，在阳光的绿色光谱中吸收太阳能，进行最原初的光合作用。在"紫色地球"

阶段，以叶绿素为光合作用物质的绿色微生物蓝细菌也许还未出现；或者它们已经诞生，却只能屈居于这些紫色微生物之下，靠着它们弃之如敝屣的绿光维持生存。

绿色地球的崛起

那么蓝细菌是怎么"逆风翻盘"的呢？我们刚刚说过，叶绿素的光合作用机制是被可见光激发出电子，而失去电子的叶绿素分子，当然倾向于从别的分子中再把电子补充回来。最适合的分子就是水。于是，蓝细菌把水分子给拆开了，得到了电子，也释放出了氧气。最初，这样制造出来的氧气是光合作用的副产品，它本身是有害的，因为它会氧化一切它能遇到的还原性物质，比如把大海里的亚铁离子氧化成铁离子。许多生命也惧怕这种氧化，包括那些紫色的微生物。是的，虽然"有氧呼吸"的能力在当今地球上已经是习以为常，但氧气的初始角色就是这样的"毒气"。蓝细菌的造氧运动一直进行到24亿年前，那时整个地球都被这种"毒气"污染，称为"大氧化事件"，在氧气的渗透之下，那些紫色微生物一去不复返，紫色地球由此终结。

当然，紫色地球目前只是一个假说，无论有没有这样一个紫色地球阶段真实存在过，绿色都已经毫无疑问地成为地球的底色之一。如今，如果你去我国山西运城等生产池盐的地方游玩，也许能看到一些紫色、粉红色的盐池，将这些盐池染成斑驳色彩的是极端嗜盐古菌，它们能在盐浓度高达38%的池水中生存（普通海水的盐浓度只有3%）。它们正是当初那些紫色微生物硕果仅存的后代，视黄醛和胡萝卜素给它们染上了紫色和粉红色，也只有在这种极端的环境下，它们才能躲开叶绿素的竞争，在盐池中诉说着紫色先祖曾经的辉煌。

叶绿体的幽灵

我们如今看到的大部分"花草树木"，也就是多细胞的陆生植物，它们的细胞里有成型的叶绿体，支持着植物进行比蓝细菌更复杂的光合作用。

秉承"内共生理论"的科学家认为，这些叶绿体并不是植物自己从零开始打造的，而是当年的真核生物吞噬了蓝细菌之类具有叶绿素的单细胞生物，让这些小东西在自己细胞内逐渐演化出今天的叶绿体。它就好像寄生在植物细胞中的幽灵，只不过二者已经不分你我，共享基因。

有了叶绿体，植物获得了前所未有的光合作用能力。因此花草树木的那些生长策略，看起来总和叶绿体这种小东西相关：不能总像苔藓那样铺在地上，要竞争更高处的阳光，因此有了茎和树干，把叶绿体举得更高；要铺展更多的受光面积，叶片应运而生；秋冬时绿色的主动离场，又何尝不是为了保护脆弱的叶绿体……某种程度上，蓝细菌正是借着植物的躯体，实现了将绿色布满星球的一统之梦。

清 明

〔唐〕杜 牧

清明时节雨纷纷，
路上行人欲断魂。
借问酒家何处有？
牧童遥指杏花村。

清明时节，天气晦暗，细雨纷纷。诗人还要冒雨赶路，心情自然不太好受。在这种惨淡气氛的影响下，他的心绪也披上了一层淡淡的伤感和哀愁。"断魂"二字与鬼魂无关，指的是诗人突然遇雨后的心境，神魂散乱，犹如断魂。

"借问酒家何处有？"这一句突然转折发问，不禁引人思索：所问的是何人？"牧童遥指杏花村。"一问一答间，我们立刻明了，原来诗人是在向一个牧童问路。

诗人询问哪里有酒家，可能是为了暂时避雨，也可能是为了喝酒暖身，驱散一身冷雨带来的寒气。总之，诗人低落的心情暂时有了着落。跟随牧童的指引，我们也不禁将目光投向了更远处，烟雨缥缈之中，似乎有酒旗子随风招摇……

这首诗用凝练质朴的语言，描画出一幅色彩清淡、情景交融的水墨画卷。结尾巧妙地引出"杏花村"，给读者无限遐想的空间，兴味盎然，余韵悠长。

清明时节雨纷纷：为何清明时总是细雨纷纷？

二十四节气是怎么来的？

在中国古代，人们根据太阳在回归黄道上的位置，将太阳周年划分为24个等分，每15度为1等份，每1等份为一个节气，一年共有24个节气。

一年四季，从立春开始，到大寒结束。二十四节气平均分布在一整年中，每个季节正好有6个节气，它们依次是：

立春、雨水、惊蛰、春分、清明、谷雨；

立夏、小满、芒种、夏至、小暑、大暑；

立秋、处暑、白露、秋分、寒露、霜降；

立冬、小雪、大雪、冬至、小寒、大寒。

我们从每个节气的名称就能清楚地看出一年之中的季节变化，以及不同的气候特征。比如说，立春、立夏、立秋、立冬这四个节气反映的是季节更替，它们分别代表着春、夏、秋、冬四个季节的开始。

春分，太阳直射点在赤道上，之后继续向北移动。秋分，太阳直射点回归赤道。所以，春分和秋分那两天，地球上白天和夜晚的时间平分，都是12个小时。

夏至，太阳直射点在北回归线，北半球的白天达到一年中的最长，黑夜最短。冬至，太阳直射点在南回归线，北半球的白天达到一年中的最短，黑夜最长。

其他一些节气，从字面上就可以出来，它们反映出更加细微的气候变化。比如"惊蛰"指的是天气回暖，一声声春雷震天动地，惊醒了那些蛰伏在泥土里冬眠的小动物，预示着万物开始萌发生机。

"雨水""谷雨""小雪""大雪"都是与降水相关的节气。"小满""芒种"都与农作物的生长、耕种相关。"小满"指的是大麦、冬小麦这些夏收作物已经结出果实，开始灌浆，一颗颗籽粒变得饱满。也有人说小满指的是雨水丰沛，江河中的流水盈满。"芒种"是在提醒农民们：有芒的谷子可以在此时种植，过了这个时间就晚了！"芒"是谷穗上长的尖刺，是植物用来自我保护的，稻、黍、稷都属于有芒的谷物。

"小暑、大暑"，天气逐渐变得炎热，也就是人们常说的伏天，这段时间是一年中最炎热的时期。"处暑"则标志着暑热的终结。"白露"，天气转凉，地面的水汽开始凝结成露水；到了"寒露"时节，露水变得更多了。"霜降"，表示天气变冷，地面结霜，农作物可能要小心霜冻灾害。"大寒"是最后一个节气，这时也到了一年之中最寒冷的一段时间。

二十四节气起源于黄河流域，是人们观察天体运行和物候变化，总结出来的一套经验，每个节气对应着特定的时候、气候和物候。它无法精确地预测每一天的天气——就算是现代的天气预报也很难做到准确无误，但是，节气可以大致描述出这段时间的气候状况。尤其是在古代，气象学尚未成形，农民们靠天吃饭，祈求风调雨顺，二十四节气对于人们的日常生活和农事耕种具有十分重要的指导作用。

清明时节为什么多雨？

《历书》记载："春分后十五日，斗指丁，为清明时，万物皆洁齐而清明，盖时当气清景明，万物皆显。"所谓"清明"，就是清爽、明净的意思。

清明不仅是二十四节气之一，也是一个重要的传统节日。这段时间天朗气清，春风温和，草木和庄稼开始欣欣向荣地生长，农民们忙着春耕。在古代，人们在清明节不只是扫墓祭祖，还有许多丰富的游乐项目，比如踏青郊游、蹴鞠、斗鸡、插杨柳、放风筝、荡秋千……

清明节一般在农历三月初一（以及公历4月5日）前后，而农历三月初三是古代的上巳节，也就是王羲之和亲朋好友在兰亭聚会的那一天。上巳节的习俗是去水边嬉戏宴饮、洗濯沐浴。

清明节的前两天，又是另一个重要节日：寒食节。传说寒食节的由来是为了纪念春秋时期被火烧死的贤人介子推，所以风俗十分独特：家家户户严禁生火，只能吃冷的食物。虽说禁止用火，但是唐代的皇宫里却是例外，依然点着蜡烛。清明这天，皇帝会将"榆柳之火"赏赐给恩宠的大臣。所以，唐代韩翃在《寒食》这首诗中说："日暮汉宫传蜡烛，轻烟散入五侯家。"

到了现代，寒食节和上巳节这两个节日已经彻底消失了，不过，其中的一些习俗逐渐融入清明节中。

杜牧又在诗中说："清明时节雨纷纷。"这雨是如何产生的呢？

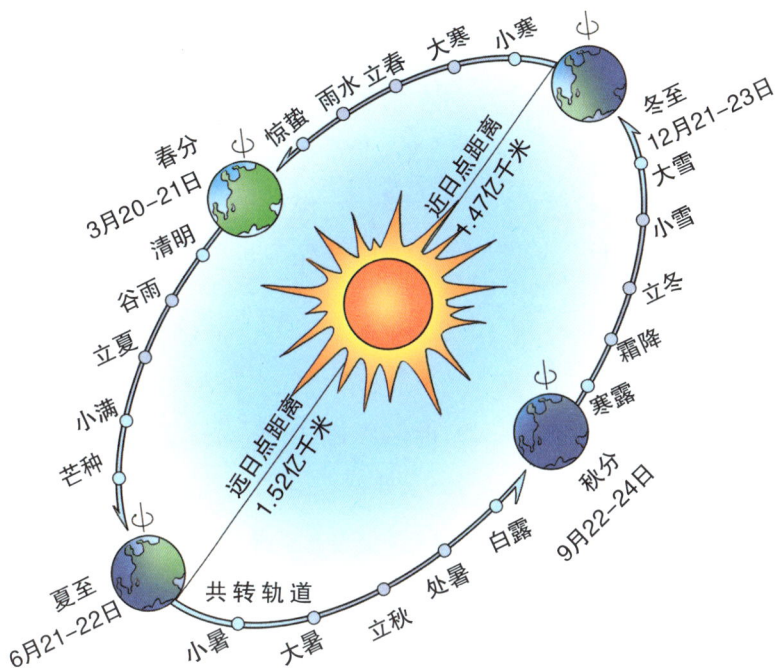

春分
3月20~21日
惊蛰 雨水 立春 大寒 小寒
清明
谷雨
立夏
小满
芒种
夏至
6月21~22日
共转轨道
小暑 大暑 立秋 处暑 白露
秋分
9月22~24日
寒露
霜降
立冬
小雪
大雪
冬至
12月21~23日

近日点距离
4.7亿千米

远日点距离
1.52亿千米

二十四节气的地球与太阳的相对位置

　　清明节时，春天已经到来，冷空气大势已去，逐渐减弱。暖湿空气开始变得活跃，开始由南向北，一路进击。冷气团和暖气团相遇，会形成一个交界面，也就是锋面。暖气团主动向冷气团移动形成的锋，被称为暖锋，暖锋过境会带来连绵多雨的天气，这与诗中所描述的细雨纷纷的景象十分契合。在这之后，暖气团会占据冷气团的地盘，天气变得温暖晴朗，这也就是民间谚语里所说的"一场春雨一场暖"。清明过后就是谷雨了，光看名字就知道，这预示着多雨水的节气。

虞美人

〔五代〕李 煜

春花秋月何时了，往事知多少。小楼昨夜又东风，故国不堪回首月明中。　　雕栏玉砌应犹在，只是朱颜改。问君能有几多愁，恰似一江春水向东流。

李煜是五代时南唐的末代国君，世称李后主。南唐亡国之后，李煜成为俘虏，遭到宋太祖、太宗的幽禁。他写词的题材和风格也随之大变，由昔日的富贵绮丽变得深沉悲切，多抒发家国之恨、身世感慨。

"春花秋月"是多么美好的事物，词人却不耐烦，反问它们何时结束；岁月更迭，温煦的东风"又"来到了小楼，词人也只有深深的无奈。李煜情绪反常，是因为他作此词时已经经历了国破家亡、身世浮沉，未来更是无常难测，亡国之君的悔恨与愁苦，千言万语怕是也说不尽。

然而，"雕栏玉砌应犹在，只是朱颜改"，富丽堂皇的宫殿还在那里，什么都没有改变，只不过江山已经易主。词人通过景物的今昔对比，表达出了物是人非、往事难追的感慨。这首词用情真切，直抒胸臆，语言凝练，不事雕琢，是流传千古的"血泪"之作。最后一句更是独出心裁，将心中的"愁"比作流淌的一江春水，化无形为有形，给人一种"一语天然万古新"的感觉。

小楼昨夜又东风：季节能决定风向吗？

海陆热力差异

地球表面的热量主要来源于太阳光的照射，而陆地和水面在太阳照射下的升温和降温特点有所不同，和海洋相比，一般情况下陆地在白天升温更快，在夜晚降温更快。这就导致了所谓"海陆热力性质差异"，简单来说就是海洋和陆地在同一时间段里温度不一样。

空气遵循热胀冷缩的自然规，在夏季日光强烈的时候，陆地上空的空气总是会受热膨胀，单位空间的空气密度小于海洋上空；到了冬季，海洋能蕴藏更多的热量，导致海陆气压呈现出与夏季完全相反的态势。

在海岸地带，一年四季总是有很多风。白天的时候，人们能感受到一阵阵温煦平和的海风从海面向陆地吹来。那么这种海风是如何形成的呢？

白天，太阳光照射地球表面，海洋能比陆地吸收更多热量，陆地温度高于海面，气压低于海面。陆地上的空气被加热后，膨胀上升，风从海面吹向陆地，形成"海风"。夜晚的情况正好相反，陆地降温比较快，海面气温相对较高，海面空气上升，夜风从陆地吹向海洋，也就是"陆风"。归根结底，昼夜交替导致了海洋和陆地之间的气温差，形成了海陆风。

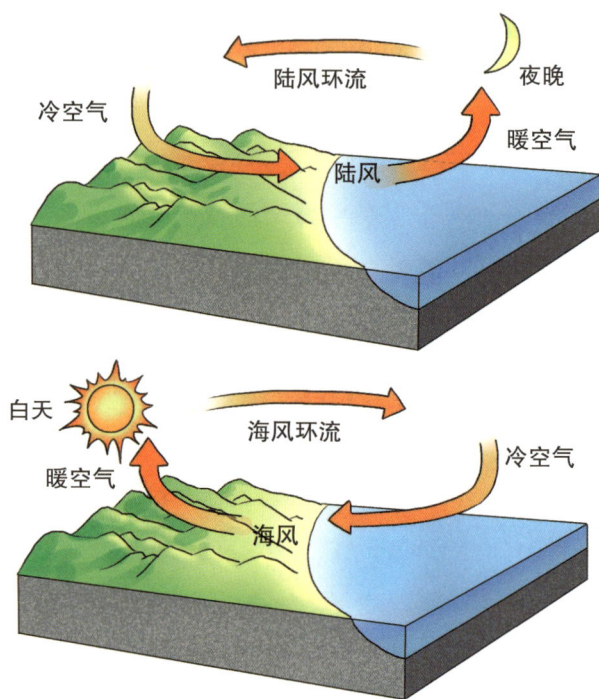

海陆风

　　我国位于亚欧大陆，这是世界上面积最大的一块陆地；东边毗邻太平洋，这是世界上最广阔的一片海洋。因为地理位置非常独特，这一地区的海陆热力性质差异最为明显。亚洲东南部也是季风气候最为典型的区域。冬天，干燥寒冷的风从陆地吹向海洋，这就是冬季风；夏天，温暖潮湿的风从海洋吹向陆地，这就是夏季风。

季风区和非季风区

季风就是风向随季节变化而发生改变的风。如果一个地区常年受到季风的支配,那么该地气候就属于季风气候。

我国是典型的季风气候,也就是说,我国大部分地区的气候是受两股季节性的风支配的:冬季,来自蒙古国、西伯利亚的冷风由北方袭来,从陆地吹向海洋;夏季,来自太平洋的暖湿气流从海洋吹向陆地。

两者你方唱罢我登场,在冬去春来的时候,正是冷空气逐渐向北转移,太平洋暖湿气流不断活跃、逐渐北上的过程。冬季的冷风和夏季的暖风,交替影响着我国大部分地区,形成了显著的季风气候。

另一首唐诗《凉州词》中说:"羌笛何须怨杨柳,春风不度玉门关。"诗中提到的玉门关,位于现在的甘肃敦煌,再往西走就是"西域"了。春风吹不到玉门关,因为这里地处非季风区,受不到春季风的影响。

那么,究竟是什么划分了中国的季风区和非季风区呢?

我国幅员辽阔,地势呈西高东低。东部地区广阔平坦,冬、夏季风在这里畅行无阻。但是,来自太平洋的夏季风,由于重重高山的阻挡,无法继续向西挺进内陆,只好停下步伐。而冬季风十分强势,能够抵达我国的几乎所有区域。所以,我国有一部分深居内陆的地区,只受到冬季风的影响,无法受到夏季风的影响。也就是说,这部分地方不属于季风气候。

人们将夏季风能够到达的最远边界作为中国季风区和非季

风区的分界线，具体分界线是：大兴安岭—阴山—贺兰山—巴颜喀拉山—冈底斯山一线。在分界线以东的地区属于季风区，分界线以西和以北的地区属于非季风区。

季风气候

中国以秦岭—淮河一线为分界线，以北属于温带季风气候，以南属于亚热带季风气候。我国的首都北京就是典型的温带季风气候。夏季，受到来自太平洋的暖空气影响，吹拂较为湿润、柔和的东南季风。冬季，受到来自蒙古国和西伯利亚来的冷空气影响，吹拂干燥、寒冷的西北季风。这里一年有春夏秋冬四个季节，夏季高温多雨，冬季寒冷干燥，最冷月的平均气温低于0摄氏度，主要植被是温带落叶阔叶林带。

相比同一纬度的其他地区，中国季风气候区可谓是冷热交加。夏天高温，闷热得像火炉，冬天却又寒气袭人，一年中的最高气温和最低气温相差极大。

不过，正是因为季风气候的支配，才催生出四季分明的风景。正所谓"春有百花秋有月，夏有凉风冬有雪"。自古以来，中国的文人们对于季节变化十分敏感，这催生了许多关于季节的诗词意象。李煜在词中说："小楼昨夜又东风。"古人常用"东风"来代指春天，比如"春城无处不飞花，寒食东风御柳斜"，又如"等闲识得东风面，万紫千红总是春"……东风一起，给人一种万物复苏、春意盎然的感觉。

相传，《虞美人》是李煜被幽禁时所作。李煜填完词后，命歌姬奏乐弹唱。宋太宗得知后大发雷霆，命人赐毒酒将他毒死。于是，这首《虞美人》也成了李煜的绝命词。

这首词究竟哪一点惹怒了宋太宗呢？

有人说，李煜作为一个阶下囚，竟敢大肆抒发亡国之恨，所以触怒了君主。也有人说，是因为这首词中描写的季节违背常理。写词的那天恰好是李煜的生日，农历七月七。按说此时已经是秋天的七夕，词中却写"小楼昨夜又东风""一江春水向东流"，处处指向春天，这不是居心叵测吗？

在古诗词里，南风、北风、西风之类的意象代表不同的季节。南风是温和舒畅的，常常用来代指夏天或夏秋之交，比如"南风知我意，吹梦到西洲""夜来南风起，小麦覆陇黄"。这个时节草木茂盛，庄稼成熟，一派欣欣向荣的风貌。西风代指萧瑟、凉爽的秋天，一提到西风，诗人们总是充满哀愁，比如"谁念西风独自凉""古道西风瘦马""帘卷西风，人比黄花瘦"。北风吹到人的皮肤上又冷又干，凛冽刺骨，所以常常被用来指代深秋或严冬，比如"北风卷地白草折""北风吹断马嘶声""漫漫秋夜长，烈烈北风凉"……北风逼近，说明来自西伯利亚的冷空气已经南下，万物即将进入漫长萧条的冬季，实在是令人瑟瑟发抖！

采桑子

〔宋〕欧阳修

轻舟短棹西湖好，绿水逶迤，芳草长堤，隐隐笙歌处处随。　　无风水面琉璃滑，不觉船移。微动涟漪，惊起沙禽掠岸飞。

欧阳修晚年辞去官职，隐居在颍州（今安徽阜阳），闲来无事，常去当地著名的西湖游玩，写下了《采桑子》组词，这是其中的一篇。

这首词视角独特，清丽隽秀，充满诗情画意。"轻舟短棹西湖好"，一开篇，欧阳修就迫不及待把我们拉上了小船，跟他一同乘船在西湖里欣赏风景。词的上阕主要展现出行船时的景观，随着小船前行，两岸的风景不停地变化。绿水逶迤，芳草长堤，笙歌追随……岸边风景迭出，有声有色，充满了清新活泼的气氛，宛如一场流动的感官盛宴。欧阳修悠然坐在小船上，多么逍遥自在！

词的下阕巧妙地采用了动与静的对比，以静写动。"无风水面琉璃滑"，无风的水面就像琉璃一般光滑，这个比喻还不够，词人又补充道："不觉船移。"他坐在船上，竟然察觉不到小船的移动。

平静的水面上，细波微微泛动，这才让人确信船在移动。这时，沙洲上的禽鸟被惊动，飞掠过岸边。群鸟喧嚣，打破了画面的平静，刹那间又将我们拽回到轻松活泼的气氛中。

无风水面琉璃滑，不觉船移：为什么我们同样感觉不到地球在转动？

"无风水面琉璃滑"，诗人写这一句，是为了结合"不觉船移"来形容水面的光滑无风。我们可以试着在脑海中把无风的水面替换成一切均匀的介质：纯白的空间、无光的宇宙，假设在里面划船，很难再判断船到底有没有在移动，因为没有地标告诉我们船开到了哪儿；走进船舱里，不再去看外面的水浪，也会不知道船是在原地休息还是在匀速疾行。这就像古书中所说的："地恒动而人不知，譬如闭舟而行，不觉舟之运也。"都是失去了参考物的结果。

伽利略的相对性

科学家伽利略曾借助虚构人物萨尔维柯蒂之口，把"闭舟而行"的场景细化：

把你和一些朋友关在一条大船甲板下的主舱里，再让你们带几只苍蝇、蝴蝶和其他小飞虫。舱内放一只大水碗，其中放几条鱼。然后，挂上一个水瓶，让水一滴一滴地滴到下面的一个宽口罐里。

船停着不动时，你留神观察，发现小虫都以等速向舱内各方面飞行，鱼向各个方向随便游动，水滴滴进下面的罐子中。你把任何东西扔给你的朋友时，只要距离相等，向这一方向不必比另一方向

萨尔维柯蒂的大船上一切如常

用更多的力,你双脚齐跳,无论向哪个方向跳过的距离都相等。

当你仔细地观察这现象后,再使船以任何速度前进,只要运动是匀速的,也不忽左忽右地摆动,你将发现,所有上述现象丝毫没有变化,你也无法从其中任何一个现象来确定船是在运动还是停着不动。

即使船运动得相当快,你跳向船尾,也不会比跳向船头来得远。把任何东西扔给你的同伴时,不论他是在船头还是在船尾,你也并不需要用更多的力;水滴将像先前一样,滴进下面的罐子,一滴也不会滴向船尾;鱼在水中游向水碗前部所用的力,不比游向水碗后部来得大;蝴蝶和苍蝇将继续随便地到处飞行,它们也绝不会向船尾集中,并不为赶上船的运动显出累的样子;如果点香冒烟,则将看到烟像一朵云一样向上升起,不向任何一边移动……

伽利略的大船把"不觉舟之运"的真理往前推进了一步。萨尔维柯蒂的大船,被后世的科学家称为一个惯性参照系。(之所以称为"惯性"参照系,是因为在没有外力加码的情况下,惯性的有无决定了一个物体要么保持相对静止,要么进行匀速直线运动,不会有其他的情况。)在惯性参照系的大船里,你不光没办法靠主观判断船是动还是静,就算通过计算船内扔球、跑步等物理现象也没法判断,因为一个惯性参照系中的物理现象,在另一个"速度不同"的惯性参照系中也能毫无差别地复现。由此推论,从不同参照物看来,动和静也是相对而言的。这就是"伽利略相对性原理"。

爱因斯坦的相对性

在伽利略相对性原理下，速度可以很简单地叠加：你在甲板上从船尾跑到船头，相对于船的速度是1米/秒，而船相对于它出发的码头速度是10米/秒，那么你跑步的某个瞬间，相对于码头的速度就是11米/秒。

但是，有许多问题没有办法用伽利略相对运动来解释。比如，如果你在船头打开一个手电筒，手电发射出光子以光速前进（假设你们航行在真空中，光速为每秒299792千米），那么按照这种算法，光子相对于码头的速度需要再加上船的速度，也就是说光子本身是超光速的了。

可是，光是电磁波的一种，速度存在上限，因此类似的种种问题在麦克斯韦建立成熟的电磁理论后层出不穷，再也收不住了。这让物理学家和数学家求助于一个古老的概念——"以太"。

包括麦克斯韦本人在内，他们都相信以太是一种充斥宇宙的永恒存在，所以世界上一切物体的速度都可以拿以太当参照系，光速的上限就是相对于以太的速度。这其实违背了伽利略相对性的精神，承认了"绝对静止"的存在；可是不这么干，电磁学的现象又会和经典力学冲突。

但实验物理学还是无情地证明了并不存在以太这种物质，那只是古代哲学家一厢情愿的幻想。重重阴云持续到1905年，爱因斯坦站了出来，他借用了洛伦兹的一个解决思路：既然速度不会变，那么测量速度的尺子就可以改变！洛伦兹认为，在外界看来，惯性参照系内的尺子在以太里运动会变短，抵消了那部分光速叠加，相当于光速没有变，这个现象叫作"尺缩"，只不过处于惯性参照系内部的人自己觉察不到尺缩。

而爱因斯坦不承认以太，他直接以光速不变为前提推导出继"尺缩"后的第二个反常识的现象"钟慢"。在外界看来，不仅运动的尺子会变短，运动的时钟也会变慢，越接近光速，变慢就越严重。这就是爱因斯坦狭义相对论的一个重要组成部分。

爱因斯坦的理论再次承认了物理规律在任何惯性参考系中都表现为相同的形式，只不过在宏观低速状态下表现为伽利略相对性原理，在宏观高速条件下表现为狭义相对论。

卜算子·送鲍浩然之浙东

〔宋〕王 观

　　水是眼波横，山是眉峰聚。欲问行人去那边？眉眼盈盈处。　　才始送春归，又送君归去。若到江南赶上春，千万和春住。

　　这是一首送别词，词人王观送别友人鲍浩然前往浙东，离别之际，作词抒发不舍之情。"水是眼波横，山是眉峰聚。"将山和水比喻成人的眼波和眉峰，这是古诗词中常见的手法，并不称奇。但是，王观却一反常理，刻意说山是眉峰，水是眼波，比喻顿时充满新意，令人眼前一亮，秀丽的山水也像人一般含情脉脉，栩栩如生。

　　"欲问行人去那边？"用问句点题，契合送别的主题。"眉眼盈盈处"，再次承继前文的比喻，我们仿佛看到那层峦叠嶂之间，远山、近水都饱含浓情，那是友人将要前往的浙东山水。

　　后两句，词人想要表达出离别的遗憾，却欲言又止，将话锋转向春天。即将离去的友人，就像那已经过去的春天，无法挽留，只能婉言送别。词人对友人抒发美好祝愿：如果你回到江南赶上了春天，千万要珍惜春光啊！

　　正所谓"一切景语皆情语"，这首送别词采用比喻修辞，含而不露，将惜春与惜别融为一体，情深绵远，委婉动人。词人的目光似乎追随远行人的步伐，流连在那春山春水之间，依依不舍。

若到江南赶上春，千万和春住：春天为啥跑得这么快？

词人说："若到江南赶上春，千万和春住。"他所在的地方，春天已经结束了。难道在不同的地区，春天还要分个先来后到吗？

春天的定义

春天在哪里？究竟从哪一天开始才算是春天呢？

关于春天的定义，自古以来就有各种不同的标准。按照古代延续下来的二十四节气，"立春"那一天标志着春天的开始。从天文现象来看，当北斗七星的斗柄指向寅位时，就是立春。立春这个节气一般在公历的2月4日或者2月5日。

立春节气又可以分为三个阶段：初候，"东风解冻"；二候，"蛰虫始振"；三候，"鱼上冰"。这段时间，气温上升，春风温煦，先是冰雪消融；接着，冬眠的动物开始苏醒，等待时机出来活动；再过段时间，鱼儿也从水底浮上来了。

如果按照民间传统，那么农历的正月到三月就是春季，农历的正月、二月和三月又分别被称为孟春、仲春和阳春。农历新年是中国人最重要的节日，时间就在正月初一，为一年之首，所以被称为春节。

但是，我们知道，中国的地域十分辽阔，各个地区的地理条件并不相同。不管是在春节，还是立春那一天，南方有些地区早就遍地花开，北方有些地区却是冷风飘雪。所以，以上两个标准显然无法适用于中国版图上的所有地方。

气象学上对春天的定义则要更加严谨：至少连续5天的平均气温稳定在10至22摄氏度之间。如此一来，中国各个地方的入春时间就产生了差异。有科学家提出，在北半球，每向北移动1个纬度，物候就会延迟大约4天。这是因为在北半球，越往北的地方气温越低，春天来得也就越晚。我国的最北端在漠河以北（53°N），最南端在曾母暗沙（4°N），南北跨纬度约49度。如果只是按照纬度，那么我国应该是自南向北依次进入春天，但这也不是绝对的，而是需要结合每个地区的地理条件考虑，比如我们之前提到的垂直自然带，就体现出海拔对气候产生的巨大影响。除此之外，海陆位置、地形、森林植被等诸多因素，都会影响春天到来的时间。本诗中说"若到江南赶上春"，就体现了南北方入春的时间差异。

热带和第三极

地球一直绕着太阳公转。因为地轴的倾斜，地球表面不同地点接受到的太阳辐射是不同的，所以就形成了四季的更替。气象学上，连续5天的平均气温超过22摄氏度，就进入了夏天；连续5天的平均气温低于摄氏10度，就代表进入了冬天。春天则是由冬到夏的一个过渡季节。每年的立春之后，太阳直射北半球，北半

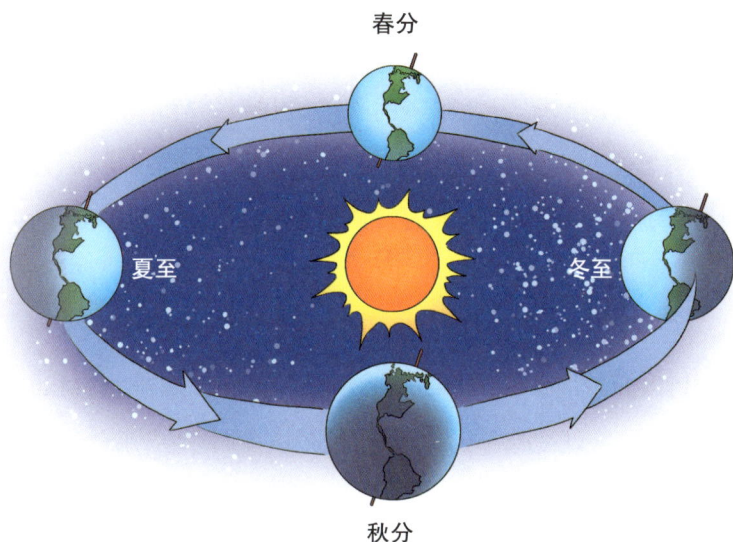

日地系统与四季更迭

球各个地区接收到越来越多的太阳辐射，逐渐趋于温暖，这就是我们平时所感受到的春天。但是，太阳直射点总是徘徊在赤道附近，所以，赤道附近的热带地区接收到了大量的太阳辐射，这里全年的平均气温高于16摄氏度，年温度变化较小，春夏秋冬的界限并不明显。热带地区按照降水量的多少，一般分为两个季节：雨季和旱季。

地球上除了常年如夏的热带地区，还有常年如冬的极地地区，都没有春天。地球上除了南极和北极，还有个地方被称为"第三极"，那就是青藏高原。青藏高原的平均海拔超过4000米，是世界上海拔最高的高原，高原上大部分地区的年平均气温低于5摄氏度，其中一些山区，四季都是冬天。

青藏高原天气寒冷，风力强劲，空气干燥稀薄。为了适应这种极端环境，这里的植物也练就了一身本领，它们大多身材矮小，贴着地面生长，躲避强风的吹拂，保持水分和温度。有些植物一边忍受严寒，一边抓紧时间，赶在短暂的暖季里生长，花朵既然等不到春暖，那就干脆在雪地里绽放。

四季如春的昆明

诗人们总是叹息春天太过短暂。可是，在中国有一个地方却四季如春，这就是被称为"春城"的云南昆明。这里夏季凉爽，秋季温暖，一年四季的温差很小，"四季无寒暑，一雨便成秋"。

春城的诞生，像是一个神奇的偶然，离不开大自然的鬼斧神工。昆明位于低纬度的高原地区，它所在的云贵高原平均海拔2000米，所以相比同纬度的平原地区，这里更加凉爽。云贵高原的位置又十分独特，在它的北部，青藏高原高高隆起，阻挡了冷空气的长驱直入，迫使它们绕道而行，消耗掉许多能量。冷空气继续南下，抵达云贵高原的时候，没有力气继续向上攀爬，云贵高原就像是一道遮风挡雨的屏障，将来自北方的冷空气拒之门外。冷、暖空气在此地对峙，形成了昆明准静止锋。昆明常年受到暖空气的控制，晴和明朗，风光绮丽，一年四季都有鲜花盛开。

虽说昆明地区一年到头都像春天那样温暖晴朗，不过有些年份的冷空气可能异常猛烈，也会在云贵高原"扬眉吐气"，占据上风。那时候的昆明不仅会"一雨成秋"，还有可能漫天飘雪。

题西林壁

〔宋〕苏 轼

横看成岭侧成峰，

远近高低各不同。

不识庐山真面目，

只缘身在此山中。

　　这首诗通过描写千变万化的庐山风景来说理，既是一首写景诗，也是一首哲理诗。诗歌前两句实写庐山景色，同时指出了一个有趣的现象：庐山的形态千变万化，从正面看是连绵不绝的山岭，从侧面看又是高耸入云的山峰；站在远近高低不同的方位观看庐山，风景更是千姿百态，各有不同。

　　为什么会这样呢？诗人给出答案："不识庐山真面目，只缘身在此山中。"不能看到庐山的真实面目，都是因为我们身处其中。身处其中，我们会被蒙蔽双眼，只能见到庐山的一个部分。只有跳出庐山，我们才能窥得它的全貌。简单来说，这句诗中蕴含的哲理就是人们常说的"当局者迷，旁观者清"。诗人用浅白通畅的语言，借庐山之景阐发出一段放之四海而皆准的哲理，寓意深刻，引人深思。

横看成岭侧成峰，远近高低各不同：活在三维世界，眼睛和大脑要密切配合

双眼三维幻觉

我们身处于一个立体的世界，物体具有长、宽、高三个维度的信息，空间也具有长、宽、深三个维度的信息。但人类无法直接感受到三维形状，因为我们的视网膜只能接受和传递二维信息。因此，我们本来只能看到物体的一个平面，没有办法感觉到这个物体的纵深，也没办法判断它距离我们的远近。

那我们为什么会对物体和空间产生三维、纵深的感觉呢？首先，要靠视觉中的一些信息来判断。比如，物体之间的大小对比、一个物体有没有把另一个遮住、远的物体可能会更模糊……但这些通常没办法提供更精确的深度信息。

接下来就要靠"双眼立体视觉"了。我们有左右两只眼睛，注视同一个物体的时候，其实是以两个不同的角度去看的，这就使得进入双眼的图像有轻微的差异。图像转化成电化学信号，传入大脑皮层之后，大脑会把这两张图像叠合在一起，这些轻微的角度差异，就能使大脑感知到立体图像了。也就是说，大脑"看"到的三维图像，其实是经过处理的"幻觉"。如果观察者和被观察物处于相对运动之中，运动带来的视角改变，会带来持续的"运动视差"，能补充更丰富的深度线索来源。

拥有了双眼立体视觉，我们的日常生活就变得更加方便了。我们看到杯子、桌子这类常见的三维物体，能够很快地"脑补"出它的真实形状，就是结合了经验和双眼立体视觉来实现的。但对于没有那么常见的物体，这个进程要稍微麻烦一点。

观察一座山峰

来到一座没到过的山边游玩，我们从不同的角度看这座山，它的形状是不一样的。这个时候，我们的大脑仍然能推测出一些这座山的三维形状，但那都是靠生活经验推测出来的。对于小的陌生物体，我们拿在手里转一圈，自然会知道它的三维构造，但对于庞大的山，就只能在山边多绕几步，在山里游玩一会儿，同时结合双眼立体视觉和运动视差，获得更多的深度信息，才能知道这座山的真实形状。

试想一下，如果回归到史前，这座山还没有被开发成景点，我们在这座山里不了解地形，很容易出现以下情况：迷路、找不到食物和水、误入猛兽的领地、掉下山崖。因此，我们需要视觉和大脑尽可能快地分析出四周的三维信息。

这正是动物演化出双眼立体视觉的好处：可以更深刻地理解自身所处的环境，换句话说，它最开始是活命用的。

但是，现在我们能利用三维视觉来做更多事情，比如3D电影（三维电影）。普通的2D电影，是用一台普通摄影机拍下角度单一的电影画面，再用放映机把画面投射在一个平面的大屏幕上。而3D电影是用两个镜头模拟左右人眼来拍摄，再用两个放映机投射。屏幕仍然是平面的，所以裸眼看会重影。但观看3D电影的左右镜片是不同的，它可以把屏幕上这片重影又模糊的画面分解成两个单独的画面，分别注入我们的左右眼，强制制造出立体视觉，这样，我们看到的电影就是3D的了。

投影与三视图

这也就解释了人类大脑的一个局限性：再怎么合成三维影像，我们最习惯的还是二维的平面。举个例子，我们下围棋和象棋不会特别吃力，但有人做出过几种立体棋盘的三维国际象棋、球面围棋这些奇怪的东西，事实证明它们除了烧脑没有什么特别好玩的。

我们在纸面上演算立体几何，也是把几何体模拟成一个平面画在二维的纸面上。比如把正方体画在书上，外轮廓其实是个六边形，这就好像是用一个光源侧着把正方体投影在墙上，得到一个六边形的影子；再用正着的光源照一下，得到正方体正面的样子，重叠到六边形上，把各个顶点连接，正方体背面的连线用虚线表示，一个正方体就大致画出来了。所以，把立方体模拟到二维纸面上的过程，几何中称为"投影"。只有经过这个过程，人们才能在二维平面上创造出能被大脑理解的三维幻象，也才有几何题可以做。同样的道理，我们的视网膜接收到的三维物体的信息，也是它投影在我们的视网膜上的二维图像。

更简单粗暴的办法，是把物体正面、侧面、底面的投影都画出来，这就是三视图。这三个面互相垂直，代表的就是我们所处的这个三维空间的三个维度。

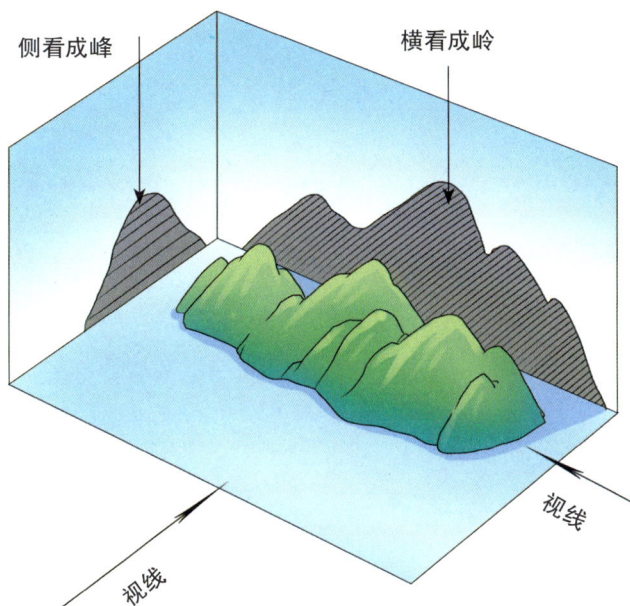

侧看成峰　横看成岭　视线　视线

　　我们在生活和工作中常常会用到三视图。比如初学木雕，给你一块长方体的木块，让你雕出一座简单的山峰模型，应该怎么做？这时候你就可以把"横看成岭侧成峰"的过程反推到这块木头上：分别在木头的侧面和正面画出"峰"和"岭"的形状，底面画出山底的形状，其余部分涂黑。垂直于这三个面，把涂黑的部分凿掉，就相当于把三个面的投影保留了下来，这三个投影在空间里交汇，最终得到了一个简单的山峰形状。

　　当然，这只是一个简单的实践。但那些要精密加工的机械零件，也需要用三视图作为基础，才能加工制作。先进的数字机床可以读取这种三视图，像在木块上雕山峰一样，在金属材料上去掉三视图里没用的部分，从而获得一个零件的原型。

水调歌头

〔宋〕苏 轼

丙辰中秋，欢饮达旦，大醉，作此篇，兼怀子由。

明月几时有？把酒问青天。不知天上宫阙，今夕是何年。我欲乘风归去，又恐琼楼玉宇，高处不胜寒。起舞弄清影，何似在人间。　　转朱阁，低绮户，照无眠。不应有恨，何事长向别时圆？人有悲欢离合，月有阴晴圆缺，此事古难全。但愿人长久，千里共婵娟。

中秋之夜，明月当空。如此良辰美景，本该是家人团聚的佳节。然而，这时的苏轼历尽了宦海浮沉，经受过人世间的各种冷遇，他与弟弟苏辙也已经阔别七年，未曾相见。词人的思绪随着一轮明月升起，飘游太空，他多么想亲临那天上的月宫仙境，一探究竟，却又担心那月宫中的楼阁实在太高了，无法忍受孤寒。几番纠结之后，他终于放下了"乘风归去"的念想。

这首词的上阕，词人发挥出超常的想象力，描写了虚幻的月宫，想像传说中的仙人那般乘风归去，却又难舍人间。下阕笔锋一转，又回到眼前的现实中来。

月光明晃晃的，照得人无法安眠。苏轼责问月亮：为什么月亮总是在分别时才那么圆呢？人世间的种种无奈，恰似这圆缺不定的月亮，叫人无处诉说。"人有悲欢离合，月有阴晴圆缺"，通过月亮的阴晴变幻，来比喻世情多变、悲欢离合。苏轼虽然发出无奈的责问，却又很快接受现实——"此事古难全"。最后，词人没有沉浸于悲伤，转而抒发对弟弟的怀念之情，表达了对人世间的美好的祝愿，"但愿人长久，千里共婵娟"，反映出遗世独立、超然旷达的情怀。

自古以来，中秋赏月的诗词很多，这首《水调歌头》无疑是其中的佼佼者。苏轼另辟蹊径，从宇宙流转、自然规律之中得到启发，将美丽的月色和离别之思、人生哲理融为一体，情、景、理水乳交融，共同造就了一曲千古绝唱。

又恐琼楼玉宇，高处不胜寒：月亮上为啥这么冷？

在苏轼的想象里，只要乘着风，就可以飞向遥远的月宫，把天上宫阙游览个遍，好不轻松畅快！然而，在现实世界中，这可不是一件容易事。人类梦想了几千年，直到1969年，美国的阿波罗11号宇宙飞船登月成功，月球表面才终于留下人类的脚印。

穿越地球的大气层

地球外面包裹着浓厚的大气层，因为受到地球引力的影响，大气环绕在地球表面。要想抵达外太空，我们需要冲破大气层，脱离地球引力的束缚。

一般来说，人们将大气层分成5层，从内到外依次是：对流层、平流层、中间层、热层和外逸层。

对流层：大气层的最底层，贴近地面，这里是人类和其他生物的家园，天气现象发生在这层。《梁甫行》一篇中，我们详细介绍了对流层中的天气现象。在对流层中，温度随着海拔升高发生变化，海拔越高，气温越低，平均每上升1千米，温度下降约6摄氏度。

平流层：含有高浓度臭氧的一层，它可以吸收太阳辐射中的紫外线，保护地球上的生物免受紫外辐射的侵害。对流层的温

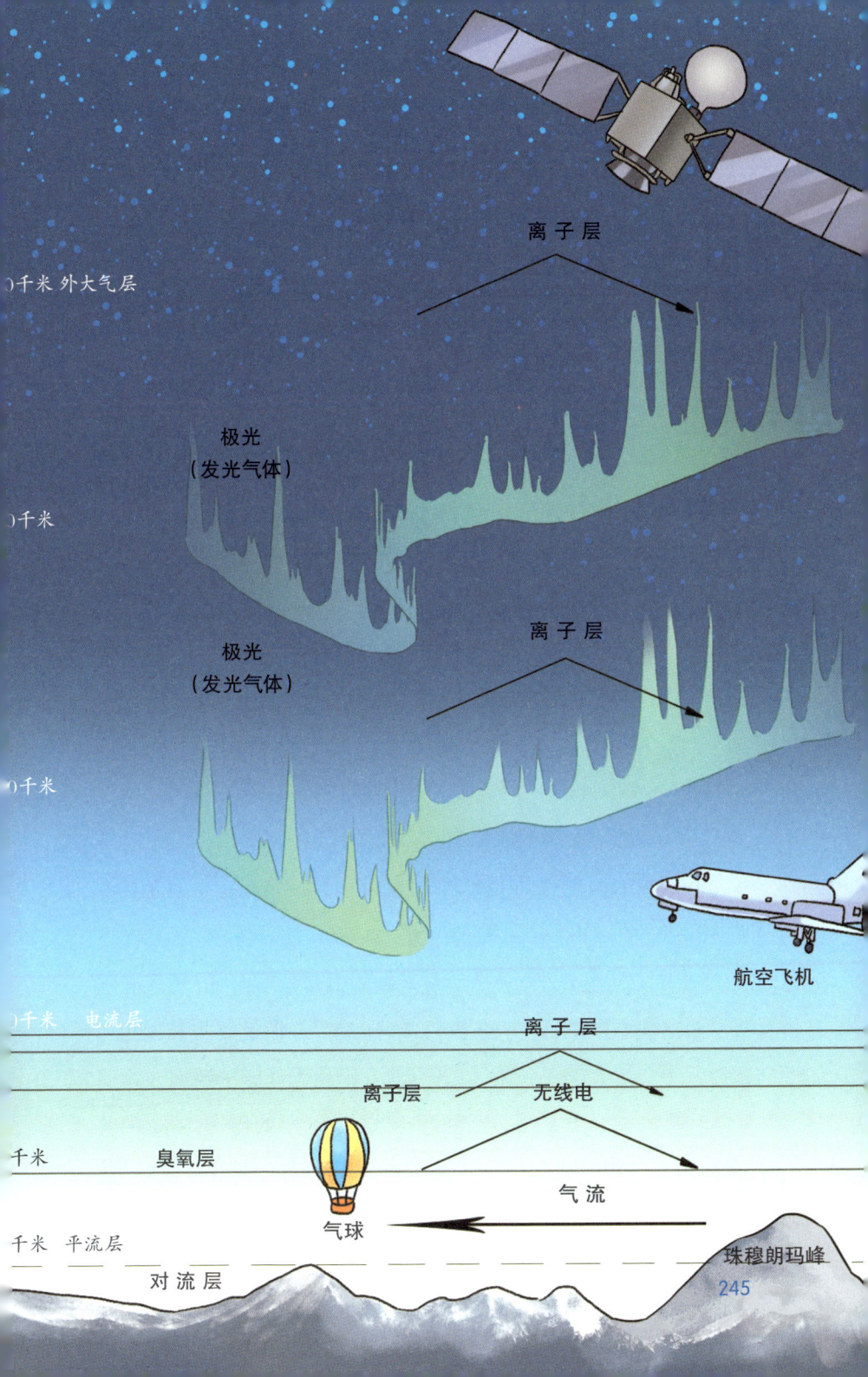

离子层

千米 外大气层

极光
（发光气体）

离子层

极光
（发光气体）

离子层

千米

千米

航空飞机

千米 电流层 离子层

离子层 无线电

千米 臭氧层

气流

气球

千米 平流层 珠穆朗玛峰

对流层 245

度是上冷下热，平流层的温度正好相反，是下冷上热。

中间层：流星出现的地方。中间层的物质以氮气和氧气为主，气温随高度上升而递减。

热层：极光出现的地方。

卡门线：国际航空联合会规定的外太空与地球大气层的分界线，海拔100千米。（国际航空联合会定义的宇航飞行需要超过海拔100千米。在这个高度飞行的人被称为宇航员。美国标准则是海拔80千米，也就是50英里。）

外逸层：这里空气极度稀薄，是地球与外太空的过渡地带，没有明确的界限。因为这里距离地球很远，受到地球引力影响较小，气体和微粒一不小心就会逃逸到外太空。此外，人造卫星就在这层环绕着地球运行。

月宫是冷还是热？

苏轼说："我欲乘风归去，又恐琼楼玉宇，高处不胜寒。"那么，月宫真的像他说的那么寒冷吗？答案是不一定，得看是什么时候。

月球的质量较小，无法产生足够的引力吸附大气，形成大气层。月球表面虽然也有一些极其稀薄的大气，但是起不到保温作用，几乎可以忽略不计，一般来说，人们认为月球是裸露在真空环境中的。这就导致了一个问题：没有大气层的保护，月球的升温和降温都极其迅速。白天有太阳照射的时候，月球升温快，温度可以高达127摄氏度；夜晚，太阳光不再照射，月面温度迅速降低，低至零下183摄氏度。所以，月球上的昼夜温差极大，可以超过300摄氏度。白天与黑夜间剧烈的温度变化，让月球不断辗转在极寒与酷热之间，成为一个冰火交加的炼狱。

这还不是最恶劣的情况。月球的两极地区，光照最少，一些凹陷的陨石坑里可能永远接收不到光照，温度低达零下272摄氏度。

不过，苏轼所在的年代，人们对宇宙的认知尚浅。苏轼没有真的去过月球，他所说的"高处不胜寒"大概还是来自地球上的生活经验，那就是：在对流层中，距离地面越远的地方，气温越低。

地球的温度

我们平常感受到的"气温"，指的是空气的冷热程度。

宇宙中的温度极其寒冷，地球也是冷的。我们所说的气温，其实是太阳加热后的结果。如果没有太阳，地球将是一片死寂和极寒；如果没有大气层，那地球就会跟月球一样，每天都徘徊在极度的冷热之间。

还好，地球极其幸运！不仅有太阳的照耀，还有厚厚的大气层紧紧包裹它，帮助地球调节温度，为生命提供了一片赖以生存的家园。

每天早晨，太阳按时升起，像个大火炉似的炙烤着地球。太阳辐射经过大气层，一部分被散射或反射，能被空气直接吸收的仅有14%。所以，太阳光照并不能直接决定空气的冷热。

地面吸收了43%的太阳热量，地面不只吸收太阳辐射，也在持续向外放射地面辐射。地面辐射是长波辐射，其中少量返回太空，大部分都被大气中的水汽和二氧化碳吸收，通过对流和辐射的形式，给空气加热。尤其是在我们居住的对流层，气温的升高主要依靠地面辐射。

　　我们知道，一天之中，正午时分的太阳光最强烈。但是，这个时候的气温并没有达到最高峰。太阳把热量传给了地面，地面积蓄热量，再把空气烘热，这个过程还需要一段时间。所以，我们一般感受到最高气温是在下午2时左右出现。

　　太阳落山之后，"大火炉"就关闭了，不再向地面输送热量。这时，地面和大气在白天吸收的热量也慢慢流失，气温逐渐降低。凌晨时分，温度降到一天中的最低。每一天，大气层中都像这样加热、散热，直到第二天太阳升起，又开始新一轮的加热。

　　环境太过寒冷或是太过炎热，都不利于生命的生存。大气层的存在，起到了很好的缓冲作用，让地球表面始终维持在一个比较平衡的温度区间内。有人说，大气层更像是一块盖在地球上的毛毯；也有人说，大气层更像是玻璃棚，笼罩着地球，把地球表面变成一个巨大的温室，而我们人类和其他动植物，就居住在这个舒适、暖和的温室里，这也就人们说的"温室效应"。

　　不过，近年来由于人类过度排放二氧化碳等气体，地球上的温室效应异常加剧，全球气候有明显变暖的趋势。

清平乐

〔宋〕黄庭坚

春归何处？寂寞无行路。若有人知春去处，唤取归来同住。　　春无踪迹谁知？除非问取黄鹂。百啭无人能解，因风飞过蔷薇。

"春归何处？"词人一开始就提出疑问：春天去哪里了？为什么要寻找春天呢？"唤取归来同住。"这是多么天真而执着的想法啊！词人因为爱惜春天，竟然想喊她回来跟我们住在一起。上阕词通过拟人化的手法，把春天当作一个人物。词人不依不饶，到处向人追问春天的去向。只不过，春天的踪迹实在神秘，没有人知晓。

词人转念一想，忽然脑子里蹦出来一个可靠的"人选"，一定知道春天的去向。这是谁呢？"除非问取黄鹂。"但可惜的是，"百啭无人能解"，黄鹂鸟发出一阵阵婉转的啼鸣，却没有人知道它在说什么，真是遗憾啊！词人最终还是失去了关于春天的线索。黄鹂鸟不仅没有回答词人，反而骄傲地飞走了。"因风飞过蔷薇"，最后这一笔实在是妙极了！我们似乎看到那只美丽的黄鹂鸟，趁着风势，振翅飞过了蔷薇花丛。一阵阵悦耳的啼鸣声回荡在风中，余音袅袅。

百啭无人能解：我们如何听到这个世界？

声波与介质

声音是物体振动而产生的一种声波。声波是一种机械波，由机械振动而产生。机械波传到我们的耳朵里，使耳中的一些特殊结构振动，再转化成电化学信号传输到大脑皮层中，形成听觉。在我们还没有意识到的时候，耳朵和大脑已经完成了整个"听"的过程。

声音的传播需要介质，比方说空气、固体或是液体，人类生活的空间里充满了空气。空气并不是"空"的，它由各种气体分子

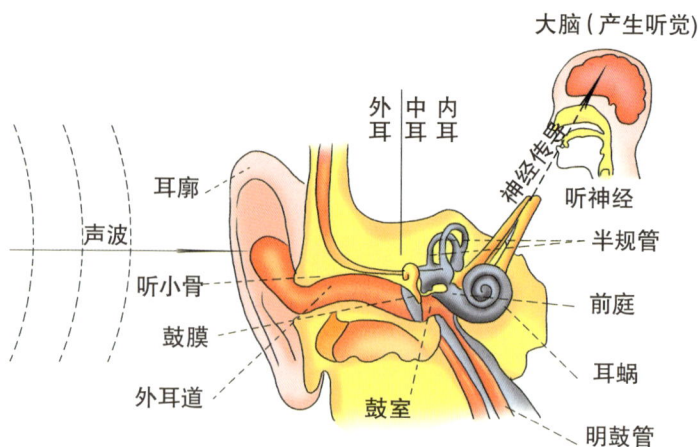

耳的结构

和尘埃微粒混合而成。正在发声的物体叫作声源，比如人的声带就是一种声源。声源的振动波传出来以后，空气中的气体分子和微粒被扰动，一个粒子与另一个粒子碰撞，宏观来看就是空气中的物质在不停地振动，使得声音可以通过空气进行传播，进入对方的耳朵里。而当振动停止，发声也就停止。

空气的温度、湿度、风速都会影响到声音的传播速度。比如说，在一个标准大气压下、15摄氏度的空气环境中，声速大约为340米/秒；温度每升高1摄氏度，声速大约增加0.6米/秒。这是因为空气中的声速与分子的固有速度有关。当空气中的分子被声波挤压时，固有的速度快的分子会更快地把振动传给邻近分子。而气温越高，分子运动速度是会越快的，所以声音在温度高的空气中的传播速度更快。

在不同介质中，声音的传播速度就更不一样了，一般来说在固体中快于在液体中，在液体中快于在气体中，而宇宙空间是几乎没有介质可供声波传导的真空，其对声音传播的效果可以忽略不计。一些优秀的科幻电影里经常可以看到这样的场景：宇宙中发生了剧烈的爆炸，只有一阵暴烈的闪光，没有声音，万籁俱寂，这就是因为声音的传播依赖介质，但是光的传播不需要介质。而不那么考究的科幻电影里，那些巨大的飞船"嗡嗡"划过宇宙空间的声音就是不符合科学的。现实中，宇航员穿着厚重的宇航服，漂浮在失重的太空中，即使面对面，说话的声音也无法传到对方的耳朵里。所以，宇航服里装有无线电对讲机，头盔里有正常的空气，他们通过对讲机，就可以正常地说话交流了。

共　振

声波既然是机械波，那它就有振幅、波长和频率。如果介质提供的振动刺激频率和物体的某个自然振动频率相同，可能会自发地引发后者的振动，这就是共振。共振是人耳感受声音的必要前提，也是一些乐器发生共鸣的前提，但有些时候也会给物体的结构带来破坏。

一个有名的故事是，19世纪初，一队拿破仑的士兵在指挥官的口令下，迈着整齐划一的步伐，通过法国昂热市的一座大桥。走到桥中间时，桥梁突然发生强烈的共振，接着断裂坍塌，许多人落水丧生。此后，许多军队都规定人马过桥时，要把齐步走改为自由行走，防止产生固定的振动频率。登山者在雪山里不敢高声呼喊，也是怕声波的频率正好与山上积雪的固有频率相吻合，因共振引起雪崩。

但是，光靠改变行走方式，也没办法完全消除建筑共振的风险。一个物体内的固有振动频率，也不只有一个。台风刮过，地铁开过，都是巨大共振的来源，所以一些超级高的大厦会在楼内悬挂一个大球，由金属和混凝土打造而成，叫作"阻尼球"，它可以通过自身的摆动给大厦减震。

不只声波有共振，共振的概念还可以扩展到电磁波等其他现象中。比如我们的视网膜之所以能接收到不同的颜色信号，也是由于色素分子可以和特定波长的光共振。

次声波与超声波

人类能听到的声波频率，也就是能和耳中那些小部件发生共振的声波频率，是在20至20000赫兹之间。频率高于20000赫兹的称为超声波，低于20赫兹的则称为次声波，两者都没办法被人类听到，但其他一些生物可以听到。

由于超声波频率较高，所以发出它的"声源"功率也得大，因此携带的能量也比一般的声波大，所以人们可以用它制造超声波仪器，用来清洗、切割、焊接等。正常情况下超声波对人体没有伤害，因为人体内没有那么高的固有频率。

但是次声波就不一样了，人有许多器官的固有频率低于20赫兹，比如胸腹的一些内脏固有振动频率就在4至8赫兹之间，处于这个频率的次声波可以穿透人体，引起内脏的共振，使人产生晕眩、耳鸣、恶心等症状，甚至使内脏受损，让人一命呜呼。在大自然中，风暴、火山、海啸等灾难都会产生次声波。

声速的极限

细分到粒子的尺度，我们会发现最终决定声速的是粒子的质量，以及物质结合在一起的化学键类型等。因此，最近一些物理学家从极细微尺度的物质入手，分析出声波传播速度的极限是36000米/秒，是空气中声速的106倍左右。在此之前，声速的最大值是实际测量出来的，介质为金刚石，速度只有这次理论预测的一半左右。

这个数字是通过两个基本常数——精细结构常数（α）和质

子—电子质量比（mp/me）得出的。这是两个无量纲常数，也就是不需要计量单位来规定的宇宙参数。圆周率、黄金分割比等数字也是这样的无量纲常数，它们的迷人之处在于，得知了这种常数就相当于得知了这个宇宙的"基本设定"，许多更复杂的现象就可以用它们推导出来。如果没有这两个常数，或者宇宙诞生时这两个常数的数值和今天有一点点的差别，这个世界上可能就根本不会出现壮丽的星系、宜居的行星，更别提人类了。

这些科学家还发现，最理想的声音介质应该是固体氢原子，也就是金属氢，声速在它里面能接近理论上的极限。可惜合成金属氢需要极其巨大的压力，比地心的压力还要大，目前还没办法造出能随便拿来测声速的金属氢实物，因而无法开展任何测量。

鹊 桥 仙

〔宋〕秦 观

纤云弄巧，飞星传恨，银汉迢迢暗度。金风玉露一相逢，便胜却人间无数。　　柔情似水，佳期如梦，忍顾鹊桥归路！两情若是久长时，又岂在朝朝暮暮。

农历七月七日晚，秦观仰望夜空，看到银河夜景，联想起牛郎织女的爱情神话。纤薄的云彩变幻出各种形态，令人觉得它是织女用一双巧手织就的。流星飞闪，似乎在传递惆怅的情思，遥远的银河发出微茫星光。在这飒爽的风露之秋，牛郎织女终于得以相逢。二人站在鹊桥上，柔情缱绻，美好的相会如梦幻泡影般转瞬即逝。又到了离别的时刻，怎么忍心回顾归路！

这首词结构清晰，叙事层次分明，上阕写牛郎和织女短暂的相会，下阕写他们别离时的难舍难分。每年农历七月七日，牛郎、织女只能短暂相会，"金风玉露一相逢"。等到鹊桥散去，他们又要熬过漫长的分别。

在许多讲述牛郎织女的诗词中，作者们的态度大多是惋惜、怨恨。不过，秦观却独树一帜，跳脱出以往的情感格局，大胆抒发自己的想法："两情若是长久时，又岂在朝朝暮暮。"若是两情相悦，又岂会在乎是不是朝夕相处呢？词人的见解不落窠臼，为这段神话故事增添了一种新的解读方式，更加衬托出爱情的美好和珍贵。

纤云弄巧：千姿百态的云彩，都叫什么名字？

在大气运动中，温暖、潮湿的空气上升，随着海拔升高，气压和温度降低，空气中的水汽饱和，多余的水汽凝结成微小的水滴和冰晶，就形成了云。

简单来说，云就是大气中许多细小的水滴和冰晶组成的聚合物。我们看到的云彩，不过是它的大致轮廓，云彩的内部总是在不断运动和变化。风是云彩的推手，可以把云吹向很远的地方，改变当地的天气。

雨、雪、雷暴等天气，都是在云彩里诞生的。除此之外，云彩还能形成冰雹、雾凇、霜、霰等降水形式。需要注意的是，天上有云彩才能形成降水，但并不是所有云彩都能带来降水。

纤云弄巧：云彩的分类

每每抬头仰望天空，天上的云彩都在发生着微妙的变化。它们飘摇不定，时而纤长，时而高耸，呈现出千姿百态的模样。其实，这种看似任性随意的变幻，也有一定的规律可循。

按照在空中的底部高度，云彩可以分成几个云族：低云族、中云族、高云族和多个云族。根据它们外形、尺度、内部结构、形成过程的不同，又可以进一步划分为几十种类型。下面给大家介绍几种在天空中常见的云朵。

高积云

高积云属于中云族，云底高度2000至7000米。高积云常常由许多瓦块状、鱼鳞状、团状的小云块组成，有时呈现出团块状，有时呈现出田垄似的条状。

因为形成时的水汽条件不一样，高积云有厚有薄，分别预示着不同的天气。薄的高积云呈现出白色，一般出现在晴天。这时，日月光能够穿透云层，经由云中的水滴或冰晶散射，形成内紫外红的彩色光环，这种天气现象被称为"华"。厚的高积云呈现出暗灰色，云块有可能继续积聚水汽，增厚云层，带来降水。

卷积云

卷积云属于高云族，云底高度5000至13500米，呈现为一片片鱼鳞状的小云块，洁白稀薄，能够透过日光和月光。它们在高空中成群成行地飘移，像是微风拂过水面形成的细碎波纹。卷积云与高积云的形状十分相似，不过它们距离地面更远，因此云块看上去更加细小。

卷积云的内部组成几乎都是冰晶，维持时间较短，伴随着阴雨、刮风的天气。正如民间谚语所说："鱼鳞天，不雨也风颠。"

积云

积云常常出现在晴朗的天空中，它们像是漂浮在天空中的白色棉絮。当积云刚刚汇聚在一起的时候，或是最终消散的时候，它的形态较为松散，像是稀薄的棉絮。随着对流的加强，云彩不断增高变厚，往上生长，就变成了一团团鲜亮洁白的棉花糖。如果条件允许，它们会继续生长下去，可能形成更加庞大的浓积云

卷积云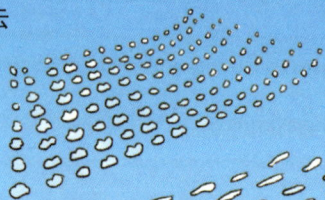

高云

毡状云

卷云

6000米

中云

高积云

2000米

高层云

低云

层积云

层云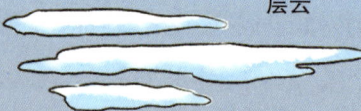

积雨云

雨层云

或是充满水汽的积雨云，那时候老天可就要大变脸了！

积雨云

积雨云由积云发展而来，体型庞大，高耸如塔，底部呈现出厚重的铅灰色。它的高度可能会超过10千米，一直上升到对流层的顶部。

积雨云是由大量水分蒸发、凝结而形成的云，高耸的云体里充满水分，像是一座在天空中移动的小型水库。积雨云常常伴随着强对流天气，可能带来雷暴、闪电、冰雹、强风、暴雨等极端天气。如果你看到天上乌云密布，可得赶紧找个地方躲雨！因为激烈的暴雨常常接踵而至。不过，等到雨过天晴，乌云就又变成了白云。

层云

层云属于低云族，出现在2千米以下的低空，是所有云中高度最低的。因为距离地面比较近，云层灰暗，有时给人一种压抑的感觉，像雾霭一般在建筑物或山腰处笼罩着。层云带来的雨水较为温和，多是蒙蒙细雨。

飞星传恨：流星的形成

秦观说："纤云弄巧，飞星传恨。"词人将飞逝的流星当作信使，认为它能够为相思的爱侣传递情感，实在是一种浪漫不羁的想象。

古代人以为流星是一种会飞的星星，所以又把它称为"飞星"。其实这是一种错误的看法，我们在夜空中看到的星星属于恒星，是像太阳一样可以自己发光的天体。流星虽然也在夜空中出现，能够释放光芒，但是它并不是恒星。

那么，流星究竟是怎么形成的呢？

宇宙中的尘埃、碎片、固体块之类的物质从小行星或者彗星中脱离出来，受到地球引力的吸引，高速飞向地球。当它们进入地球大气圈，抵达距离地面50至80千米的中间层时，会与大气产生摩擦，发光发热。这就是我们在夜空中看到的闪光的流星。

如果流星体的数量众多，就会相继成群，从夜空中飞擦而过，像是漫天洒下的璀璨烟花。这种美丽壮观的天文现象就是流星雨。

在一些文化中，人们相信流星会带来好运，一看到流星，就在心中许愿祈祷，希望这个神秘的天外来客可以实现自己的愿望。在中国古代，人们认为流星出现与世间的某些事情相关联，是一种预示未来的征兆。《三国演义》中有"将星陨落"这个说法，诸葛亮、关羽、周瑜等重臣名将逝世的时候，天上会出现奇异的天象，一颗颗星辰陨落，预示着一代英才即将离开人世，流星的光芒，为这些人物增添了许多传奇色彩。

实际上，流星没有那么神秘，只不过是一种很常见的天文现象。每天都有许多流星体飞向地球，数量多到不可胜数，只是由于环境限制，我们不一定能观测到。大部分流星体在穿越大气层的过程中都会燃烧殆尽，消融于无形；也有一些流星体没有燃尽，那些剩余的石质、铁质或者石铁混合的碎块就会坠落到地面，形成陨石或陨铁。

声声慢

〔宋〕李清照

寻寻觅觅，冷冷清清，凄凄惨惨戚戚。乍暖还寒时候，最难将息。三杯两盏淡酒，怎敌他、晚来风急！雁过也，正伤心，却是旧时相识。　　满地黄花堆积。憔悴损，如今有谁堪摘？守着窗儿，独自怎生得黑！梧桐更兼细雨，到黄昏、点点滴滴。这次第，怎一个愁字了得！

北宋女词人李清照和丈夫赵明诚志趣相投，琴瑟和谐，早期词作大多数抒发生活中的闲情逸致。然而，北宋灭亡之后，李清照一家来到南方。不久，赵明诚因病去世，李清照从此独自漂泊，孤苦无依。

这首词是李清照晚年的作品，词中蕴含了国破家亡后的孤独和凄凉，堪称绝唱。开篇一连使用十四个叠字，浅吟低语，诉尽了内心的凄苦。这十四个字为整首词铺垫了冷清、悲戚的气氛，给读者留下了深刻的印象。

乍暖还寒的天气，很难休息好。词人闷坐无聊，借酒浇愁。征雁南飞，黄花满地，坐在窗边听细雨拍打着梧桐叶，一直到黄昏，还是点点滴滴。此情此景，又岂是一个愁字可以概括得了的？

诗词里的秋天总是叫人伤感，更何况这是一个有风有雨的秋天，更让人觉得萧瑟、落寞。急风、秋雨、大雁、梧桐、黄花这些秋天的意象，无一字不在诉说着"愁"。这首词基调沉郁，婉转悲凉，而语言中融入了当时的口语，读起来明白如话，却又不失雅韵。

雁过也，正伤心，却是旧时相识：鸿雁为何是秋的信使？

乍暖还寒，是什么时候？

李清照说："乍暖还寒时候，最难将息。"什么是"乍暖还寒"呢？这说的是天气才暖和一阵子，没过多久，突然又变得寒冷。这天气到底是冷还是热呢？真是令人摸不着头脑。

这首词描写的是秋季，秋天忽冷忽热，变化无常，其实，春季也常常发生类似的情况，天气明明已经回暖，突然又变得寒冷。春天发生的这种现象被称为"倒春寒"。

这乍暖还寒的天气究竟是怎么形成的呢？

归根结底，还是因为冷空气和暖空气的"拉锯战"。秋天刚刚开始的时候，暖空气占据着主导地位，天气温暖晴朗。随着秋天的深入，冷空气向南方挺进，与暖空气交锋，形成强烈的冷锋天气，一般会带来刮风、降雨、迅速降温等后果。民间俗语说："一场秋雨一场寒。"因为这段时间，每一场雨都是冷空气南下挺进的产物。天晴之后，天气变得更加寒冷，这就意味着冷空气打了"胜仗"，又进了一步。

鸿雁南飞

李清照在词中说："雁过也，正伤心，却是旧时相识。"鸿雁从北方飞向南方，路过此地。李清照抬起头，看到天空中那些风尘仆仆的鸿雁，不由地回想起自己的身世经历。

李清照的一生跨越北宋和南宋两个朝代。公元1127年，也就是靖康二年，金兵举兵南下，攻打北宋，掳走了北宋的两个皇帝宋徽宗（当时已经做了太上皇）和宋钦宗，还有宗室、后妃几千人，以及数不胜数的文物、宝贝。这件事给北宋朝廷造成了致命打击，对于宋人来说无疑是奇耻大辱，历史上把这一事件称为"靖康之难"。

没过多久，北宋就灭国了，结束了167年的历史。康王赵构建立另一个新的朝廷——南宋，迁都到了临安（今浙江杭州）。南宋和金国进行谈判，放弃了淮河以北的版图，从此偏安于秦岭、淮河以南的区域。

李清照和当时大多数普通人一样，失去故土，一路跟着朝廷，流落到了南方。李清照与丈夫赵明诚都是知识分子，喜欢研究金石学，收藏了十余间屋子的书籍，但都在兵荒马乱中被毁了。写这首词的时候，李清照颠沛流离，几经辗转，居住在浙东地区。

"雁过也"，深秋时节，天上飞过阵阵鸿雁，发出嘎嘎的鸣叫声。鸿雁是一种大型水禽，也是中国家鹅的祖先。它们喜欢栖息在旷野、河川、沼泽等近水环境，吃的食物是芦苇、水藻等各种植物和少数软体动物。

鸿雁从北方奔波到了南方，可不就像是是从北方来的旧相识吗？不过，我们都知道，候鸟迁徙是周期性的自然规律。我国的东北地区和西伯利亚都是鸿雁的繁殖地，每年到了秋冬季节，这

候鸟迁徙路线

些地方就被寒冷统治，变成一片冰天雪地，鸟儿们很难觅食，为了寻找稳定的食物来源，鸿雁不得不转移阵地。

　　站在某个地域观察候鸟，可以把它们划分成夏候鸟、冬候鸟、旅鸟。比如在中国的大部分地区，每年秋冬才能看到鸿雁迁来避寒，因此鸿雁是冬候鸟。而春夏季，我国大部分地区可以看到家燕归来繁殖，到了深秋就迁往更低纬度的南方，因此它属于夏候鸟。如果一种候鸟既不落脚越冬，也不停下来繁殖，只是空中途经的过客，那它就属于旅鸟，如鹬、鹤等。

　　鸿雁在迁徙的时候成群结队，在天空中排成"人"字型的雁阵。在有经验的头雁的带领下，雁群按照和往年一样的固定途径，飞向温暖的长江或珠江流域。鸿雁的飞行速度大约在每小时60至90千米，这段旅程要花上一两个月时间。

四时田园杂兴（其二十五）

〔宋〕范成大

梅子金黄杏子肥，

麦花雪白菜花稀。

日长篱落无人过，

惟有蜻蜓蛱蝶飞。

　　《四时田园杂兴》是范成大退居乡间后所作的一组大型田园诗，共六十首。本诗是其中的一首，描写的是南方初夏的田园风光，风格平易浅显，清新妩媚。

　　梅子金黄，杏子肥硕，麦花雪白，油菜花已经稀疏。入夏后，白天变得更长了，乡间却见不到什么人，太阳的影子落在篱笆上，只有蜻蜓、蛱蝶悠然飞舞。

　　初夏时节，农事正忙。村民们早出晚归，忙着在田间劳作，所以村子里很少能看到行人。"惟有蜻蜓蛱蝶飞"，翩翩飞舞的蜻蜓和蝴蝶，为静态的画面带来了动感，却没有打破诗歌营造出来的宁静氛围。以动衬静，更显得乡村静谧。范成大描写的初夏田园虽是"无人"之境，却充满了活力和生活气息，处处流露出盎然生机。这体现出诗人细致的观察力和对田园生活的热爱。

惟有蜻蜓蛱蝶飞：蜻蜓与蝴蝶，应季而飞的丛中精灵

地球自转与昼夜长短

地球绕着地轴进行自西向东的转动，也就是地球自转。地球自转一周用时23小时56分4秒。除此之外，地球还在持续围绕着太阳公转，一昼夜间公转了约0.986度，按地球自转速度折合3分56秒，自转加上公转所用的时间共24小时，也就是我们所说的"一天"。

我们知道，当太阳光照射到地球表面的时候，就形成了白天。然而，地球本身既不能发光，也不透明。所以，背对着太阳的那一面地球，因为接收不到太阳光，则会进入黑夜。随着地球不停自转，一部分地区进入黑夜，另外一部分地区进入白天，我们因此感受到了昼夜更替、日出日落。时间就是如此一天天地循环往复。

无论何时，地球上总有一半是白天，一半是黑夜，因此地球被分为昼半球和夜半球。划分昼夜半球的分界线被称为晨昏线，其中，按地球的自转方向，由昼入夜的是昏线，由夜入昼的则是晨线。

我们在生活中都会有这样的感受：冬天的时候，天亮得比较晚，天黑得却很早，夜晚很快降临；夏天则正好相反，白天变长，

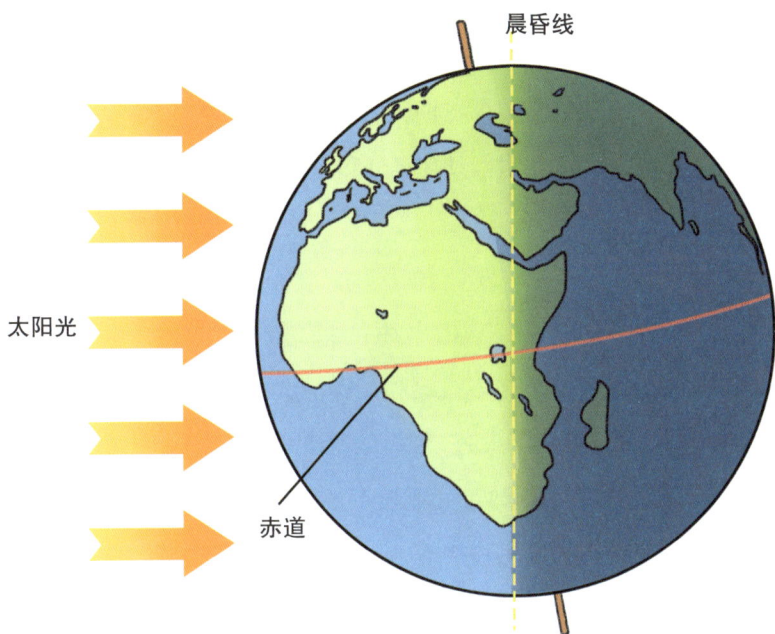

太阳直射北半球时，北半球昼长夜短，南半球昼短夜长

夜晚变短。但是，不管是冬天还是夏天，一天总是只有24个小时，这又是为什么呢？

地球并不是正对着太阳，而是倾斜地绕着太阳进行自转和公转。地球自转的赤道面和公转平面（黄道面）呈一个23°26'的夹角，被称为黄赤交角。由于黄赤交角的存在，同一时间，地球上的各个地区接收到的太阳辐射并不均匀；即使是同一地点，在不同时间里受到太阳照射的角度也不相同。

以北半球为例，立夏之后，北半球进入夏季，这时候，白天逐渐变长，夜晚逐渐变短。冬季则正好相反，昼短夜长。夏至日，太阳直射北回归线，此时北半球的昼长最长，夜长最短，北极圈及其以北地区出现极昼现象。纬度越高，白昼越长，黑夜越短。夏至之后，太阳直射点向南移动，北半球的白昼逐渐变短，黑夜逐渐变长。一年中，只有春分和秋分两天地球上各地的昼夜是等长的。

蜻蜓，昆虫里的捕猎高手

温暖的夏季，是许多蜻蜓和蝴蝶活跃的季节，正如诗中描写的那般："日长篱落无人过，惟有蜻蜓蛱蝶飞。"

蜻蜓主要分布于热带和亚热带地区，常常出没于气候潮湿的水域。全球已知的蜻蜓种类有6000多种，中国有700多种。

蜻蜓是一种古老的生物。早在3亿年前的石炭纪时期，地球上就已经出现一种庞然大物，它就是史上最大的昆虫——巨脉蜻蜓。巨脉蜻蜓的外形结构跟现在的蜻蜓没什么区别，只不过它的体型着实惊人，翅膀展开来有75厘米，足足有一只老鹰那么大。

蜻蜓的飞行肌肉发达，身手矫捷，能够在极小的推力下起飞，并能任意朝着前后左右的方向飞行。此外，蜻蜓还是视力最好的昆虫，它头部三分之二的面积都被大眼睛占据。这两个鼓鼓突突的大眼睛叫作"复眼"，由10000至28000只小眼睛组成，结构精密，能够分工协作。每当捕食的时候，蜻蜓先用大眼睛锁定目标，再发动自己高超的飞行术，不论是五六米开外的远处，还是正在移动的猎物，都逃不出蜻蜓的视野。

蜻蜓是肉食性昆虫，饭量巨大，每天需要大量捕食来满足自己的口腹之欲，是个不折不扣的捕猎高手。因为蜻蜓的食谱里大多是蚊子、苍蝇、蚜虫这类害虫，恰好帮助农民除掉了不少危害庄稼的祸害，所以蜻蜓一直被人类当作益虫。

夏季傍晚，如果你来到蜻蜓出没的水域边，还可以看到蜻蜓点水的场景。一只只蜻蜓飞到水面上，伸出长长的尾巴，轻轻触碰水面。这是雌蜻蜓正在产卵，有时候还会有雄蜻蜓挺身相助，担当"助产士"。

蜻蜓一生需要经历卵、幼虫和成虫三个时期。蜻蜓的幼虫叫作"水虿（chài）"，它们生活在水里，长期蛰伏在水底的泥土或枯叶中，捕食蜉蝣、蚊子及其幼虫。有些大型水虿甚至可以捕食蝌蚪、小鱼。水虿需要经历多次蜕皮，才能爬出水面，变成一只真正的蜻蜓。依据种类的区别，蜻蜓幼虫期的时间长短也不一样，短的2至3个月，长的居然可达7至8年。

蝴蝶，神奇美丽的翅膀

全球已知的蝴蝶种类大约有20000种，中国约有2153种。其中以南美洲的巴西、秘鲁等地的蝴蝶最为美丽、最具观赏性。我国比较著名的蝴蝶有中华虎凤蝶、金斑喙凤蝶、三尾褐凤等。

蝴蝶的一生需要经历四个阶段：卵、幼虫、蛹和成虫。我们看到的美丽的蝴蝶只是它生命中的一个阶段，也就是成虫期。蝴蝶形态处于成熟期和繁殖期，从羽化到死亡一般只有7天时间。

蝴蝶在上午10点到下午3点活动，夜间休息。它们伸展翅膀，在花丛中飞来扑去，一不小心就沾上了花粉，飞来飞去间，它又将花粉洒在另一朵花儿上。这个过程被称为"授粉"，是植物结出果实的必经之路。蝴蝶大概没想到，它在无意间竟然担当了"虫媒"的要职。不过，蝴蝶穿花飞舞，也有可能是出于其他目的，比如寻找合适的地方产卵。不同于蜻蜓点水，蝴蝶喜欢在植物的叶片上产卵，幼虫孵化之后，需要吃掉大量的植物叶子。幼虫阶段，它还是只不起眼的毛毛虫，喜欢吃甘蓝、包菜等植物的叶子，会对人类的庄稼产生危害；到了成虫阶段，蝴蝶无法进食固体食物，只能吸食花蜜、果汁液等液体食物，有些挑食的蝴蝶只吃某些特定品种的花蜜。

跟所有昆虫一样，蜻蜓和蝴蝶都是变温动物，也就是俗称的冷血动物。它们的体温随着环境温度的高低变化，因此只在特定季节出现，而在气候温暖的地区，有些蝴蝶常年都能看到。

蝴蝶的身体温度要达到24至29摄氏度才能飞行，如果体温太低，肌肉无法活动，就难以起飞。为了适应环境变化，许多昆虫都练就了一套调控体温的本领，比如晒太阳取暖、频繁地扇动翅膀来升温或者散热。蝴蝶比较特殊，它的翅膀就是一套控温系统。

蝴蝶翅膀的色彩斑斓，花纹百变，甚至在阳光下闪烁光泽，实在是大自然的奇迹。如果你捉到一只蝴蝶，捏住它的翅膀，会发现手指沾上了一些奇怪的粉末，那些粉末是蝴蝶翅膀上的鳞片。从微观角度观察，蝶翅鳞片一片片排列，整饬有序，就像是屋顶上一层层覆盖的瓦片。因为光的折射，鳞片焕发出斑斓色彩，美得让人痴迷。当然，这些鳞片不只是漂亮，它们还可以像百叶窗一样自如开合，吸收热量。可惜的是，这些鳞片很容易掉落，蝴蝶一旦丢失鳞片，就会丧失很多功能，引来不少麻烦。

其实，蝴蝶的近亲蛾类在许多方面都与蝴蝶相似。只不过，它们在夜间飞行，晒不到太阳，只能不停地扇动翅膀来取暖，才能达到适合飞行的体温。远古时期，夜晚一片黑暗，蛾子只能依靠来自遥远宇宙中的月光、星光作为导航，趋光飞行。然而，人类学会钻木取火之后，夜晚不再黯淡无光，烛光、篝火、路灯等照明设备越来越亮，遍地闪烁，这些人造光源严重干扰了蛾子的判断。飞蛾们没有察觉到世界的变化，仍然义无反顾地扑向那闪烁着亮光的远方，于是便酿造出一出出"飞蛾扑火"的惨剧。

小池

〔宋〕杨万里

泉眼无声惜细流，

树阴照水爱晴柔。

小荷才露尖尖角，

早有蜻蜓立上头。

　　泉眼无声悄悄流淌，像是惜护细长的水流。树荫笼罩水面，是因为它爱这晴明柔和的风景。荷花才刚刚露出水面，一只蜻蜓早就捷足先登，站立在荷花尖上。

　　诗人杨万里对大自然总是细察入微，充满热爱。"惜""爱"本是人类才有的情感，赋予泉眼和树荫，仿佛它们是因为有情才去呵护流水。这些动词的运用让万物生灵饱含情感，一股灵动的生命力跃然纸上。"才露""早有"这两个词运用得也很巧妙，立刻给画面增加了蓬勃的生机，仿佛那只蜻蜓眼疾手快，率先占据了画面中最出彩的位置。而诗人眼光敏锐，迅速察觉到了蜻蜓的"预谋"，并且写进了诗中。

　　这首写景诗的取材很小，不过是一方小池、一个泉眼、一树绿荫、一只蜻蜓。这些在旁人看来再寻常不过的景物，在杨万里的笔下变得含情脉脉，活泼可爱。整首诗节奏轻快、明朗，散发出清新自然的气息。

树阴照水爱晴柔：影子也能教你看懂时间

随形之影

光沿直线传播，无法穿过不透明的物体，物体遮住了光的传播，就形成了影子。诗中说"树阴照水爱晴柔"，树荫就是树的影子。人也有影子，不管你走到哪里，只要有光，影子都会跟在身后。其实就是因为你的身体挡住了光，所以身后总有一块光照不到的地方。

自然界中的影子有时长，有时短，有时朝南，有时朝北，总是在发生变化。这是为什么呢？只要你细心观察就会发现，其实影子的方向总是与太阳光的方向相反。比如，在北回归线以北的地区，随着太阳的东升西落，清晨的影子在西方，正午的影子在北方，傍晚的影子在东方。另外，一天之中，影子的长短也在发生变化，这主要是由太阳在天空中的高度决定的，太阳越高，影子越短，太阳在天空中比较低的位置，影子则会被拉长。正午的时候，太阳高挂在天空，所以一天之中，正午时物体的影子最短，清晨和傍晚时影子则是长长的。

我们都听说过一个词语叫作"立竿见影"，只要将一根竹竿竖立在大太阳底下，就能看到竹竿的影子，这是一个显而易见的事实。但是有些地区，在太阳高照的晴朗天气里却会出现"立竿无影"的奇特景象。这究竟是为什么呢？答案很简单，是因为该地区受到了太阳直射。这种情况下，太阳会照在正头顶上，影子的长度会缩到最短，几乎消失，短暂地出现"立竿无影"的现象。纬度位于南北回归线之间的地区，每年都会受到太阳直射。具体来说，如果是在北回归线，夏至日的正午，可以看到这种景象；如果是在赤道上的地区，则可在一年中的春分、秋分看到这种景象。

日晷和十二时辰

在遥远的古代，人类就已经发现在一天中的不同时间，太阳位置不断变化，太阳影子落在地上的长度和方向也会发生变化。人们根据这个规律，设计发明出一种计时仪器——日晷。"日"是太阳，"晷"是影子，所谓"日晷"，指的就是太阳的影子。

世界上的许多古老的文化里，比如在中国、埃及、希腊等国，人们很早就使用日晷来测定时间。根据原理不同，常见的日晷有地平式日晷、赤道式日晷、垂直式日晷等几种。

中国古代使用的是赤道式日晷，这种仪器由两个重要部分组成：一是石头制成的圆形盘面，叫作晷面；一是长长的铜制指针，垂直穿过晷面圆心，叫作晷针。此外还有一个底座，用于固定整个仪器。

中国古代，人们将一昼夜划分为12个均等的时间段，每个时间段就是1个时辰，一天共12时辰，就相当于现在的24小时，每个时辰等于2小时。12时辰分别是：子时、丑时、寅时、卯时、辰时、巳时、午时、未时、申时、酉时、戌时、亥时。

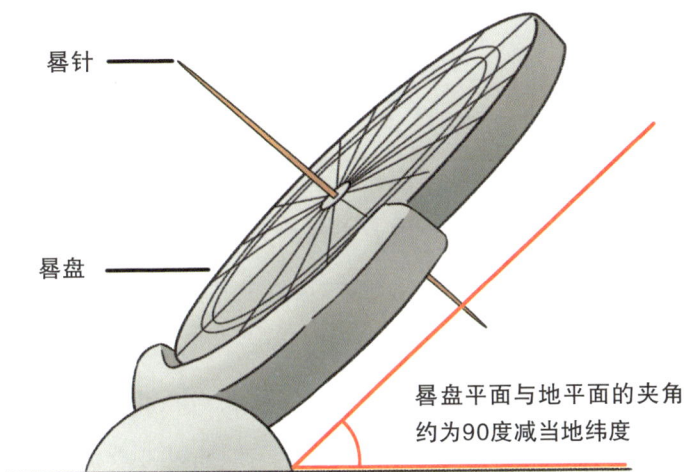

晷针

晷盘

晷盘平面与地平面的夹角
约为90度减当地纬度

日晷

　　晷面分为上、下两个面，刻有均匀的刻度，代表一天中的12个时辰，每个时辰又可以分为初和正两段。太阳光照射晷针，投下细长的影子，恰好对应着具体的时间。晷面平行于地球的赤道面，所以日晷和地平面呈现出一个夹角。晷针指向北极星的方向，平行于地轴。

　　赤道式日晷根据太阳方位的变化来测定时间。每天，太阳东升西落，晷面上的晷针投影总是自西向东均匀地移动，并指向具体的时间刻度。所以，我们可以像看钟表上的时间那样，轻松地读出晷针指示的时间。

　　人们现在常说的"一刻钟"，指的是15分钟。这是因为晷面上的最小刻度相当于15分钟，所以称为"一刻"。

读懂日晷

赤道式日晷有上、下两个面，每一面都有时间刻度。那么，这两个面都有具体功能吗？

答案是肯定的。一年四季，随着太阳直射点的移动，晷针的阴影会投在不同的面上。以北半球的为例，每年的夏半年，从春分到秋分，太阳直射点在北半球，晷针的投影在上面；每年的冬半年，从秋分到第二年春分，太阳直射点在南半球，晷针的投影转移到了下面。而春分、秋分就是区分夏半年和冬半年的分界线。在这两个特别的时间点，太阳直射赤道，由于晷面与赤道面平行，所以晷面上没有影子，也就无法识别时间。

除此之外，日晷作为一种用来识别时间的仪器，也有其他明显的缺点。第一，日晷依赖于太阳，只能在有太阳光的情况下使用。所以，每到阴雨天或者夜晚，日晷就失去了计时功能。虽然有些日晷上刻出了12个时辰，但是它并不能显示出夜晚的时间。为了弥补这个缺憾，人们在日晷之外还搭配使用铜壶滴漏之类的仪器。另外，古代许多城市都设有钟鼓楼，清晨撞钟，傍晚击鼓，这就是人们所说的"晨钟暮鼓"。每当钟声、鼓声嘹亮响起，传遍全城，城里的居民们就知道现在是什么时候了。

第二，理想状态中，太阳绕着地球公转的轨迹是一个完美的圆形，并且太阳总是位于轨道的正中心。但实际上，这个轨迹却是微微椭圆的，太阳也不在轨道的正中心，这导致日晷最多可以产生8分钟的时间误差，再加上地球自转偏角的存在也会增加误差，所以日晷测定的时间并不精准。

晓出净慈寺送林子方

〔宋〕杨万里

毕竟西湖六月中，

风光不与四时同。

接天莲叶无穷碧，

映日荷花别样红。

诗人一开口就发出感叹：到底是西湖六月的风景，风光与四季大有不同。这句话颇具悬念，仿佛故意要勾着我们继续往下看：究竟哪里不同呢？诗人用一组对偶句来解答：碧绿的荷叶似乎无穷无尽，远接天边；荷花映照着火红的太阳，越发显得红艳。

为什么说"风光不与四时同"？因为除却春、秋、冬三季，如此盛极一时的西湖美景稍纵即逝，即便在夏天也是不常见的，只有盛夏六月这段特定时间里才能看到，因而显得弥足珍贵。

莲叶之碧是"接天""无穷"，荷花之红是"映日""别样"，这首诗与白居易的《忆江南》有异曲同工之妙，也采用了对比强烈的颜色和夸张的手法。诗人大笔一挥，便铺陈出无边无际的碧色荷叶与红色荷花，盛大明艳，夺人心魄。

值得一提的是，在以往赞咏荷花的诗词里，荷花常以娇艳、纤弱的形象示人。这首诗一反常态，描绘出荷塘壮美的一面，展现出铺天盖地的非凡气势，令人不得不叹服。

接天莲叶无穷碧，映日荷花别样红：颜色的本质是什么？

视觉，是人类获取信息最重要的途径。我们可以看得到绿色的树叶、红色的花朵、碧海青山、蓝天白云……一切似乎都是理所当然的存在，我们叫得出每个物体的颜色。然而，当太阳光从地平线上消失，或是在夜里关掉屋子里的灯，我们便立刻置身于一片黑暗，所有颜色也都随之消失了——失去了光，万物就失去了颜色。

光的漫反射

宇宙中的万物可以被分成两大类：一类是发光的，一类是不发光的。前者如太阳、恒星、点亮的灯、燃烧的蜡烛和篝火等，它们自身能够发光，被称为光源或发光体。其他无法自身发光的物体，只能通过反射外来光线，让人眼看到它们。对于透明的物体来说，透过什么颜色的光，它就是什么颜色。

在有光的环境中，光照射到物体表面，物体再将照射在它表面的光反射到我们的眼睛里，我们因此能够看到本身不发光的物体。

光波是一种电磁波。可见光谱是电磁波谱中人眼可以看见的部分，这个范围中的电磁辐射被称为可见光。人眼可以感受到的是可见光,可见光的波长范围一般是360纳米到400纳米,对应的频率范围是77万亿赫兹到38万亿赫兹。

当光线照射到粗糙不平的表面,光路会发生变化,向着四面八方进行无规则的反射,这种现象被称为光的漫反射。正是因为物体表面发生了光的漫反射,光波才能发送到我们的肉眼之中,我们也才能从不同的方向看到这个物体。

视觉和颜色

太阳光或者其他光源照射物体,光波刺激了人眼中的视网膜和大脑中的神经元;视觉中枢,也就是大脑皮质中与视觉形成相关的神经细胞群,对接收到的光刺激进行编码、加工和分析,形成了视觉感知——这就是人类视觉的产生过程,我们因此可以看到物体,能够感知颜色。光、颜色和视觉感知,三者的关系密不可分。

除了人眼可以识别的可见光之外,大自然中还存在着许多人眼看不见的光,也就是不可见光,比如红外线和紫外线。

从理论上来说,可见光谱之中存在着无数种颜色,而人类只能识别出其中的一小部分。人眼对不同颜色的敏感度也不一样,在可见光谱中,人眼对绿光最为敏感,可以分辨出50多种不同色调的绿,对红光和紫光的敏感度则要弱很多。

许多动物的视觉感知与人类不相同,所以,人和它们看到的世界可谓是天差地别。比如,狗缺乏感受红色的视椎细胞,相当于红绿色盲;蜜蜂可以看到人眼所无法识别的紫外线波段,借此来寻找花蜜。

三原色不是红黄蓝

如果问你三原色是哪三种颜色，最简单的答案是"红黄蓝"。但这实在是一个老得不能再老，甚至完全错误的概念。

三原色指不能继续往下继续分解的颜色，用这三种颜色可以组合成任意的颜色。因为应用领域的不同，对三原色的定义也不同，最基础的两种定义是颜料三原色和光学三原色。

颜料三原色（CMY）是青（Cyan）、品红（Magenta，介于红紫之间）和黄（Yellow），光学三原色（RGB）是红（Red）、绿（Green）、蓝（Blue）。为什么会有这种区别呢？因为最早研究颜色的人是想用它们来绘画、印刷的，他们需要用最基础的三种颜色调制出尽量多的色彩。但是这里有个问题：对于不发光物体，我们看到的颜色并非它原本的颜色，而是它把环境光（一般来说是白光）反射到我们眼里，进而使我们感知到颜色。而对于发光的物体，它发出来的才是真正的原初色光，为红光、绿光和蓝光。许多手机和电脑的显示屏，就是用这三种发光像素组合成一个个发光点的。

光学三原色的三种光混合起来，可以得到白光，而颜料三原色混合起来，则可以得到黑色的颜料。不过实际应用起来，再好的三原色颜料混合起来，也很难形成真正的黑色，总是有灰度，所以印刷的时候还是要加上黑色（K）颜料，就是CMYK四色。反过来也可以理解：一个发光物体如果发不出RGB中的任何一种光，那么我们只能看到一片漆黑；而一幅印刷品或者绘画，如果CMYK中的任何一种颜料都没有，那就是白纸一张。

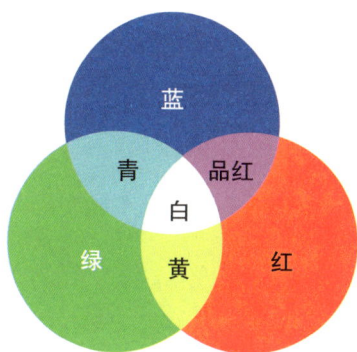

RGB

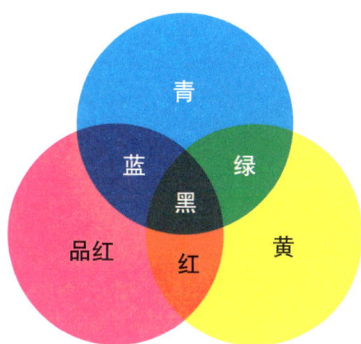

CMYK

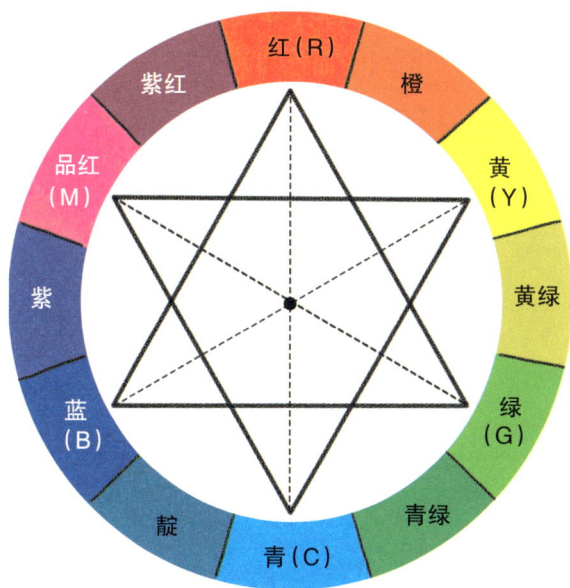

RGB与CMY（实线三角形）完全相交，虚线对立面为互补色，双方完合吸收对方，例如在红色块上投青色光，无任何效果

由于颜料三原色是光学三原色的反射，所以两者之间会很容易地换算，一幅印刷品的反射光应该是它吸收掉的光的互补色，红的补色是青，绿的补色是品红，而蓝的补色是黄。所以，现代人如果用电脑设计一幅印刷品，因为盯着发光的屏幕，便是在RGB的环境下设计的；出品的时候，直接印RGB则肯定是失真的，需要把RGB信号用互补的算法转为CMYK信号，才能交给印刷机印出来。

　　那么，为什么"红黄蓝"是三原色的印象根深蒂固呢？因为在更早的时候，绘画和印刷使用的三种颜色就是红黄蓝，它们是品红、黄和青的前辈。但现在已经证明这是一种过时的方法了，比如品红加黄可以调出红，而红却不能反过来调成品红。所以，我们关于三原色的知识，也应该更新了。

稚子弄冰

〔宋〕杨万里

稚子金盆脱晓冰，彩丝穿取当银钲。

敲成玉磬穿林响，忽作玻璃碎地声。

　　清晨，天真的孩童脱落铜盆里的冰块。经过一夜冻结，铜盘里的水已经凝成冰。孩童将彩绳穿过冰块，提在手中，当作锣来敲打，声音穿过树林，更加空灵。正当诗人沉醉于这美妙的乐声时，忽然碎裂声传入耳中。原来，孩童一不小心摔碎了手中的冰锣。

　　这首诗从一位老者的视角描写了孩童玩耍冰块这件日常小事。老者作为旁观者，不仅没有小瞧这种"小儿科"的戏耍，反而对孩童充满欣赏、赞许的态度，沉醉在那声音之中。孩童的举止洋溢着天真童趣，我们仿佛可以透过文字看到他的嬉闹与欢乐。

　　诗中写冰块，却并未描述冰块的外形，而是花费许多笔墨来描写冰块发出的声音：起初是"玉磬穿林响"，接着又是"玻璃碎地声"。这两种声响突出了冰块的特质，它冻结时如玉石般剔透，它碎裂时又如水玉般清脆，令人惋惜。作者的手法可谓新奇。

稚子金盆脱晓冰：在这个"热胀冷缩"的世界里，水与冰为何如此独特？

冰的成因

水是一种很独特的物质，它是唯一一种能在常温常压条件下，以液体、固态、气态三种形态存在的物质。气态的水，也就是水蒸气，我们平时觉得空气湿润，湿度很大，就是因为空气中蕴含着肉眼看不见的水蒸气，时常在皮肤和呼吸道重新回归为液态水。而固态的水，就是冰。这三种形态可以相互转化，形成自然界的水循环，参与各种生物体内的化学代谢。

水凝结成冰需要两个条件。第一个条件是水的温度要低于0摄氏度。不过，这个数字并不是自然界规定的，而是我们用冰的温度来规定了摄氏度的零刻度，即在1个标准大气压下，纯净冰水混合物的温度。

第二个条件是具有凝结核，以形成最初的冰晶，使新的冰晶在这个冰晶上生长。不过在特殊的保存条件下，有些水可以低于0摄氏度，却仍然保持液态，那是因为水中缺少凝结核，被称为"过冷水"。过冷水的状态非常不稳定。我们在网络上可以看到这样的视频：有人从冰箱里拿出一个装满水的矿泉水瓶，摇了一下瓶身，里面的水就瞬间冻上了，这就是因为瓶中的水本来处于"过冷水"的状态，震动打破了这种平衡，使最初的凝结核得以生成。

　　我们现在的日常生活离不开冰，使用冰箱制冰，制作美味可口的冰淇淋、冰棍、冷饮等。其实，人类使用冰块的历史悠久，在中国可以远溯至商代。寒冬时节，河流、湖泊中的水冻结成巨大的天然冰块，人们选择水质洁净的水源，凿取冰块，保存在地下冰窖里。等到了来年夏天，打开冰窖，就可以随时享用凉丝丝的冰块，以供解暑之需。清末，北京城内外冰窖达十余处。紫禁城、皇城、内城、外城皆有冰窖，每年藏冰达十万块。现如今，北京仍然保留有几个清代的官办冰窖，这些冰窖深藏在地下，隔绝光照和空气，平常极少开门，形成密封的天然冷库。

　　到了唐代，人们发现了一种人工制冰的方法，即便不在冬天采冰，也能制造出冰块，这就是"硝石制冰"。硝石的主要成分是硝酸钾（KNO_3），溶于水的时候，能够吸收大量热量，温度迅速降低，从而制作出冰块。此外，硝石也是制作火药的原料。

为什么水凝结成冰块之后体积会变大？

　　想必大家都有在冬天玩冰块的经历，能体会到"稚子金盆脱晓冰"里这个"脱"字用得有多巧妙形象。诗中的孩童好像不费吹灰之力就能使冻结的冰块从铜盆里脱落出来，这是因为水在盆里凝结成冰，它的体积会膨胀，比前一天的液态水大出许多，不再紧紧地和盆壁咬合在一起，就很容易摇落下来了。

　　冰的膨胀使它的密度只到纯水密度的90%，它变得"疏松"了。我们听说过"热胀冷缩"，为什么水变成更冷的冰反而会膨胀呢？这种现象叫作"反常膨胀"。大多数液体确实会热胀冷缩，水也是，但它的热胀冷缩只在4摄氏度以上成立。在温度低到4摄氏度以下时，水反而会"冷胀"。所以纯水的密度在4摄氏度时是最大的，温度更高和更低都会膨胀。更冷的水缓缓上浮，到它变成固体的冰，就足以轻松地浮在水面上了。

这个性质看似不起眼，实际上却是地球生命得以出现的必要条件。你看，冰在水的表面形成后漂浮在那里，才能把江河湖海的热量封存住。也不用担心水体内部的热量太高，因为热量太高会让这些冰层消失，从而又放出一部分热量到空气里。这就是大自然奇妙的"负反馈"机制之一，我们的地球正是因为无数这样的负反馈，才能调节到一个适合生命出现的状态。

而如果冰一直是冷缩的，那么水在变成冰的过程中密度会越来越大，所以，结冰将会是从海洋的底部开始进行，而不是顶部，那么我们最早的祖先——海洋底部热泉里的微生物——就永远都不会出现了。并且，没有冰层覆盖水体，水体的热量就会一直散失，然后结更多的冰，最终使地球永远成为一个大冰球。

冰的这种膨胀的力量，甚至可以分裂坚硬的岩石。岩石孔隙中所含的水在反复地结冰、融化过程中，体积也在反复地膨胀和收缩。这就像一根冰做的楔子，日积月累地撬动岩石，这个过程被称为"冰楔"或"冰劈"。不仅在石头的内部，巨大的冰川也有着更强烈的膨胀效用，它们侵蚀着岩石，在岩石表面留下壮观的刮擦痕迹。所以，冰和风、河流、火山一样，可以营造出大自然的万千地貌。

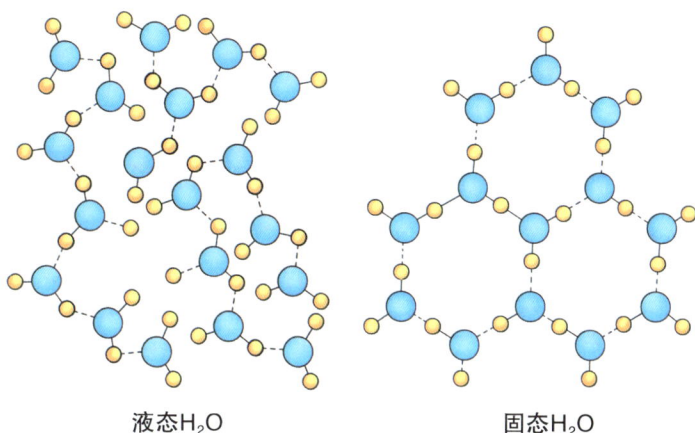

液态H₂O   固态H₂O

水与冰的分子结构，显而易见冰里的水分子更加"疏松"

"雪球地球"假说

实际上，尽管地球有着无数小小"负反馈"的机制，地球被整个冻起来的情况，也还是在历史上出现过，那是在距今7亿年前，地质史上称为"雪球地球"。

那时候，海洋里没有鱼，连我们熟知的三叶虫和菊石也还没有诞生，茫茫大海中只有蓝藻等单细胞生物存在，可以说是一片死寂。和现在比较相似的是，这时的地球两极也有巨大的冰川，但是这些冰川在生长。

就像前面所说的那样，水分子在冰的基础上不断地凝结成新的冰晶，把冰川的界限推向更热的低纬度地带。也许是因为蓝藻吸收了太多的二氧化碳，并把它沉积到海底，导致空气中没有足够的温室气体，冰川的生长终于失控了。这些晶莹的白色冰川不能像黑色的玄武岩、深色的海水那样有效地吸收阳光，而是像一面镜子一样把太阳能反射回去，所以冰川的扩张一旦超过某个临界点，它反射太阳光的效果就会大于陆地和海洋吸收太阳能的效果。这就构成了一个强烈的"正反馈"机制，或者可以称它为"加强型反馈"，足以抵消掉所有负反馈的努力，一路摧枯拉朽，导致地球越来越冷，冰川也越积越多，把地球一步步推向一个无可避免的"纯白色地狱"。

最终，全球气温低至零下50摄氏度，从两极到赤道，整个海洋几乎完全被冰封，高纬度地区的海洋结冰厚达800米，热带地区的冰也有几十米厚，连大部分大陆也都带上了皑皑的冰盖，"雪球地球"由此形成。这样的白色地球在历史上至少出现过两次，直到地底的岩浆重新喷发，给地面注入足够多的热量，才渐渐让地球从无尽的"白色正反馈"中解脱出来。如今，我们发掘7亿年前的岩石层，还可以看到当时的冰川在陆地上留下的刀劈斧凿般的痕迹，让我们追想那个时候的地球是处于怎样的"白色死寂"状态之中。

过松源晨炊漆公店

〔宋〕杨万里

莫言下岭便无难，赚得行人错喜欢。

政入万山围子里，一山放出一山拦。

　　《过松源晨炊漆公店》是南宋诗人杨万里所作的组诗，共六首，这是其中一首。当时诗人在仕途上遭遇坎坷，被外放贬官，不得重用。当他途经群山萦绕的松源时，有感而发，写下此诗。

　　不要说下山就没有难事了，害得行人空欢喜一场。当你走进崇山峻岭之间，一座山才放过你，另一座山又会拦住你。

　　这首诗的语言平易朴实，贴近生活，既是景物描写，又是生动形象的比喻，读起来毫不晦涩。诗人通过寻常爬山的感受，延伸出一段深刻的人生哲理。

政入万山围子里，一山放出一山拦：山脉，大地的皱纹

什么是山？

山，当然就是陆地和海底表面隆起的地貌，高耸之处是山峰，山峰之间的低洼是山谷。

什么又是脉？

主干分支而又分支，就形成了一片脉络结构。树叶的表面布满了叶脉，血管构成了血脉，河流也有主干和支脉。用几何学的思路去看待脉，会发现它是构成事物的一种复杂的、不规则图形，它很难用直线、圆、矩形这些规则的几何图形来表示，但又有一个显著的特点：它局部的结构往往和整体的结构长得很像，好像在自我复制一样。这叫"自相似性"，也就是说，把任何一段支脉放大，会发现它长得就像主干自身；反过来，把支脉再细分成更小的支脉，会发现后者也会和前者极其相似。

于是山脉的概念也就呼之欲出了：成行成列的群山，按照一定的方向组合延伸，形成一群的集合，形状就好像脉络一样，就叫山脉。从高处俯瞰，山脉也具有这种自相似性。

山脉的形成

血脉的自相似性展示了血管不断生长出支脉的过程，是一个

自然的发育过程。那么山脉的走向又揭露了哪种自然过程呢?

事情要从地壳运动说起。科学家早已验证,我们脚下的大地并非被牢固地安排在一个基座上,而是由可以漂移的板块构成。虽然它们漂移的速度非常缓慢,大概每年只能移动几厘米,但从几亿年的尺度来看,这种运动还是相当激烈的。当这些板块相撞时,边缘会相互挤压,挤压的能量迫使一些脆弱的地表(尤其是板块边缘)产生褶皱状的隆起,就形成了山脉。这样产生的山脉叫褶皱山脉。那些美丽的自相似结构,就表达了这种地壳挤压的巨大力量是如何沿着地表一点点突破、释放的。

喜马拉雅山脉就是典型的褶皱山脉,也拥有世界上最高的山峰珠穆朗玛峰。大约2亿多年前,喜马拉雅山脉和青藏高原还是一片汪洋大海,但在海面之下,印度洋板块和亚欧大陆板块已经在这片区域开始了相互的挤压,挤压的过程抬高了这片区域的地势,使得海水退去,青藏高原和喜马拉雅山海拔升高。这两大板块现在还在挤压之中,所以喜马拉雅山脉还在以每年1至2厘米的速度长高。

除了最像脉络的褶皱山脉以外,剧烈的地壳运动还可能撕裂地表,让某部分地面整体抬升,称为断层山,断层山也经常形成连绵的断层山脉。比如以险绝著称的断层山——华山,就属于秦岭山脉这条巨大断层山脉的一个支脉。由于秦岭山脉横亘在我国中部,阻断了许多风和物质的传递,使岭南岭北的地形和气候截然分开,因此秦岭—淮河线才成为中国地理的南北分界线。

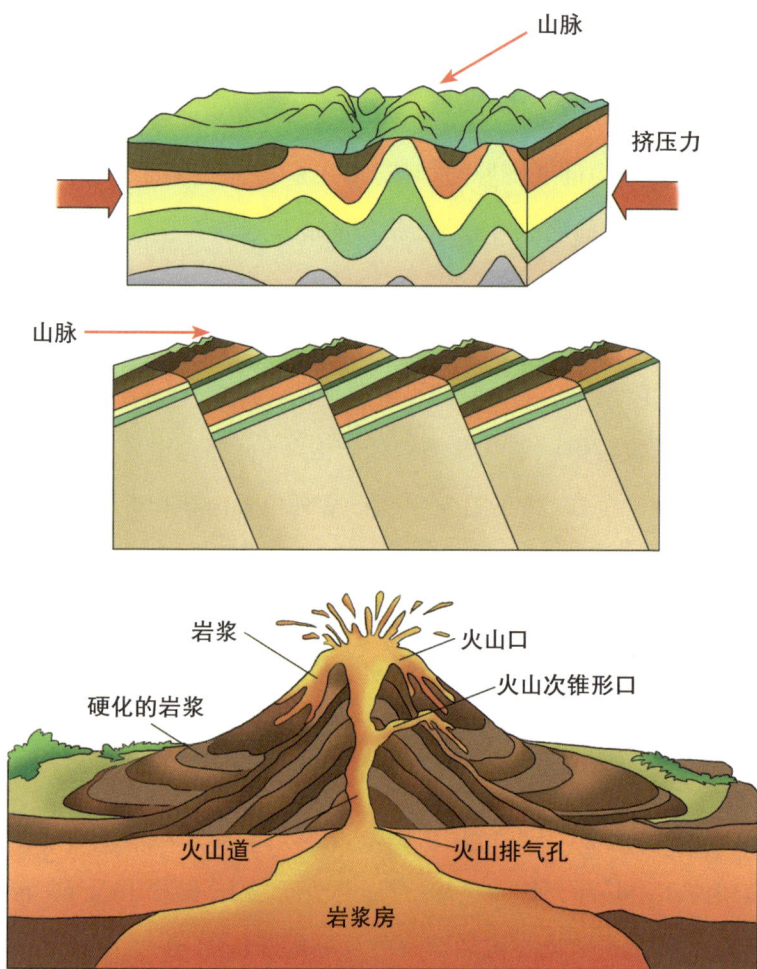

山脉

挤压力

山脉

岩浆

火山口

硬化的岩浆

火山次锥形口

火山道

火山排气孔

岩浆房

褶皱山脉、断层山、火山的形成

另外，陆地和海底的岩浆喷出地表，会形成火山，大多数呈锥状；如果无法冲出地面，而是把地面顶出一个帽子状的凸起，就是冠状山。不过，这二者通常表现为单独的山，很少形成连绵的山脉。

壮阔的横断山脉

在我国青藏高原的东南部，四川、云南、西藏接壤的大片区域，存在着一片巨大的山脉群。如果要评选全中国哪片山脉最符合"一山放出一山拦"的特点，那冠军就非这片山脉群莫属了，因为在这片总面积达36.4万平方千米的山区中，有一条又一条南北走向的山脉倾泻而下，它们彼此紧紧依靠，已经很难分辨出到底有多少座山峰。它北起昌都、甘孜至马尔康一线，南部抵达中缅边界山区，截断了东西之间的交通往来，因此被称为横断山脉。

横断山脉的名字里虽然有一"断"字，但它却是一个非常巨大的褶皱山脉群。关于它的成因，要说回喜马拉雅山脉。在喜马拉雅山脉形成的时候，来自南北方向的压力使得这条山脉呈现东西走向，把构成板块的物质也从东西两头挤了出来，于是这些物质受到东西方向的压力，就形成了南北方向的褶皱，这些紧密的褶皱就是横断山脉。

由于这些褶皱非常紧密，导致其中的水体也呈现"三江并流"的罕见奇观：长江上游的金沙江、湄公河上游的澜沧江，以及怒江三条大江在很窄的区域内并行而不交汇，集体向南流。三条大江并行奔流170多千米，其中澜沧江与金沙江最短直线距离为66千米,澜沧江与怒江的最短直线距离只有18.6千米,和山脉一样呈现紧凑的局面。

　　横断山脉的东西部分别受到太平洋和印度洋季风气候的影响,西部多雨,越往东越干旱;而南北走向的山谷使西南季风可以一路北上,让横断山脉的植被从南向北呈现截然不同的样貌:南边是雨林,北上是阔叶林,再往北是针阔叶林,最北端又是适合放牧的高山森林草甸。再加上这些山峰的海拔很高,从山脚到山顶的生态环境都不一样,几方综合,构成一个极其复杂、神秘的生态格局。因此,在历史上,只要在横断山脉占取不同的位置,就会形成众多不同的部落、民族、小型国家,横断山脉山路艰险,地形崎岖复杂,难通人烟,让这些不同民族和聚落间的交通被生生隔断,打鱼的打鱼,放牧的放牧,采摘的采摘,可能隔一个山头,人们喜欢的服饰、使用的语言、日常的习俗都会有很大不同。因此横断山脉让我国西南部拥有了多姿多彩的民族文化,却也让这些民族聚居地区的经济建设停滞不前。直到新中国成立之后,我们才得以深入这片土地,去修路、通电、开通汽车和列车,让天堑变为通途,让山区人民能与时代接轨。

观书有感（其一）

〔宋〕朱　熹

半亩方塘一鉴开，天光云影共徘徊。

问渠那得清如许？为有源头活水来。

半亩大的方塘像一面镜子似的展开。天空的光彩和浮云的影子，倒映在水中，不停地来回移动。为什么方塘中的水如此清澈呢？原来是因为有源源不断的活水注入其中。

"鉴"就是镜子，这里用来形容池塘。这首诗叫作"观书有感"，所以不是一首单纯的写景诗，而是通过景物来阐发哲理。方塘虽小，却清澈如镜，可以映照出天光云影，这是多么自如的境界。就像人的内心，澄澈明净，毫无杂质，即便只是小小的一方天地，也能自得其乐，安然度日。"问渠那得清如许？为有源头活水来。"死水沉闷，容易散发出腥臭，而流动的活水可以给池塘注入生命力，让池水保持清澈。

这首诗通过暗喻，形象地讲出一段深刻的寓意：读书时，我们应当永远保持学习的心态，独立思考，不断接受新知识、新方法，这样才能保证创造力像"活水"一般永不枯竭。

问渠那得清如许？为有源头活水来：地球上的水确实是"活着"的

自然水的清与浊

提到水污染，我们大多会立刻想到人类产生工业文明后，因为乱排污对水体造成的污染。但是即便没有人类，自然界的水体中也会有很多杂质。这是因为水的溶解性实在太好了，是自然界最基础的溶剂，也是一切地球生命赖以生存的基础。所以我们寻找地外生命的迹象，也还是要按照在地球的固有印象，先找水。地球上时刻进行着各种化学过程，也有无数的生命在新陈代谢，它们产生的"杂质"会有一大部分直接进入水体。实际上，天然水本来就不是化学意义上的纯水，河流、海洋、湖泊连同其中的可溶性、非可溶性物质一起，构成了一个极其复杂的水圈。

这些杂质的颗粒大小不同，和水一起构成的"混合液体"形态就不同，从大到小可以分为三类：悬浮物、胶体和溶解物。悬浮物的本质是由大量分子或粒子组成的大型粒子团，大小通常在几十微米以上，用肉眼观察，很容易发现它的存在。胶体颗粒的粒子团大小次之，虽然不可见，但可以用强光照进水中，通过丁达尔效应观察到。溶解物是一些极小的分子或者离子，大小只有几十纳米以下，因此已经无法通过任何借助可见光的手段去观察它们。

所以，杂质的颗粒越大，含量越高，水就会显得越浑浊，是"污水"。一般说来，湖泊这种水域虽然会有一些河流进出，但总体非常封闭，存水量大，流动性差，会显得更浑浊，是为"死水"。比如我国的第二大淡水湖——太湖，有一种说法是由大江淤积而成，它的封闭性较强，因此历朝历代都需要人工疏浚，引入四周水系。这些水系一部分成为上游的"源头活水"，一部分把湖水导到下游，才能把死水"盘活"。

水体自净

无论是封闭的湖泊还是开放的河流，其实都有一些消灭污染物的能力，无非不同水体有难易之别，这就是水体自净。水体自净的能力也会随着水温、水生物等季节性因素发生变化。水体自净有三种途径。

首先是物理途径。杂质团块被水稀释后，因为本身密度、体积、带电性等物理性质不同，就会经历不同的沉降和吸附过程。比如地下水因为经过土壤、岩石中空隙的过滤，大的杂质颗粒被过滤掉，会非常清澈，多数水井就是直接汲取地下水用的。但是地下水的可溶解物质就很难这样被过滤掉，所以它喝起来会显得比纯水"硬"。

其次是化学途径。比如水中的一些金属离子会在水中溶解氧的作用下形成难溶的金属氧化物，沉淀在水底。此外，射入水中的阳光也会帮助物质分解。

最后是复杂的生物途径。除了鱼虾、水生植物外，水体中还

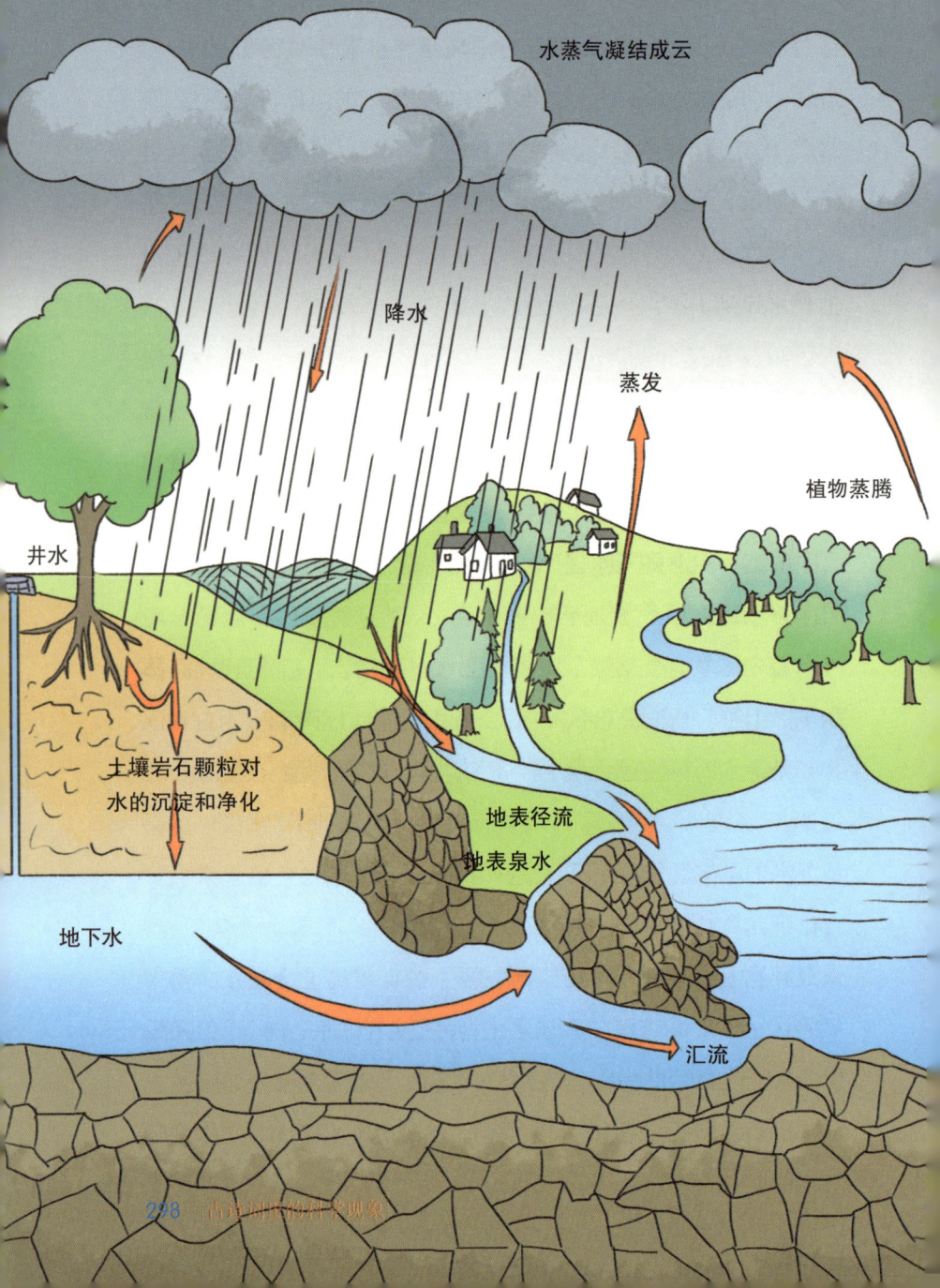

水蒸气凝结成云

降水

蒸发

植物蒸腾

井水

土壤岩石颗粒对
水的沉淀和净化

地表径流

地表泉水

地下水

汇流

有很多好氧微生物参与分解有机杂质，使它们成为稳定的无机物。这些微生物吃东西需要消耗氧气，氧气由溶解氧和植物的光合作用提供。所以一旦水体污染严重，它们的氧气供应不足，好氧微生物式微，水体就被厌氧微生物占据主导地位。厌氧微生物虽然也能分解有机杂质，但它们的产物没有那么干净，硫化氢、甲烷、腐殖酸等能让河水发黑发臭的物质便会出现，沼气和沼液就是典型的厌氧发酵产物。所以我们经常需要在湖心安装螺旋桨，让水体在表层和底层之间循环起来，并且让空气持续进入水体，形成更多的溶解氧。在模拟水体自净而制造的净水工艺中，也通常会让好氧池和厌氧池分开，这样不但水体干净了，还能获得沼气来燃烧发电。

最初之水

"为有源头活水来"，地球上的水源自哪里？现在有地球内部和外太空两种解释。

经典的解释是，地球表面的水源于地壳以下、地核以上那一层厚厚的物质——地幔。地幔中的水约为目前海洋总水量的3至16倍，并不是被严格地封死在地壳以下，火山活动把水和大气喷射到地表。在地球形成的初期，火山活动比现在更剧烈和频繁，喷出的气体也比现在多得多，于是形成了海洋和大气层的雏形。

第二个观点是，在地球形成的初期，一直有水分子从宇宙空间源源不断地到达地球表面。这些水分子一般是彗星带来的，彗星表面布满冰霜，像个脏雪球，但接近太阳时，这些表面物质会在太阳风的撕扯下，背对太阳形成长长的彗尾。极有可能是因彗尾扫过了地球，而把其中的水、甲烷带到了地球上，也极有可能有数量惊人的彗星直接进入大气层，落在了地球上。

这两种关于地球水源的解释分别有不同的证据支持，也许地球成为今天这颗充满水的蓝色行星，地幔和彗星都有贡献。但尽管波澜壮阔的水循环把这些咸涩水分中的淡水日益集中到地表，但时至今日，地球水体中的淡水也才只占2.5%，可供人类利用的又不足1%；更不用提水资源在地球上分布不均，正所谓"旱的旱死，涝的涝死"。这就是我们要珍惜淡水资源的原因。

观书有感（其二）

〔宋〕朱　熹

昨夜江边春水生，

蒙冲巨舰一毛轻。

向来枉费推移力，

此日中流自在行。

　　这首诗可能写于某个春雨后的清晨。朱熹醒来，看到江边的春水一夜之间高涨了许多。突然间，岸边的巨舰大船像一根羽毛似的，变得轻飘飘的，漂浮在江中。朱熹感叹道：以前费很多力气去推也推不动的大船，今天竟在江流中自由自在地漂行。

　　这是一首说理诗，朱熹在诗中借用大船和春水的比喻来论述与读书、学习有关的道理。船大水浅，大船就会一直停在那里不动，无论人们花费多少心血，也是徒劳枉费。等到春水涨满，大船自然就像羽毛一般浮起来，漂流自如。其实，学习和创作的道理也是如此：知识和经验就像"春水"一般，需要源源不断地积累；而当你的知识储备足够丰富了，灵感也就不请自来，轻轻松松就能运用自如。

此日中流自在行：生命的进化也和浮力有关

"蒙冲巨舰一毛轻"，液体浮力是由于液体对物体向上和向下的压强差而产生的，那么这个压强差又从何而来呢？

浮力的本质是液压

我们首先来感受一下压力。把手放在水里，皮肤可以明显感觉到被挤压的力。压力本质上是液体被改变形状后的反作用力，比如一个筑有大坝的水库，如果没有大坝，水库里的水体本来会一泻千里；现在被大坝拦住，水体变成大坝内壁的形状，虽然它表面波平如镜，内里却不会"放弃"，而是会继续压迫大坝的身体。这种压力表现为液体向外的挤压，是从液体内部层层传递出来的。

1653年，帕斯卡提出液体能传递压力的定律，并且根据这个原理制成水压机，也就是现代液压机的老祖宗。用活塞式针筒打过针的同学一定能很快想象出液压传递的样子。我们把感受到压力的部位简化为液体内部的一个点，来探究它的强度规律。

设想一个绝对静止的水库，把里面的某个水分子视为一个没有大小的质点，很容易想象，这一点在四面八方受到的压强全都相等，帕斯卡设想的液体处处传递压力，在此刻达成了一个稳态。但水库里不同点处的压强却不一定相等，这是因为重力的缘故。深一些的地方承重更多，压强自然也就更大，但在同一个深度的任何点，受到的压强却是相等的，也就是说，在静态的液体中，任何一个水平面都是一个等压面。

我们再把刚刚没有大小的质点拉伸成一个有体积的正方体，它垂直地悬停在这个水库里。毫无疑问，正方体四面"腰侧"受到的压强，在每一个水平面上都能相互抵消，而"头顶"和"脚下"两个面受到的压强，却不能相互抵消——脚下深一点儿，所以压强比头顶的要大，于是一股向上的浮力就此产生了。

压强和面积的乘积就是压力。如果这个正方体是木头做的，它的密度小，产生的重力不足以抗衡上下两面的压力差，正方体就会一直上浮，因为它脚下的压强始终比头顶的压强高。实际上，除了水这种液体外，大气也能对其中的物体产生浮力。我们人类虽然每天脚踏实地，但也是每分每秒都处在大气产生的浮力中，因为空气和水一样，都是流体，都有传递压强的能力。和水库一样，大气的压强也随着高度而改变，帕斯卡也敏锐地发现了这一点。因为帕斯卡在流体压强方面的研究，国际单位制中压力的单位"帕斯卡"就是拿他的姓命名的。

乘桴浮于海

先民们最早利用浮力，也许是想让物体浮在水面上。阿基米德在公元前3世纪提出了一个浮力定律：物体在流体中所受到的浮力，等于该物体所排开的流体的重量。密度够小，体积够大，才能排开超过自身重量的液体，把自己稳稳当当地浮在水面上。这类物质要么疏松轻盈，比如大部分木质，要么干脆做成中空的。

最早的中空浮力装置是从自然中取得的，比如摘下葫芦围在腰间、把动物的皮做成浮囊，后来才利用竹木做成筏、独木舟。人类在可以制造金属器之后，终于能用钉子、箍圈等把木板围成密不透水的船板，建造最初的船只了。

船只的发明不但方便了河流、湖泊内的捕猎和运输，还将人类能踏足的地方延伸到全球。及至明朝，郑和七次下西洋时，中国已经有诸多船厂，能生产各种样式的船。郑和所乘坐的最大的宝船竟能达到四十四丈长、十八丈宽（约138米长、56米宽），堪称人类造船史上的奇迹。

自带浮力调节器的生物

并非只有人造物才能利用浮力，许多生物就演化出了利用浮力生存的绝技。浮游生物在海洋、湖泊、河流等水体中都可以见得到，它们大多体型较小，如细菌、蓝藻、硅藻等，但也包括大型水母等大个头的家伙。浮游生物的密度一般和水差不多，不需要有主动游动的能力，只是随波浮沉，但也有些生物可以通过调节体内的气体量来达到上下浮沉的效果。

更复杂的动物也可以利用浮力生活。我们在吃鱼的时候都见过鱼鳔，那是存在于许多鱼体内的一种特殊的"气球"，这个器官是由原始的肺进化来的，在距今2.25亿年前的三叠纪，它就出现了。大部分鱼类都喜欢栖息在某个特定深度的水层，大部分时间里，它们都待在这个舒适圈里，不去其他深度的水层。如果没有鱼鳔，它们就只能靠鳍的摆动来维持深度，徒然消耗能量。而鱼鳔因为充满气体，降低了鱼体的平均密度，让它们不用很费力就能滞留在特定深度的水层里。

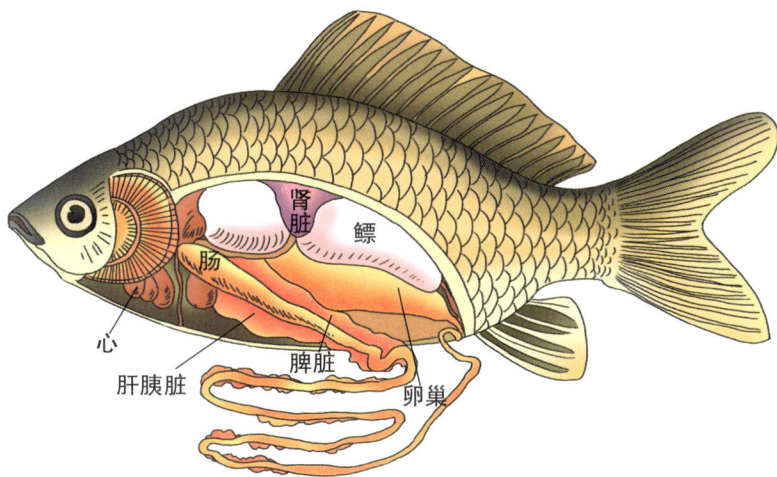

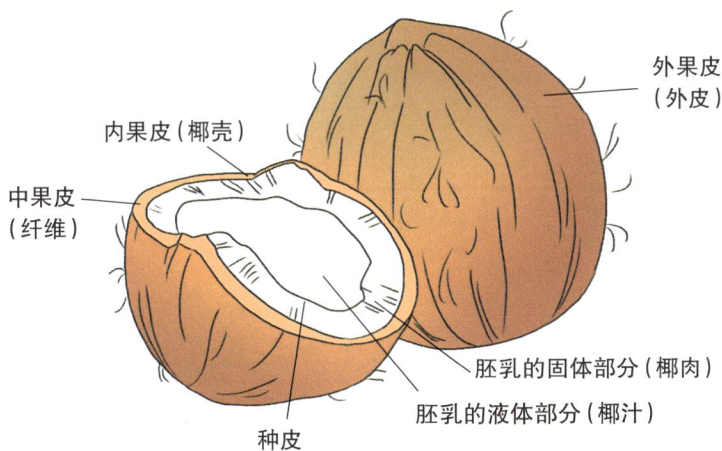

利用浮力的动植物：鱼和椰子

想要去别的深度觅食，鱼鳔也可以帮上忙。鱼想上浮，只要稍微往上游一点，因为越往上浮水压就会越小，鳔也就会随之膨胀，鱼体的密度随之减小，使它加速上浮；反之，鱼想去深水区，只要略微下潜，水压上升，鳔也被压缩，鱼体密度增大，就能加速下潜。因此，无论鱼儿想上浮还是想下潜，鳔都能起到加速器的作用。有些底栖鱼类因为没有这种随意游荡的需求，鳔就在漫长的演化过程中退化了，比如我们熟知的比目鱼就没有鳔。

一些植物也有利用浮力的能力，虽然它们不用到处跑，但它们的需求是把自己的种子播撒得尽量远。莲子是莲的种子，它的外皮坚硬致密，可以隔水，里面疏松而有空腔，这样就能保证它可以漂在水面上，流到其他地方生根发芽。椰子是椰子树的果实，在它绿色的外果皮之下，是厚厚的纤维层，纤维层里是致密隔水的内果皮，也就是椰子壳，防水性极好，把能给种子生长提供养料的椰肉和椰汁保护得严严实实，所以它能在咸苦的大海里漂流几个月。

春 日

〔宋〕朱 熹

胜日寻芳泗水滨，

无边光景一时新。

等闲识得东风面，

万紫千红总是春。

从字面来看，这是一首写景诗。某个美好的春日，诗人前去泗水之滨，在这里"寻芳"，看到了无边开阔的春日气象。"等闲识得东风面，万紫千红总是春"，东风吹拂之处，不管是桃花、杏花，还是芍药、牡丹都盛开了。万紫千红，浓墨重彩，层层叠叠，在我们眼前铺陈开来。诗中描绘的春日光景是多么盛大、昂扬啊！

且慢，我们再来看看这首诗中描写的时间和地点。

泗水位于如今的山东省，孔子曾经在这里讲学。但是，朱熹所在的朝代是南宋，朝廷从北方败退之后，偏安淮河以南，这时的泗水之滨早就成了金国的领土。所以，朱熹不可能去泗水边游春，这首诗也不是对现实的记录。

换个角度来看，这其实是一首哲理诗。诗人借用"春日"来暗喻自己对于圣人之道的追求。"东风"指的是孔子之教，"万紫千红"指的是芸芸众生，圣贤之道教化众人，犹如春风一般唤起生机，催醒万物。在朱熹看来，这是多么美好的愿望啊！

万紫千红总是春：在昆虫的眼里，花朵或许更鲜艳

像剥洋葱一样剥开一朵花

一朵典型的花是由一层层不同的"模块"组成的：花托稳稳托住花朵，最外面的是花萼，内接最惹人注目的花冠，它由一层或多层花瓣组成；花冠绽放后，露出的内部才是花的核心：产生花粉的雄蕊和接受花粉的雌蕊；雌蕊下面又连接膨大的子房，子房内含胚珠，等待授粉后形成种子。

实际生活中，花朵的形态丰富多样，把上述模块信手拈来，

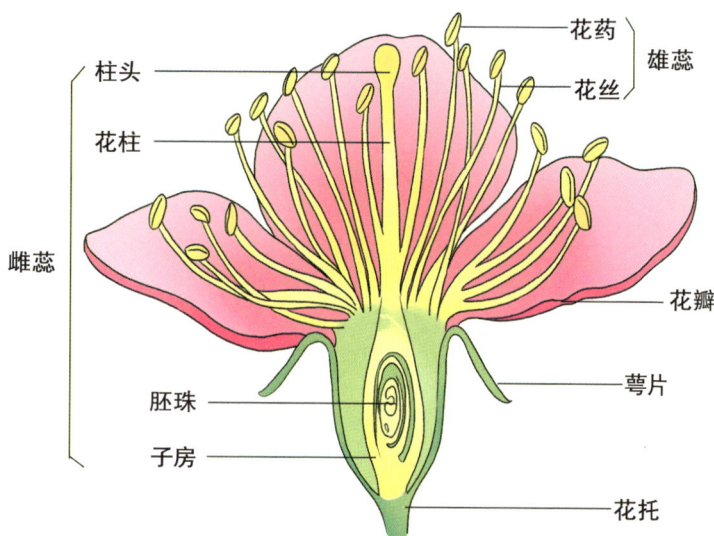

花的结构

自由组合：有些没有萼片；有些没有花瓣；有些只有雄蕊或者只有雌蕊，被称为单性花；有些子房随着雌蕊吐出花冠，有些则深深地埋藏在花托里……有时，我们眼中的"一朵"花其实是"一束"花，称为花序，比如韭菜花的小伞状花，其实是许多小花组成的伞状花序；向日葵的大圆盘上，每粒葵花籽的位置也是一朵小花，边缘也是一圈扁扁的舌状花，总称为头状花序。

花色起源

"万紫千红总是春"，花瓣的颜色是不同的色素造成的，比如有色体中的胡萝卜素、叶黄素提供黄色、橙色、橙红色等。而花青素会随着细胞液酸碱性的不同而展现出红、蓝、紫等颜色，比如绣球花的伞状花序在开放后就会转变多种花色，成为优秀的观赏花种。

但陆地植物并不是一开始就拥有这么多色彩的。开花植物距今1.5亿年前才出现在地球上，在此之前，地面被苔藓、蕨类和裸子植物霸占，主色调是绿色、灰色和棕色这类冷峻的色彩。

有证据表明，当时的花萼、花瓣、雄蕊、雌蕊这些模块并不是像现在这样由一个花苞为起点，放射性地"爆发"出一朵花，而是像串糖葫芦一样，上下依次排列在一条枝上，是这条花枝被压缩后才演化成了花朵的样子。而地球上最初的花瓣，来源可能是一枚变异的雄蕊，也可能是一枚失去了叶绿素、得到色素的花萼。本来，这些植物的器官理应最大规模地呈现绿色，以便于实现最大限度的光合作用才对，那为什么花瓣要舍去叶绿素，变成今天的样子呢？

风媒花与虫媒花

仔细观察会发现，世界上很多花并不像我们常常观赏的花瓣那样鲜艳美丽，而是看起来平平无奇，我们甚至不称其为花。比如玉米的须、杨树的穗、狗尾巴草的毛毛，其实都是花——植物的生殖器官。

这些"花"并没有五颜六色的花瓣，因为它们传播花粉靠的是风力，称为风媒花。风媒花一般小而不鲜艳，也没有香花那样的蜜腺和香味，但它们产生的花粉数量多，而且表面光滑、干燥、质地轻，便于被风吹到更远的地方。地球上最早的花，极有可能就是风媒花，后世的风媒花也凭借演化，为尽可能地利用风力做了努力（当然，这都是在进化的压力下被动进行的）。比如有些花的柱头可以分泌黏液，有些花的柱头分叉，都是为了增大接受花粉的机会；杨树的花穗随风摆动，有利于花粉散落；较多的风媒花植物趁早春忙着开花，"先花后叶"或者"花叶同放"，让叶片不要碍着花粉飞离……但是，风并不是足够精确的媒介，毕竟刮不刮风是一件不确定的事情，过于随机的结果就是效率低下。

于是，那些颜色各异的彩色花就应运而生，这也就能回答刚刚提出的问题：花朵之所以有艳丽的外表，是为了得到更有效的授粉途径，那就是昆虫。依靠昆虫传播花粉的花，就是虫媒花。虫媒花多具有美丽夺目的花瓣、发达的蜜腺和香味，可以吸引昆虫前来摄食。虽然植物不会走路，但只要在演化上能与动物产生互惠互利的效果，动物就会把这种行为深深地刻在自己的基因里，以后每一代都可以给花"打工"。最具代表性的授粉昆虫就是蜜蜂，它们几乎全部以花蜜和花粉为食。

古诗词里的科学现象

共同进步

风无法进化自己，但虫为了更方便地摄取花粉和花蜜，花为了更有效地吸引虫族，都可以为对方做出改进（当然，这也是在进化的压力下被动进行的），以蜜蜂为例：

花粉表面逐渐由光滑变得凹凸不平甚至有黏液，以便更有效地附着在蜜蜂身体上；蜜蜂的腿上也进化出了"花粉刷"和"花粉筐"的结构，来存储更多的花粉，在不同的花朵间传播时不至于丢失大半。一些花瓣演变成特殊的台状，或是花瓣上有细微结构形成的独属沟壑，像带有指示牌的停机坪或飞机跑道一样，供蜜蜂安全降落，以及雄蕊和雌蕊的位置和形状，都好像为蜜蜂专门计算过一样。

长期与花共舞的过程，还使蜂群进化出了如今由"蜂后、雄蜂、工蜂"组成的社会化群居状态。它们中负责采蜜的是工蜂，它们在幼虫时期摄取的蜂王浆不足，只摄取一般的蜂蜜，导致生殖系统发育不完善，只有在某些特殊情况下才会产卵，平常除了保卫蜂巢外，就是在无休止地采集花蜜。

另外，蜜蜂的视觉和人类不同，它能看到紫外线。金光菊等花的花瓣就利用这一点，在花心分泌大量的蜜糖，其中含有可以吸收紫外线的黄酮醇、葡萄糖等，在蜜蜂的视域中制造出有花蜜地带和无花蜜地带的区分，令蜜蜂能更轻易地找到花蜜和花粉。所以，我们看来单调的白色花，在蜜蜂的眼中有可能是色彩缤纷的蓝绿色。我们眼中的"万紫千红总是春"，在昆虫那里只是"小儿科"，它们眼中的花丛比我们眼中的更加绚丽，那是人类大脑难以想象的色彩海洋。

念奴娇·过洞庭

〔宋〕张孝祥

洞庭青草，近中秋，更无一点风色。玉鉴琼田三万顷，着我扁舟一叶。素月分辉，明河共影，表里俱澄澈。悠然心会，妙处难与君说。　　应念岭海经年，孤光自照，肝肺皆冰雪。短发萧骚襟袖冷，稳泛沧浪空阔。尽挹西江，细斟北斗，万象为宾客。扣舷独啸，不知今夕何夕！

　　这首词的上阕描写了洞庭湖的月夜景色：无风之夜，湖水平静无波，光洁似镜，在月色的照射下犹如三万顷玉石铺地，宏阔而澄澈。"玉鉴琼田三万顷，着我扁舟一叶"，在广阔无边的湖面上，只有词人一人乘着小舟。自然的广阔与人的渺小，形成鲜明对比。词人却豪迈自得，仿佛他已经反客为主，成为这片玉鉴琼田的主人。

　　"悠然心会，妙处难与君说"，美景良宵只能在内心细细体会。洞庭湖的自然境界和诗人的内心境界已经合而为一，"孤光自照，肝肺皆冰雪"。

　　词人在夜里泛舟洞庭，无人陪伴，"短发萧骚襟袖冷"。然而他并不孤单，他将那西江水当作美酒，细细斟入北斗七星做的酒勺中，将天地万物作为宾客，欢畅共饮！"不知今夕何夕"，词人叩打船舷，放声歌唱，沉浸在豪阔的洞庭湖景色之中，泯灭了时间感。我们隔着悠悠千古，仿佛也能体味出词中超然物外的情怀。

尽挹西江，细斟北斗：夜空中的大"勺子"为何成了路标？

北斗七星，夜空中的路标

夜空浩渺，无边无际，数不尽的恒星从遥远的宇宙中释放出光芒，吸引着人们的目光。不过，要想弄清楚那些星星的位置和名字，可不是一件容易的事情，只有久经训练的观星者才具备这种本领。

从古代起，为了更好地认识星空，人们将天空划分成许多区域，并把一些三五成群的恒星划分为各种组合，也就是我们常说的"星座"和"星宿"。人们根据恒星的排列形状，把星座和星宿想象成神话中的人物或器具，演绎出一段段生动的传说。

大家在夜里仰望星空的时候，想必都会留意到天空中那个醒目的"勺子"。七颗星星明亮地悬挂在北天，排列而成的形状像是一个舀水的斗勺，这就是著名的"北斗七星"。需要注意的是，北斗七星并不是一个星座，而是由七颗明亮的恒星组成的星群，它是大熊座的一部分。

北斗七星由七颗恒星组成，它们分别是：天枢（贪狼）、天璇（巨门）、天玑（禄存）、天权（文曲）、玉衡（廉贞）、开阳（武曲）、摇光（破军）。其中，天权的亮度最暗，是一颗3等星。其余六颗恒星都属于2等星，玉衡最亮，亮度几乎接近1等星。

北斗七星的形状排列实在太独特了，就算是毫无天文知识的人，也能一眼认出来。无论是在沙漠、荒野，或是辽阔无垠的海面，北斗七星悬挂在北天，充当着夜空中的路标，它帮助人们在黑暗中确定方向，避免迷路。在北美洲的民间传说中，黑奴逃亡的时候，会在夜空中寻找"葫芦瓢"，指引他们前往自由的北方，这里的"葫芦瓢"指的也是北斗七星。

北极星和小北斗

对于观星者来说，北斗七星具有十分重要的天文指示作用，通过北斗七星，我们可以找到并识别出夜空中的许多天体。《四季认星歌》中唱道："春风送暖学认星，北斗高悬柄指东。斗口两星指北极，找到北极方向清。"按照这个口诀，我们将视线沿着北斗"斗口"处的天璇和天枢，向外延伸5倍距离，就可以看到一颗明亮的星星，这就是北极星。

北极星指的是最靠近北天极的一颗恒星，它位于北极的正上方，几乎正对着地球自转轴。所以，在北半球的任何一个地点观测，北极星的位置常年不变，看起来像是一颗不会移动的星星，永远位于正北方。

实际上，北极星不是某一颗特定的恒星。在不同的时期，担任北极星的恒星也不一样。现阶段的北极星是小熊座α星（勾陈一），它位于小熊星座的尾巴上。小熊星座中，也有七颗恒星可以组成一个较小较暗的勺子形状。所以，这七颗恒星的组合被称为"小北斗"。

北极星

小熊座

摇光　开阳　玉衡　天权　天枢

天玑　天璇

大熊座

几千年来,北极星一直被人们视为北天极的标志,用来指示正北方。在没有指南针的年代,北极星就是夜空中的王者,当时地中海地区的人们依赖北极星指明方向,进行航海活动。

斗转星移:北斗七星的运动

一年四季,每天的不同时刻,我们看到的星空总是不太一样,那些星星仿佛一刻不歇地在移动。我们平常所看到的星星的移动,主要来自地球的公转和自转。地球围绕太阳公转,形成了四季更迭;地球绕着地轴自转,形成昼夜交替。地球自西向东旋转,我们站在地球上观看星空的时候,就像是站在一个不停旋转的观星台上,我们所看到的太阳、月亮和星星都是从东方升起,在西方落下,最终消失在地平线下。

日升月落,斗转星移,星星在天空中的位置也总是在有规律地发生变化。一年四季,北斗七星绕着北极星自东向西运动,斗柄朝向也会随着季节而发生变化。中国古人很早就掌握了北斗运行的规律,他们根据斗柄的朝向来分辨春夏秋冬,判断节气时间。古籍《鹖(hé)冠子》中记载:"斗柄东指,天下皆春;斗柄南指,天下皆夏;斗柄西指,天下皆秋;斗柄北指,天下皆冬。"

《论语》中记载:"为政以德,譬如北辰,居其所而众星共之。"这句话的意思是,用德政治理国家,就像是北极星居于特定的位置,而群星都会围绕着它。中国古代的天文学体系里,北斗七星和北极星都占据着重要地位,它们被合称为"斗极"。其中,北极星象征着天帝,而北斗则是天帝出巡时所乘驾的御辇。一年四季,斗柄方向随着季节变化,在天空中旋转,象征着天帝巡视四方。

在浩瀚无垠的宇宙中,一颗恒星与另一颗恒星之间的相对位置也会发生移动,只不过这种移动需要经历极其漫长的时间。人类所能观察到的变化微乎其微,不值一提。根据科学家的推测,一万多年以后,勾陈一将远离北天极。那时候,地球的自转轴将指向织女一,也就是前面提到过的织女星,它会成为新晋的北极星。

除此之外,虽然人们已经习惯了北斗七星像个勺子一样挂在天空,但是这个勺子也并非一成不变。北斗七星正在以肉眼不可察觉的细微尺度,极其缓慢地改变着形状。科学家预测,10万年后,它将不再是我们熟悉的勺子形状。

约 客

〔宋〕赵师秀

黄梅时节家家雨，

青草池塘处处蛙。

有约不来过夜半，

闲敲棋子落灯花。

黄梅时节，家家户户都笼罩在雨雾之中，池塘边生满青草，处处蛙声。等待的友人过了半夜还没有到来，诗人只好百无聊赖地坐在窗边，轻轻敲打着棋子，闲看灯花落下。

这首诗前两句对仗工整，用精练的语言写出了梅雨季节的独特风景：家家烟雨，青草池塘。诗人在干什么呢？这首诗名为"约客"，实际上，客人始终没有现身，只有诗人在独自等待。时间已经过了午夜，雨声、蛙声、敲打棋子的声音，合奏成一出此起彼落的交响乐，反衬得夜色更静，人更孤寂。可能是为了看看客人有没有到来，诗人望向窗外，不由自主地拿起一颗棋子，敲打着桌面，无意间震落灯花。这首诗写的是"等待"，最后的情绪却落在一个"闲"字上，一连串的动作都在不经意间完成，更显得百无聊赖，可见诗人等待时间之久。

品读这首诗的时候，我们耳畔似乎萦绕着缭乱的雨声、蛙声和棋子声，仿佛也置身于那片江南烟雨之中，感受到了诗人在那一夜的心境。

古诗词里的科学现象

黄梅时节家家雨：江南烟雨何处来？

每年6、7月，长江中下游地区的天气阴沉、溽热，连绵多雨，这便是我们所说的梅雨季节，俗称黄梅天。

"梅雨"的名字，最早来源于江南的梅子，诗中说"黄梅时节家家雨"，描述的就是江南六月梅子黄熟的时节，家家户户都被笼罩在淡淡的烟雨之中。这句诗恰好为我们诠释了"梅雨"的来历，充满了诗意。不过，在日常生活中，梅雨的名声可不太好。

梅雨时节，太阳光稀少，闷热潮湿，人走到哪里都躲不开那股黏滞的潮气。家具、衣服和食物容易发霉，若是不讲究卫生，蚊虫、细菌也会乘虚而入，滋生出各种疾病——实在是个倒霉的天气！久而久之，梅雨便被冠上"霉雨"这个诨号。

我国的梅雨区域面积十分广泛，主要包括亚热带季风气候影响下的长江中下游地区、台湾岛、辽东半岛等地。此外，朝鲜半岛南部和日本中南部地区也有梅雨季。梅雨是仅存于东亚地区的一种独特的天气现象，在地球上相同纬度的其他地区都没有梅雨季节。

那么，梅雨是怎么形成的呢？为什么南方的很多地方每年到了这个时间都会下雨？

梅雨的形成

梅雨本质上是一种锋面雨。要想知道梅雨的形成原因，我们需要先来看看锋面是如何形成的。

在大气运动中，冷气团和暖气团的交界面，被称为锋面或锋区，其范围有几百米到几千米不等。当冷气团和暖气团相遇的时候，冷气团在锋面下，暖气团在锋面上。锋面附近，由于气压、温度、湿度等差异，空气运动异常，天气变化剧烈，常常出现云、雨、风等天气现象。

在锋面附近，冷暖气团相遇，较轻的暖湿气流上升，遇冷后凝结所形成的降雨就是"锋面雨"。锋面雨的特点是：水平范围大，常常会沿着锋面呈现带状分布，形成一条狭长的雨带。

冷气团主动向暖气团移动形成的锋，被称为冷锋；暖气团主动向冷气团移动形成的锋，被称为暖锋。如果双方势均力敌，再加上地形阻挡、冷气团势力减弱等因素的影响，冷、暖气团的交界面可能会呈现出静止状态，这就形成了准静止锋。长江中下游地区位于欧亚大陆东部的中纬度，主要受到两股空气的影响：一是从寒带南下的冷空气，一是从热带海洋而来的暖空气。每年6月中旬，在东南季风的吹拂下，太平洋暖湿气流来到大陆，与来自北方的冷空气相遇。这一时期，由于冷、暖气团势均力敌，相持不下，就形成一条东西向的准静止锋，也就是梅雨锋。暖气团中含有大量水汽，遇到冷气团后，产生大量对流活动，给这些地区带来长时间的降雨。这就是梅雨形成的原因。

梅雨锋长时间盘旋、滞留在长江中下游地区，形成一条南北

古诗词里的科学现象

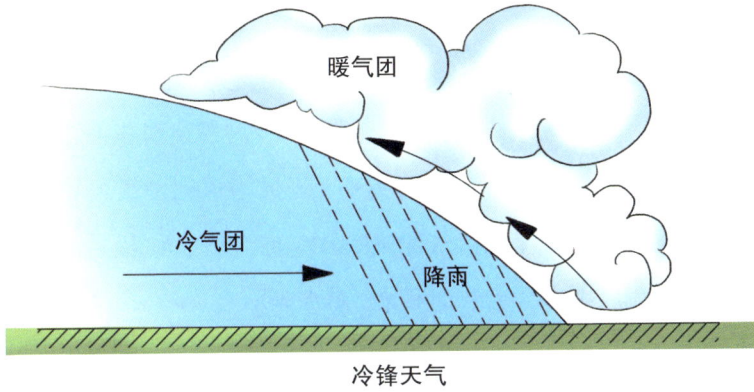

暖气团

冷气团

降雨

冷锋天气

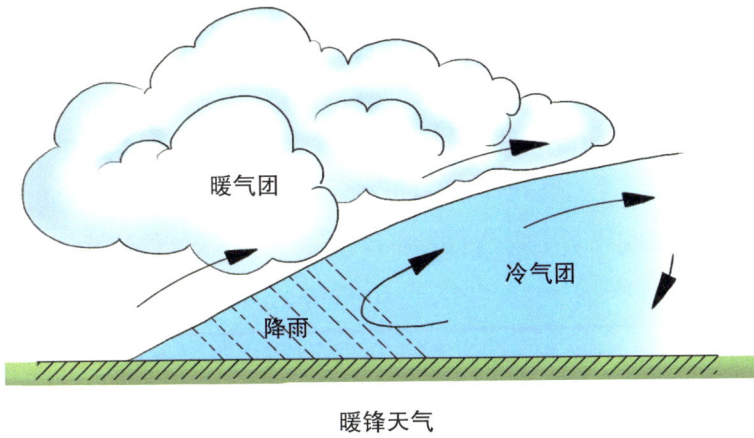

暖气团

冷气团

降雨

暖锋天气

宽二三百千米,东西长达两千千米的雨带,向东一直可以延伸到韩国、日本。

入梅和出梅

我们知道,每年夏天,我国东南沿海地区会遭受台风的侵扰。台风雨和梅雨的形成原因不一样,两者需要区别开来。

台风是发生在太平洋的热带气旋,风力达到12级或12级以上。台风携带的海洋湿热气团之中,上升运动强烈,极易形成大量降水。台风雨通常短暂而暴烈,雨水倾泻直下,一次降雨可达数百毫米,甚至一千毫米以上。

每当台风过境,就会给陆地带来狂风暴雨,以摧枯拉朽之势,淹没建筑物和田地里的庄稼,甚至引发洪灾。台风一般能够维持10天左右,然后便退居幕后,像是一头来去匆匆的猛兽,来得快,去得也快。

相比之下,梅雨的性格温和、绵软,看起来很好相处。但是,它的威力也不可小觑。梅雨维持时间的长短,对气候环境产生的影响至关重要。梅雨一般从6月中旬开始,到7月上旬结束,能够持续20天左右。梅雨开始的时间叫作"入梅",梅雨结束的时间叫作"出梅",这段时间恰好是水稻的成长时期,适量的梅雨可以为农作物生长提供充沛水分。根据记载,过去几十年里,短的梅雨只持续了2至3天,长的则连绵两个月。有些年份,梅雨未能如期而至,或者只是短暂停留,被人们称为"空梅"或"短梅"。这种情况下,降雨量较少,可能会造成旱灾,影响农作物的收成。

如果梅雨持续时间太长，再加上雨带的面积广泛，则有可能造成严重的洪涝灾害。

倒黄梅

出梅之后，长江中下游地区的天气趋于稳定，此时冷空气已经北上，暖空气成功夺得地盘，晴热的天气笼罩大地，这里开始步入一年中最炎热的盛夏时节。也许有人会问：梅雨季结束后，就不再下雨了吗？

要是这么想，那可就大错特错了。民间俗语有云："小暑一声雷，黄梅倒转来。"小暑前后，天空中传来一声雷鸣，燥热的空气里散发出雨水的气息。紧接着，一阵暴雨从天而降。这就意味着倒黄梅来了！这种天气状况就像是黄梅天离开以后，掉了个头，又倒转回来，所以被形象地称为"倒黄梅"。

倒黄梅出现的根本原因是冷空气势力强盛。北方的冷空气再次南下，与暖空气相遇，形成降雨。通常情况下，倒黄梅的持续时间较短，雨量较少，一般只能维持7到10天。

乡村四月

〔宋〕翁 卷

绿遍山原白满川，

子规声里雨如烟。

乡村四月闲人少，

才了蚕桑又插田。

　　这首诗描绘出乡村四月的初夏风光和农忙时节的劳作景象，表达了诗人对乡村生活、劳动人民的赞美和热爱。

　　子规，就是杜鹃鸟、布谷鸟，啼叫声好似"布谷、布谷"。四月的乡村，漫山遍野都是绿色，河中涨满水，白光辉映，细雨飘洒如烟，四周传来几声杜鹃鸟的啼声。四月的乡村很少有闲着的人，村民们刚忙完了桑蚕，又要去插秧。

　　诗歌前两句写自然景象：山原绿遍，草木葱郁，流水满河，细雨如烟。画面是满的，也是动的，一"绿"一"白"铺垫出全诗的底色，清丽明快。杜鹃的啼叫声悠远悦耳，生机勃勃。"才""又"二字表明农事一个接一个，村民们的劳作忙碌而充实，没有明言"忙"字，却不难看出此时正是农忙时节，解释了为何"乡村四月闲人少"。

　　这首诗写景清丽，叙事朴实，笔调明快，富有浓郁的生活气息，为我们勾勒出一幅田园牧歌式的生动图景。

乡村四月闲人少，才了蚕桑又插田：乡村四月，村民为啥这么忙？

　　农历四月是农忙时节，占据着两个重要节气：立夏和小满。立夏后，白天开始变长，黑夜变短，日照增加，气温逐渐升高，为动植物的成长提供了有利的自然环境，万物欣欣向荣。春天播种的农作物，也在此时进入旺盛成长的阶段。诗中说："乡村四月闲人少，才了蚕桑又插田。"对于居住在山村里的农民来说，农历四月要抓紧时间劳作，一点儿都闲不下来。诗中提到的桑蚕和插田，是传统农业生产中极其重要的两项劳动。

桑蚕，造就丝绸之路的虫子

　　桑蚕，又名家蚕，鳞翅目泌丝昆虫。因为它能够结茧吐丝，所以获得了一个英文名 silkworm，意思是"丝虫"。

　　中国养蚕的历史很悠久，传说中，黄帝的妻子嫘（léi）祖驯养野蚕，从中取丝编织成绢，因此被后人尊为"先蚕"。根据出土文物考证，我国养蚕已有五千年历史，中国的养蚕技术一度是个让世界感到好奇的秘密。

　　家蚕属于完全变态昆虫，在成长发育过程中，它的生理机能、形态和生活习性都发生过明显变化。蚕的生命周期可以分为四个阶段：卵、幼虫、蛹、成虫。

下面，我们就来看看家蚕的"变形记"：

刚刚孵化的蚕卵看上去黑黑的，像一只只小蚂蚁，被称为"蚁蚕"。两三个小时后，家蚕开始进食，躯体逐渐变得白白胖胖。家蚕在幼虫时期饭量很大，疯狂地吃桑叶，摄取营养。它生长迅速，躯体不断膨胀，直到无法继续成长，便开始蜕皮。家蚕在蜕皮时静止不动，像是在休眠，因此被称为"眠蚕"。就这么吃了睡，睡了吃，家蚕在享用过盛大的自助餐之后，体重可以增长至原先的一万倍！

家蚕要经历四次蜕皮，才能吐丝结茧。它吐丝的工具是两条呈管状的丝腺，前端较细，左右两条丝腺分别吐丝，然后合并成一条。蚕会先在桑叶的间隙里找个合适的地方，一直蠕动着吐丝，将自己包裹起来。直到消耗掉丝腺内的所有分泌物，方才结束吐丝，蜕变成纺锤状的形态。蚕吐丝结茧是一种出于本能的行为，为了给自己建造一座封闭坚固的堡垒，抵御外部侵扰，适应变化多端的自然环境。家蚕将栖居在这个温暖坚固的茧内，度过从幼虫到成虫的过渡期，直到完成羽化。

洁白的茧，从外部看起来毫无动静，其实内部正在发生激烈的变化。蚕蛹正在完成发育变态的最后阶段——"羽化"，原先的组织、器官被破坏，然后生长出新的组织、器官。当它破茧而出，再次现身的时候，已经改头换面，从蚕蛹变成了"蚕蛾"——形状像蝴蝶，全身覆盖白绒绒的鳞毛。不过，因为翅膀过短，蚕蛾已经失去了飞翔的能力，它的口器也已经退化，无法进食，只能依靠幼虫期摄取的营养存活。

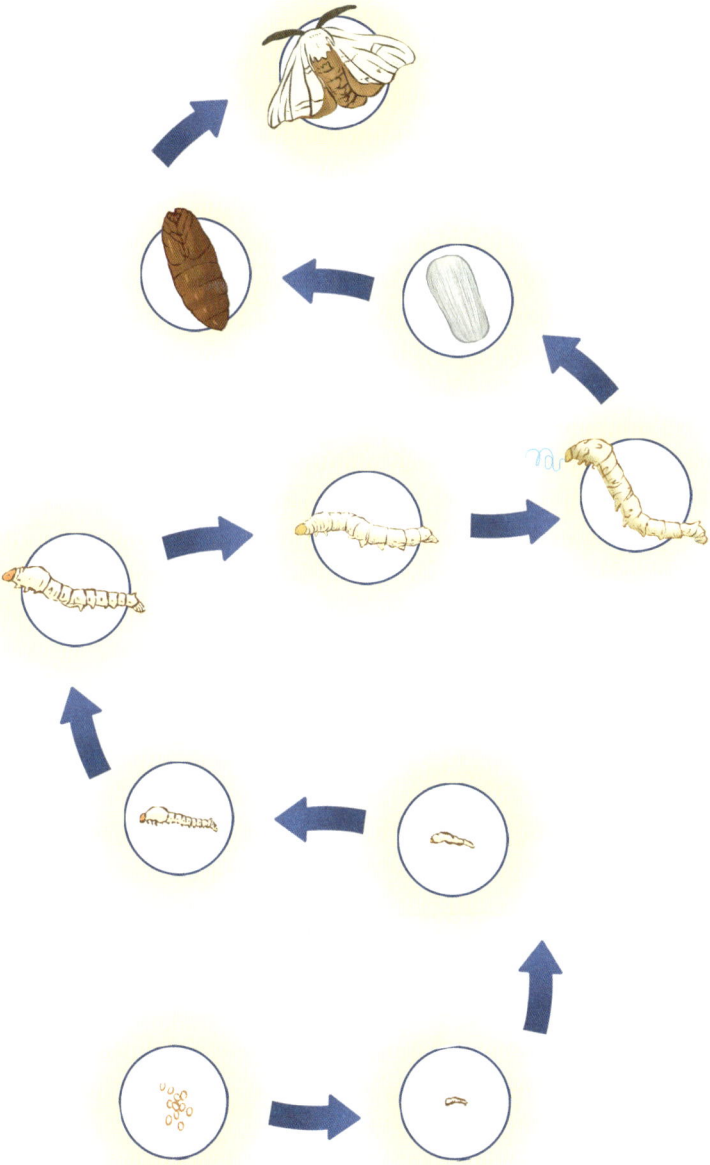

蚕的一生

这一时期，蚕蛾亟须寻找配偶进行交配、产卵，当它完成繁衍的使命之后，没过多久便会死去。那些卵则会继续孵化，进入下一轮生命循环。

大自然的规律就是这样周而复始，循环往复。如果没有人类的介入，蚕的一生将无数次重复上演着这样的轮回。不过，人类偶然间发现了蚕丝这种珍贵的天然纤维，故事从此转向了另一种结局。

剥茧抽丝

养蚕人趁着蚕蛾还没有破茧，将完整的蚕茧放入水中煮沸，从中抽取蚕丝。每只蚕茧都能抽出一根连续不断的蚕丝，长度可达800至1200米。

蚕丝的主要成分是蛋白质和氨基酸，坚韧而富有弹性，是强度最高的天然纤维之一。这些纤长的蚕丝经过织造，变成一匹匹光泽闪烁的丝绸，深受世界各国人们的喜爱。

西汉时期，张骞出使西域，开辟了一条从当时的首都长安开始，经过今甘肃、新疆，抵达中亚、西亚和地中海的陆路通道。此后，东西方各个国家沿着这条道路进行贸易往来，丝绸便是中国对外贸易的主要商品之一，所以这条路被称为"丝绸之路"。

中国古代的丝制品工艺繁复，蚕丝经过染色、纺织、刺绣、缂（kè）丝等工艺，呈现出各式各样的花样纹理，美轮美奂。毫不夸张地说，蚕宝宝是造就丝绸之路的大功臣，而蚕桑养殖则成为我国古代劳动人民的一项极其重要的工作。桑树原产自中国，适宜在25至30摄氏度的温度中成长。桑叶宽大肥硕，散发出淡淡的苦涩气味，是家蚕最喜爱的一种食物。《乡村四月》里描述的时间正值初夏，是桑树茂盛的季节，农民们忙着采摘桑叶，饲养桑蚕，来满足这些"大胃王"的胃口。

插　田

农历四月，如果前往南方农村，可以看到农民们赤脚站在水田里，弯下腰，将青翠的秧苗分成小簇，每簇几株，依次插入水田里。等到农民们完成这道工序，水田里便被秧苗填满。青翠的秧苗排列工整，间隔着均匀的缝隙，直挺挺地立在水田里。

这个过程叫作插田，也叫插秧。插田可以让每棵禾苗都能汲取足够的日照、养分，留有扎根生长空间。如果将种子播撒在田地里，分散种植，会导致禾苗参差不齐，生长不均匀；要是秧苗密密麻麻地排列在一起，又无法保证秧苗拥有足够的生长空间，容易营养不良。插田也就是先集中育苗，再将秧苗从密集种植的秧田移栽到大范围的稻田中，利于其后续成长，管理起来也更加方便。插田时常常留有间隙，可供农民们从中穿行，方便以后的管理和除草。

雪 梅

〔宋〕卢　钺

梅雪争春未肯降，

骚人阁笔费评章。

梅须逊雪三分白，

雪却输梅一段香。

　　梅花和雪花都在相同的季节出现，它们孤芳自赏，都认为自己是早春的象征，谁也不肯服输，只好让诗人来写诗评判。诗人从"白"和"香"两个方面给出了公允的评价："梅须逊雪三分白，雪却输梅一段香。"梅花比雪花少了三分洁白，可是雪白却比梅花少了一股芬芳。由此可见，诗人费尽心思，依旧没能给它们评出胜负。这两句诗不只概括出梅花和雪花的特点，还蕴含了一个哲理：凡事都有两面，有长处也有短处，二者相提并论，未必能分出高下。

　　自古以来，咏梅诗中的佳作多不胜数，诗人们往往将梅花和雪花相提并论，来赞颂梅花不畏严寒，散发幽香。比如王安石就写过"遥知不是雪，为有暗香来"，又比如张谓写的"不知近水花先发，疑是经冬雪未销"。然而，卢梅坡并没有落入前人窠臼，也没有厚此薄彼，偏袒雪花或梅花。他亲自与雪花、梅花"对话"，采用拟人化手法，给我们杜撰了一个"梅雪争春"的小故事，实在是妙趣横生。

梅须逊雪三分白,雪却输梅一段香:雪花,雪花,雪能开出几种花?

雪是白色的吗?

卢梅坡在诗中说"梅须逊雪三分白",他盛赞了雪花的洁白,并且断言这是梅花所无法比拟的一个优点。一直以来,人们都用洁白、纯洁之类的词语形容雪花,就连童话里的白雪公主也是肌肤如雪。雪是白色的,这一点似乎早就成为全人类的共识。

可是,如果我们留意一下落在外套上的一片片雪花,或是用显微镜去观察雪花,就会发现事情并没有这么简单:那些单个的雪花像冰一样呈现出透明的质地,压根儿不是白色。

其实,雪是一种透明无色的结晶状固体冰。单个雪花的体积微小,重量极轻,一般直径为0.5至3毫米,重量为0.2至0.5克。所以雪花晶体就像玻璃片一样,也有许多反射面。当无数雪花堆叠在一起,光线经过无数次的折射和反射,就会呈现出白色。所以,大雪天里,我们看到的那些覆盖在地上、树枝上、屋顶上的雪堆都是白色的,它们之中蕴含着无数片雪花,层层堆积。天空中飘落的鹅毛大雪,也不是单独的一片雪花,而是许多雪晶的凝聚物,它们在空中相互攀结,纠缠在一起。

不过,梅花的品种各异,从白色到粉红色都有,诗人那个年代的梅花品种在今天已经不复存在,并且他看到的极有可能是野生梅。野梅呈现五片单层的白色小花瓣，因为它的花瓣里没有足够多的色素。如今最接近这种野梅的观赏梅花是"江梅"，就是野梅的后代。

一朵雪花的旅程

如果给你一支画笔，让你画出一朵雪花的模样。你会怎么画呢？

说起雪花，我们不假思索就会想起拥有六个枝丫的星形图案。毕竟，一直以来，星形雪花的模样实在是深入人心。可是，现实中的雪花究竟是什么形状呢？

前面讲过，冰的形成是因为冰晶在凝结核上不断地生长延伸。雪花也一样，但在它的形成过程中，雪花的"种子"冰晶被风裹挟着，四处飘荡，随机生长。每个冰晶走过的路径都不一样，经历过不同的大气环境，所以，每一朵雪花最终呈现出来的模样也是千变万化，各不相同，就像人们常说的那样："世界上没有两片一模一样的雪花。"

雪花的形成主要受到两个因素的影响：温度和湿度。在温度适宜、湿度较高的情况下，冰晶能够获得足够的水汽，可以发展出较为复杂、完整的形状和结构。冰晶在坠落的过程中，像树枝那样分出枝丫，不停地生长，形成华丽的六重对称结构，也就是我们最熟悉的"六出雪花"的模样。据专家研究，这种雪花一般出现在气温零下15摄氏度并且湿度充沛的情况下。

然而，大气层的环境动荡不安，充满变数，不总是能催生出

 十二瓣雪花

 三角雪花

 扇盘状雪花

 柱状雪花

 蕨类状雪花

 星盘雪花

在不同的大气环境下，雪花会呈现出各种模样

形状完美的雪花。在一朵雪花形成的旅程中，可能会遇见这样那样的意外。一些地区空气干燥，水分不足，雪花在结晶过程中很容易"发育不良"，即使气温冷到可以下雪了，可是飘落下来的雪花，仔细一看，只不过是简单的针状晶或板状晶，丝毫瞧不出"花"的形态。但是在实验室条件下，只要我们精确地控制温度和湿度，就可以造出两片完全相同的雪花。

有些雪花在落下的过程中遇到温暖气流，在空中就已经融化，失去了冰晶的结构；它们继续坠落，遇到冷气流后又冻结，形成半透明的"冰珠"。而有些雪花在完全融化之后继续坠落，却没有足够的冷空气让它再次凝结，于是就形成了"冻雨"；这些雨滴一旦接触低于0摄氏度的物体，便立刻冻结成冰。因为接触的物体不同，冻雨也千姿百态，比如，它可以是包裹在水果上的透明冰层，也可以是挂在树枝上的细长冰棱。

六出雪花

早在西汉时期，学者韩婴就已经发现了雪花的独特形状，他提出："凡草木花多五出，雪花独六出。"一般来讲，草木开花大多有5片花瓣，而雪花有6片花瓣，譬如诗中提到的白梅，也常常呈现出五瓣花的模样。

韩婴的这个角度很有意思，不只提出了雪花的结构，还将它与作为植物器官的花儿相提并论。由此可见，中国古人常常将雪也看作自然界中的一种"花"。顺着这个思路，我们就不难理解为何诗中的雪花要与梅花决一高下了。

但雪花的"花瓣"数目为什么是六，而不是五、七、八，或者其他数字呢？

　　这是因为小冰晶是一个六方晶体系的晶体结构。和一些金属、矿石、宝石一样，雪花的结构极为规整，也是由一个个"晶胞"不断延伸组成的。换句话说，晶体就是由晶胞按照严格的周期性生长成的结构。冰晶的晶胞是六角棱体，水分子和冰晶结合时，冰晶最容易向外延伸的方向有四个，也就是具有四个结晶轴，其中的三个结晶轴分布在同一个平面上，最后一个结晶轴和这个平面垂直。在气温零下15摄氏度、空气湿润时，这个孤立的结晶轴积累水分子会比其他三个慢，晶体就发育成片状的六出雪花；而气温低于零下30摄氏度、空气干燥之时，情况则反过来，这个孤立的结晶轴长得更快，就会形成六棱柱状的雪花，近似针状。

石 灰 吟

〔明〕于 谦

千锤万凿出深山，

烈火焚烧若等闲。

粉骨碎身浑不怕，

要留清白在人间。

　　这是一首托物言志之作，诗人借石灰的自吟，表达出不惧磨炼、不畏艰难的坚强意志，以及为国尽忠的献身精神和清白磊落的气节。

　　诗人于谦来到一座石灰窑前，看到了石灰锻造的过程：这些从深山里开凿出来的青黑色石头，经历过烈火高温的焚烧，粉身碎骨，最终变成了白色的石灰。诗人有感而发，将石灰的特质与人的性情结合起来，借物喻人，直抒胸臆，写出了这首流传千古的咏物诗。在诗人眼中，石灰的锻造过程，不就像是人世间的种种磨炼吗？大丈夫无论遇到了什么艰难险阻，都要从容不迫，等闲视之，即便是粉身碎骨，也毫不畏惧。

　　于谦为官清廉，品性正直，深受百姓爱戴，在国家危亡之际挺身而出，指挥了北京保卫战，《石灰吟》这首诗正是他本人一生的写照。

千锤万凿出深山：石灰石，塑造地球的重要材料

在遥远的新石器时代，人们还没有掌握金属的冶炼技术，手无寸铁，所以只能用木、土、石等容易获取的材料来营造建筑。石块毕竟粗糙不堪，人们试着用火来烧灼它，用蛮力粉碎它，想要让它变得更加纯洁细腻，更加便于储存和利用。经过无数次的尝试，他们惊奇地发现，一种灰扑扑、不起眼的石头，经过煅烧、锤炼等加工手段，竟然变得光洁白净又细腻，这就是最早的石灰。

古埃及人、古罗马人和古希腊人留下的建筑遗迹中，时常可见石灰材料，而中国古人也在公元前7世纪开始使用石灰。在我国的新石器时代遗址中，石灰一般用来加固建筑、使地面平整，因为其洁白细腻，也能达到方便采光、防潮的效果。可以说，掌握制造石灰的技术，是先民们窥探化学门径的重要过程。

生石灰与熟石灰

要想知道石灰怎么锻造，就要先来看看先民们得到了哪些原始材料。

他们首先找到的是石灰岩。石灰岩是一种以方解石为主要矿物的碳酸盐岩，常混有黏土矿物、粉砂等杂质。此外，白云岩

也可以用来炼制石灰，这是一种以白云石为主要矿物的碳酸盐岩，常混有方解石、黏土矿物、石膏等杂质，它们的共同特点是含有大量的碳酸钙。另外还有一些生物材料，比如《左传》中曾记载宋文公下葬用到了"蜃（shì）灰"，大的贝壳类动物即为蜃，蜃的贝壳是贝类腺细胞不断分泌含钙物质所形成的硬质外壳，是天然的碳酸钙矿。可见，这种石灰是用贝壳烧制而成的石灰质材料。

诗人描述了一整套制造石灰的流程。"千锤万凿出深山"，指的是从深山中开采石灰岩。所谓沧海桑田，大陆上有许多山石曾是亿万年前的海洋沉积岩，那里的石灰岩分层清晰，体量巨大，成分均匀，更能满足工业生产的需求。

得到了这些粗质的碳酸钙矿，就可以着手造石灰了。先高温煅烧（"烈火焚烧若等闲"），使碳酸钙分解为氧化钙和二氧化碳，氧化钙即为生石灰：

$$CaCO_3 \xrightarrow{\text{高温}} CaO + CO_2 \uparrow$$

《天工开物》中记载，这个过程中要用煤掺上泥捏成煤饼，然后一层煤饼、一层石块地堆叠起来，引火煅烧。这种土灶可以把温度提升到900至1100摄氏度。等石头被火烧酥，二氧化碳充分逃逸，就变成生石灰。生石灰化学性质比较活泼，和水剧烈反应，可以生成氢氧化钙，并且放出巨大的热量，体积也有所增大。这样得到的氢氧化钙，即为熟石灰：

$$CaO + H_2O \rightarrow Ca(OH)_2$$

林则徐主持的虎门销烟，就是把鸦片与生石灰混合放入销烟池，引水入池，用生石灰和水剧烈反应产生的热量销毁了罪恶的鸦片。现在去一些建筑工地观察，也可以看到工人用沙子堆成一圈，里面放上生石灰，再浇入水让它们反应，得到的就是膏状雪白的熟石灰膏，远看跟冰激凌仿佛，这就是"要留清白在人间"。

需要注意的是，古人口中的"生"和"熟"不仅限于烹调料理领域，而是适用于所有性质活泼还是稳定、加工程序更少还是更充分的对比，是一对泛指的概念。比如写字画画的"生宣"纸，用矾加工后就是"熟宣"纸；"生铁"反复锤打精炼，使其碳含量降低，逐渐精纯，就是"熟铁"。但一生一熟之间，体现了复杂的物理化学性质变化。

地球上的石灰石来自哪里

熟石灰膏被施用于建筑之后，会在干燥环境中逐渐硬化，其中的游离水慢慢蒸发了，留下硬质的石灰颗粒；同时，它也会吸收空气中为数不多的二氧化碳，变回碳酸钙，本质上又和那些沉积在地层中的石灰岩差不多了。这好像暗示着某种钙质与碳元素的循环过程：

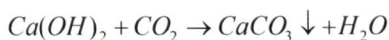

$$Ca(OH)_2 + CO_2 \rightarrow CaCO_3 \downarrow + H_2O$$

于是我们不禁想到，地球上最初的碳酸钙来自哪里？那么多的钙质和二氧化碳又是如何沉积在一起的？

毫无疑问的是，生物在石灰岩的形成过程中发挥了重大的作用。如果用显微镜仔细查看这些石灰岩矿，可以发现它们都是由一些颗粒、晶体等极细微的最小单位堆积起来的。通过观察

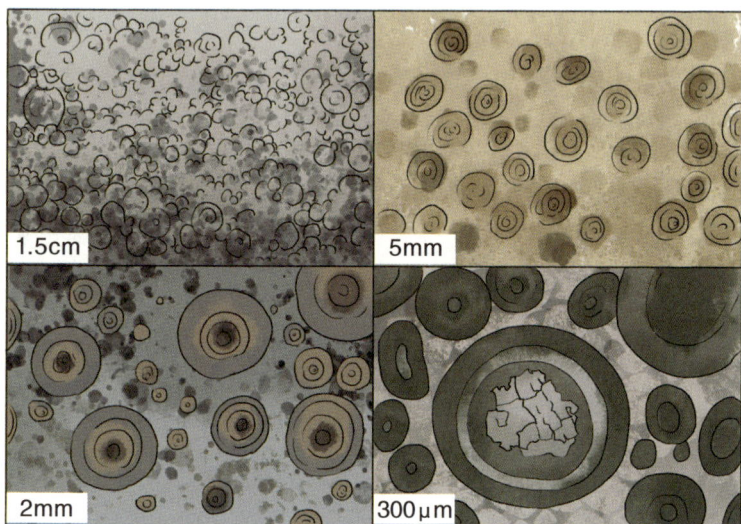

在显微镜下可以看到，最普通的石头也是由生命堆积而成的

这些最小单位，我们可以窥见一些石灰石形成的秘密。

比如，有一类石灰石的最小颗粒很像鱼子，科学家称之为"鲕（ér）粒"。早在18世纪时，人们就发现一些鲕粒中有藻类存在。鲕粒是蓝绿藻的黏液、藻丝体等物质黏附极细微的碳酸盐颗粒形成的。在"粪球粒灰岩"中，人们则发现了沙蚕类蠕虫、甲壳类动物（比如虾）的粪便。有的生物生来就会造就礁石，比如珊瑚虫、海绵、层孔虫、苔藓虫、钙藻等，它们的骨骼形成石灰岩后，往往呈现出复杂的生物格架和孔隙结构，在显微镜下面看，这些普普通通的石头就好像一座座被遗弃的科幻都市。也就是说，我们住房的建造材料、艺术家雕刻的石像，许多都来源于这些小东西的骨骼和遗迹，并且这种钙化作用，还在当今的大海中不断进行。

溶洞奇观

还有一种奇特的地貌与石灰岩有关，那就是溶洞。溶洞就是不断被水侵蚀的石灰岩洞。水是如何侵蚀石头的呢？碳酸钙遇到溶解了二氧化碳的水后，会逐渐变为可溶性的碳酸氢钙，在溶洞顶端悬坠或滴下：

$$CaCO_3+CO_2+H_2O \rightarrow Ca(HCO_3)_2$$

而碳酸氢钙遇到空气后，又会重新沉积为固体碳酸钙：

$$Ca(HCO_3)_2 \rightarrow CO_2\uparrow+H_2O+CaCO_3\downarrow$$

因此，这些溶有碳酸氢钙的水在洞顶和洞底逐渐沉淀为碳酸钙，随着水分的蒸发分别形成了垂悬而下的钟乳石和拔地而起的石笋，让溶洞有了一种石头丛林般的奇景。

这种岩溶作用又称喀斯特作用，它不仅限于在幽深的洞中。以这种化学溶蚀作用为主的地貌改造发生在地球上的许多地方，统称喀斯特地貌。高耸的石林、神秘的天坑……喀斯特作用形成的特殊岩石、水体结构无处不在。和那些小海藻努力沉积钙质相比，这又是另一种无关生命过程的无机钙循环过程了。

浣溪沙

〔清〕纳兰性德

身向云山那畔行，北风吹断马嘶声，深秋远塞若为情！
一抹晚烟荒戍垒，半竿斜日旧关城。古今幽恨几时平！

清康熙二十一年（1682），沙俄侵犯清朝的边境，占据了雅克萨城，烧杀掠夺，频繁地侵扰清王朝的北部边疆。康熙皇帝派人前去边疆，假借捕鹿的名义进行军事侦察。

本词的作者纳兰性德，是宰相纳兰明珠的儿子，也是皇帝的侍卫。这一次，他也奉旨出塞，前往黑龙江侦察。十二月，纳兰性德返回京城，这首词大概就是写于此次边塞之行。

词人朝着北方的边关行去，寒风肃杀，掩过了骏马的嘶鸣声。深秋出使边塞，词人心中充满复杂的思绪，面对残烟斜照、萧瑟荒凉的边关，他不禁回想起古时厮杀在这里的金戈铁马，勾起万千思绪……

这首词重于写景，景中含情，情和景水乳交融，不分彼此。一路上，随着词人所见景观的改变，他的思绪和情感也在发生转变。看到深秋边塞的风光，触动他的是羁旅之愁，以及对未来的迷茫不安；而当他抵达边关，看到营垒旧城，不禁追忆历史，深陷于怀古之思。

北风吹断马嘶声：冷空气，西伯利亚的来客

北风吹断马嘶声

纳兰性德抵达边塞之时是农历八月，他从北京来到此地，很快就感受到了遥远边塞的深秋气息——"北风吹断马嘶声"。在同一个时间段，华北还是青山绿水，黑龙江却已经北风呼啸，进入深秋。

我们知道，由于地球表面受热不均匀，所以形成了风。风就是空气的水平流动。由于受到地球自转的影响，风向会发生偏转，所以，我国的冬季盛行偏北风。

温度差异又导致了气压差异。沉重的冷空气下沉，在靠近地面的空间形成高压区；暖空气上升，在靠近地面的空间形成低压区。气压的高低，直接影响风速。

黑龙江流域位于我国的北方边疆，更加靠近冷空气的发源地。该地的气候属于温带季风气候，夏季受到东南季风的影响，降水充沛；冬季受到西北季风的影响，干燥寒冷，降雪较少。

那么，冷空气究竟是从哪里来的，又是如何形成的呢？而且夏天的风温和、湿润，让人感到舒适。但是，冬天的风却寒冷干燥，风力强劲。同样是风，为什么差别就这么大呢？

我们知道，风总是从高气压吹向低气压，高压和低压之间的落差越大，风速就越大。我国的冬季风之所以如此冷酷、剧烈，

就是因为它来自西伯利亚高压。

西伯利亚，没有屋顶的监狱

我们常常在天气预报中听到"来自蒙古国、西伯利亚的冷空气"。那么，西伯利亚究竟在哪里呢？为什么这个遥远陌生的地方与我们的冷暖息息相关呢？

打开一张世界地图，你会发现，西伯利亚的面积实在广袤，它横亘在欧亚大陆北部，大约有1276万平方千米，占据着俄罗斯75%的国土面积。

西伯利亚其实是北亚一片广阔地带的总称，西起乌拉尔山脉，东临太平洋，北至北冰洋，南至蒙古国、外兴安岭。它位于亚欧大陆的中高纬度地区，北部地区在北极圈以内。

我们将目光移到北纬65°40'的地方——白令海峡。在这里，亚欧大陆和美洲大陆隔海相望，它们之间最短的距离只有82千米。大约1万年前，白令海峡的水位很低，形成了陆桥。历史学家认为，那时候有一批亚洲人长途跋涉，穿越陆桥，从西伯利亚迁到了美洲，成为印第安人的祖先。

西伯利亚的意思是"沉睡之地"，但是这块地方可不算安宁，尤其是在冬天，西伯利亚极其寒冷，最冷月的温度低于零下40摄氏度。西伯利亚东北部的一个村庄的最低温度曾达到零下71.2摄氏度的记录。

西伯利亚的自然资源极其丰富，有茂密的森林、矿产和各种动物。但是，一到冬天，河流冻结，严寒荒凉，生存环境变得极端恶劣。所以在沙皇俄国和苏联时代，这里曾经一度是流放罪犯的地方，因此它还有个让人闻风丧胆的名字——"没有屋顶的监狱"。

西伯利亚高压

如此强大的寒冷地带，究竟是如何形成的呢？

秋分过后，太阳直射南半球，北极地带进入一年中最寒冷的时期。因为长时间没有阳光，大面积冰雪覆盖，北极变成了一个寒冷的冰窟，积蓄着大量的冷空气。这股冷空气要向南挺进，西伯利亚就是它的必经之路。我们知道，空气越冷，气压越高，北极的冷空气长驱直入，并且一路上积蓄冷力，在西伯利亚得到加强。

我们来看西伯利亚的地形：东、西、南三面都有山脉阻挡。这个地形为北极冷空气提供了一条南下的坦途，而暖湿的海洋气流恰好被阻挡在外。

西伯利亚纬度、海拔较高，冬季又长又冷，部分地区出现极夜现象，只能接收到很少的太阳辐射。因为海陆热力性质差异，这段时间的大陆降温速度快，海洋降温速度慢。气流从太平洋流向亚欧大陆，在西伯利亚一带形成大范围的高压区。

西伯利亚高压是典型的大陆气团，其范围可达几千千米，厚度为几千米到几十千米不等，发生时间是每年的秋分到冬至间，1月左右，势力最为强盛。冷空气以平均每小时50千米的速度，一路向南，穿越蒙古国、中国，影响着我国各地的气候。在这南下的旅程中，冷空气不断升温，春季时势力减弱，向北退缩，直到盛夏才消亡。

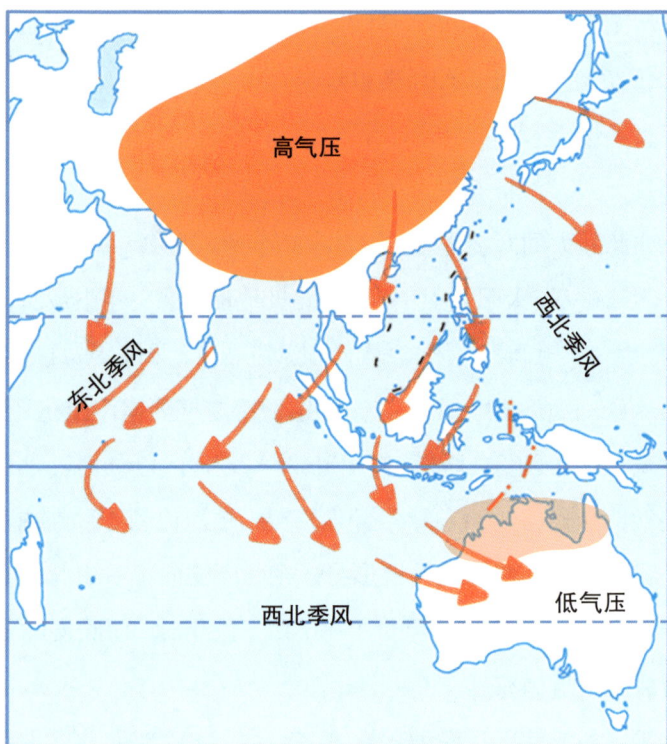

西伯利亚高压

　　冷空气过境时气温下降，带来雨雪天气。因为其程度有强有弱，给沿途地区造成的影响也不一样。有时候，冷空气爆发，就像是奔涌的潮水，大规模侵袭中、低纬度地区，导致气温骤降，带来剧烈的大风、雨雪天气。这种灾害天气被称为"寒潮"，又称寒流。

　　西伯利亚冷高压的存在非同凡响，它影响了亚洲东部地区的气候和环境。因此放眼全世界，跟其他同纬度地区相比，亚洲东部的冬天尤其寒冷。

古诗词里的科学现象

己亥杂诗（其五）

〔清〕龚自珍

浩荡离愁白日斜，吟鞭东指即天涯。

落红不是无情物，化作春泥更护花。

　　这首诗是龚自珍离开京城时所作的。龚自珍在京城生活多年，投身仕途，满腔抱负还没有实现，就要离开了。"离愁"浩浩荡荡，包含着愤懑、忧愁和不甘等复杂的情绪。太阳西斜，为这份离愁增添了许多沉重的气氛。诗人高高地扬起马鞭，向着东方驶去，这一去之后，京城就仿佛远在天涯，再也不能靠近。

　　古往今来，"落花"的意象总是让人觉得消极、悲观，萦绕着淡淡的哀愁。比如陆游就曾说："零落成泥碾作尘，只有香如故。"诗人辞官回乡，就像是从枝头落下的花朵。但龚自珍认为，落花并非无情之物，它融入土壤，化作肥沃的春泥，还能更好地培育、呵护其他新生的花朵。

　　"落红不是无情物，化作春泥更护花。"既然不能高挂在花枝，那就沉入泥土里，继续"护花"吧！这是何其乐观、豁达的献身精神！这首诗的前两句充满离愁别绪，可是诗人并未因此消沉，他很快就振奋精神，积极乐观地面对未来。辞官之后，龚自珍虽然远离朝堂，但丝毫没有丧失爱国热情，还是像从前一样忧国忧民，甚至准备投身革命。

落红不是无情物，化作春泥更护花：有机质的奇妙旅程

古代人很容易观察到落花、落叶的去向，就算没有风吹，它们也会慢慢消失，变成泥土的一部分，使得第二年的植物依旧繁茂。"落红不是无情物，化作春泥更护花"这两句诗，就严谨地概括出了这个过程。古人还学会利用这个现象主动帮助农业生产，比如割掉野草后将其埋进土里肥田，把落叶和粪肥混合在一起来堆肥。到了现代，科学家开始系统地研究这些凋落的植物躯体，现在它们有了一个共同的名字——凋落物。

落红不是无情物，是凋落物

植物的某个有机组分（比如花瓣、树叶、树皮、果实……）枯萎落下后，以碎屑的形式归还到地表面，作为土壤的物质和能量来源，就叫凋落物。为什么凋落物能起到供给土壤营养的作用呢？我们首先来看看它里面到底有什么营养成分：

第一类是碳水化合物，包括糖类、纤维素、半纤维素、果胶质、甲壳质等。其中，糖类是所有生物最重要的有机化合物之一，而纤维素和半纤维素则是植物细胞壁的主要成分。细胞壁是植物细胞独有的结构，我们人类身上没有。

第二类是木质素。木质素是木本植物木质部的主要组成部

分，比起碳水化合物来，含有更多的碳，它就像植物的骨骼一样，可以撑起参天大树。我们人类身上同样没有这种物质。

第三类是含氮化合物，主要是蛋白质。第四类则是树脂、树蜡等脂溶性物质，一般在木本植物中含量较高，草本植物中则含量很少。这些有机质成分极其复杂，但其中最核心的是一种常见元素——碳。太阳照耀大地，植物通过光合作用把大气中的二氧化碳和水固定在体内，成为自己身体的一部分，并且用以碳元素为核心的复杂化学循环维持生命的运转，构成了碳基生命的基础，也形成了地球上的碳循环。这些充满有机质的凋落物，正是地球碳循环中不可或缺的一部分。

如何肥沃一大片土壤

接收凋落物的并非死气沉沉的无机物世界，而是一个生态系统，其中有潜行在地面的小型哺乳动物、蜥蜴、昆虫，有在黑暗中挖掘的蚯蚓，更有数不清的微生物。据说在热带雨林里，一茶匙树叶凋落物中，就可能生活着好几百个小型动物、几百万无法用肉眼看清的真菌和几十亿细菌。富含碳元素的植物残体落到地面，对这个生态系统来说无异于一场天降的自助大餐。等待凋落物的是一场极其复杂的改造过程，主持这个改造的是无生命的化学反应，同时也有蚯蚓、微生物等土壤生物助力。

一方面，一些有机质会在微生物酶的作用下被氧化分解，回归二氧化碳和水的形式，并且释放出能量。围绕碳元素而存在的氮、磷、钾等微量元素在经过一系列复杂的化学反应之后，变成

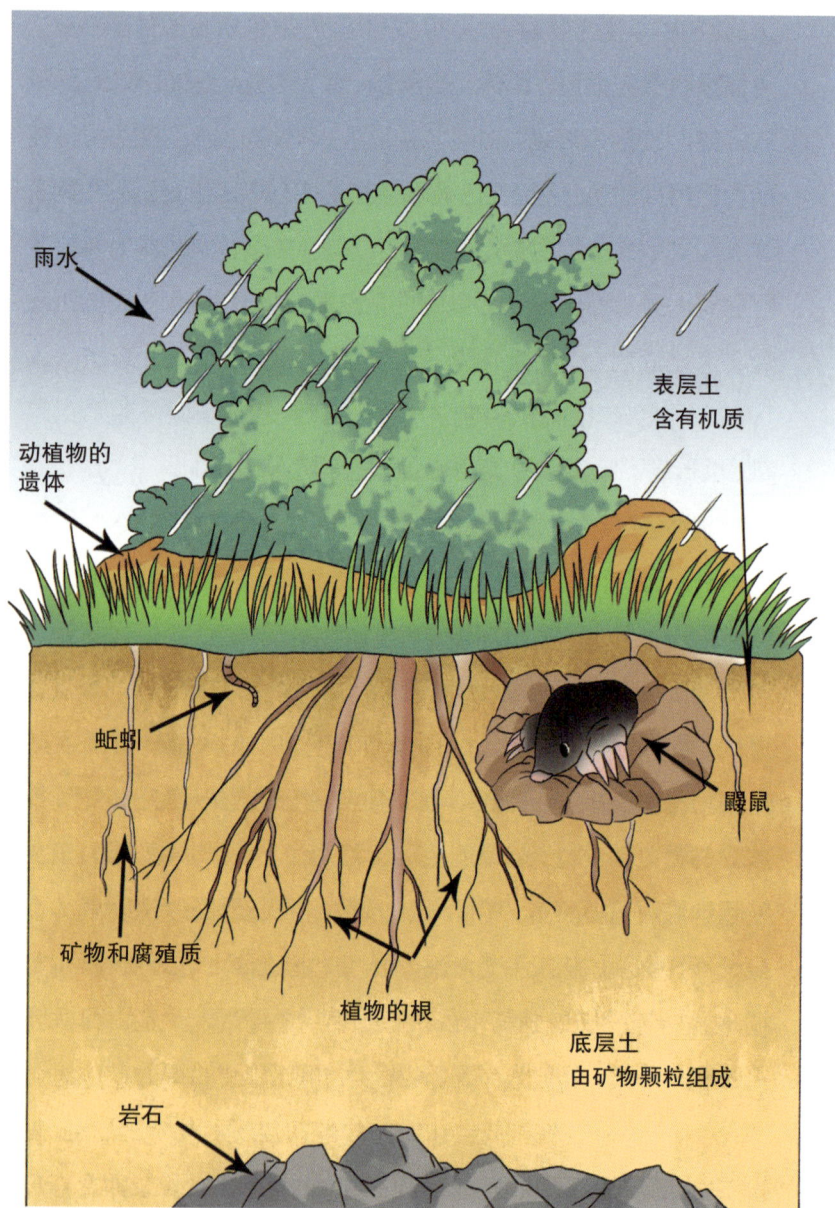

雨水

表层土
含有机质

动植物的
遗体

蚯蚓

鼹鼠

矿物和腐殖质

植物的根

底层土
由矿物颗粒组成

岩石

土壤中的世界

可以为植物根系利用的矿物质，同样也释放出能量。简单来说，就是把原来的有机质"拆"成了无机成分，所以这个过程叫作"矿质化"。

另一方面，一些有机质反而形成了更加复杂的有机成分。蚯蚓、微生物等土壤生物把落花细嚼慢咽一遍，再排泄出来，表面上看是一个让落花腐烂的过程，但经过它们的消化，反而形成了一些不存在于原植物体中的有机成分。因此，这个过程叫作"腐殖化"。

在我们刚才列举的植物成分中，糖类最容易进入这些合成和分解的复杂过程，因为它的化学性质较为活泼。其次是半纤维素和纤维素，它们比糖类更难分解，也不溶于水。我们人类想要消化这些东西，也得依靠肠道内的细菌才行，而且没有办法完全消化，对付它的高手是牛、羊等草食动物。而木质素的碳含量最高，性质也最稳定，它需要土壤小生态系统里无数动物和微生物的共同努力，才能完全分解。

矿质化和腐殖化作为方向截然相反的分解过程，共同造就了地球的土壤环境。在炎热潮湿的热带雨林里，凋落物腐烂的过程一般较快，而在严寒的西伯利亚，这个过程就慢得多，但只要是存在凋落物的环境里，就有这么一个小生态系统生存着。

最大的一块春泥现在在哪儿

人类从没有像今天这样密切关注过二氧化碳、甲烷等含碳温室气体，这些充斥在我们上空的气体会造成全球变暖，严重威胁我们的生存环境。我们刚刚说过，凋落物形成的土壤是调控地球碳循环的关键要素，但前提条件是，土壤作为陆地生态系统中储量最大的活跃碳元素库，要处于一种循环往复的平衡状态，不能释放出太多的二氧化碳，也不能固定太多的有机质，一切合适最好。

但我们脚下的大地上，很可能就封存着一些没有参与正常循环的有机质，它们也许来自几亿、十几亿年前生物的过量繁殖，用光合作用把过多的碳元素转变成生物遗体，深埋于地下。它们对地表的生物循环反应迟钝，好像正在冬眠，但体量却非常巨大，是一块过于巨大的"春泥"。一旦这些有机质受到干扰，重见天日，就很可能会被加速降解，释放出过量的碳元素，加快全球变暖的过程。

据说，北极的永久冻土层下可能就埋藏着这样的碳库，因为是以冻土形式存在，本来很少参与地球的碳循环。一旦地球气温逐渐升高，这些冻土层将融化，其中的有机物质被提供给微生物，便会释放大量的二氧化碳和甲烷。

己亥杂诗（其一百二十五）

〔清〕龚自珍

九州生气恃风雷，万马齐喑究可哀。

我劝天公重抖擞，不拘一格降人材。

    龚自珍是清代文学家、思想家和革命先驱者，在他生活的年代，清王朝正在走下坡路，统治腐朽，社会昏暗。龚自珍是超前于时代的思想家，他积极主张革除时弊，抵御外国侵略，还曾支持林则徐的禁烟运动。然而事与愿违，龚自珍与当时的官场格格不入，不断遭到排挤。

    "九州生气恃风雷，万马齐喑究可哀。"万马奔腾，本该是嘈杂、激昂的景象，可是这里所有马儿都沉寂无声，多么令人悲哀！"万马齐喑"描述的正是那种到处都死气沉沉，文明落后，停滞不前，却无人敢言的社会景象。龚自珍对此感到痛心，他大胆提出自己的见解：唯有一声风雷巨响，才能震天动地，让这片九州大地重新焕发生机！这里的"风雷"，指的就是惊天动地的社会变革。诗人口吻豪迈，希望天公能够重新振作，不拘一格降生大量的人才，挽救这个破败的国家。

    道光十九年（1839），龚自珍对清朝廷失望透顶，辞官回乡。在回乡途中，他把心中所思、所想用鸡毛笔记在账簿纸上，随手一折，扔进竹筐里。这些小纸团加上后来所写的一些诗歌，凑成了315首《己亥杂诗》，本诗就是其中的一首。如今一百多年过去了，在这首诗中，我们依然能够聆听到这位思想家振聋发聩的时代呐喊。

九州生气恃风雷：雷电，撕裂雨云的呐喊

雷与电

闪电是瞬间穿过大气层的电流产生的强光，雷就是伴随闪电而来的声音，是闪电的副产品。闪电可能发生在积雨云的云层中，称为"云中闪电"，也可能从云层下方打到地面，称为"云对地闪电"。人眼看到的闪电有不同的形态，最常见的是线状闪电，有时也呈带状、枝状，甚至有最为神秘的"球状闪电"。

如果在闪电照亮天际之时观察窗外，我们常常会感觉那些风雨飘摇的树木、街上躲避闪电的行人和车辆，突然在一瞬间停滞了。闪电当然不会静止时间，这是因为闪电的持续时间极其短暂，通常不超过万分之一秒，它照亮的画面不足以在人眼中产生视觉暂留效应，无法形成连续的动态，就给人一种时间静止的错觉，就好像在一部影片里抽出一帧来看那样。无论发生在云层中还是云层下方，闪电都会把空气瞬间加热。由于热胀冷缩的原理，空气先是极速地膨胀，又极速地收缩，其内部的分子（还包含很多可以汽化的水分子）猛烈碰撞，发出的声音传播开来，就是雷声。

通常来说，那种沉闷、冗长的"闷雷"往往是云中闪电的产物，因为爆炸形成的声波在云层内反复地反射，互相干扰，传到人的耳朵里已经非常沉闷；而那种又快又脆的"惊雷"，往往是

距观测者较近的云对地闪电产生的，没有遇到什么阻碍就传到了人的耳朵里。

闪电之谜

雷电产生的条件是积雨云中积累有足够的电荷，且正负两种电荷积攒在云的两极，就好像一个硕大的电池悬在空中，称为雷雨云。这种积雨云能爬升到海拔12千米的高空，到达平流层的底部。雷雨云是怎样积累这么多电荷的，目前科学家仍然有不同的解释，比较流行的一种解释是归因于云层中的冰晶。

积雨云的内部是一团混杂着水、冰晶和空气的混合物，其中，冰晶有着软冰雹、雪、霰等不同的形态，统称"冰相粒子"。冰相粒子在强烈的气流中不断翻滚、重塑，形成"黑云压城城欲摧"的云层。在翻滚的过程中，冰相粒子剧烈碰撞摩擦，由于静电效应，分别带上了正负两种电荷。随后，由于这些粒子的密度、大小、重量都不同，会被气流搅得逐渐分层，其中密度较小、带正电的粒子去了云层上方；密度较大、带负电的粒子则聚集在云层底部。这样，雷雨云大体上呈现出上部带正电荷、下部带负电荷的趋势，当电荷越积越多，无处释放，达到了空气的击穿电压，便形成了云中闪电。而雷雨来临时，云层底部的负电荷又会使大地感应而带上正电荷，两者之间的电荷击穿空气，则形成了云对地闪电。

本来空气是安全的绝缘体，并不导电，但在如此强大的电压下，空气被不断地击穿、电离，形成由自由电子、带电离子组成的

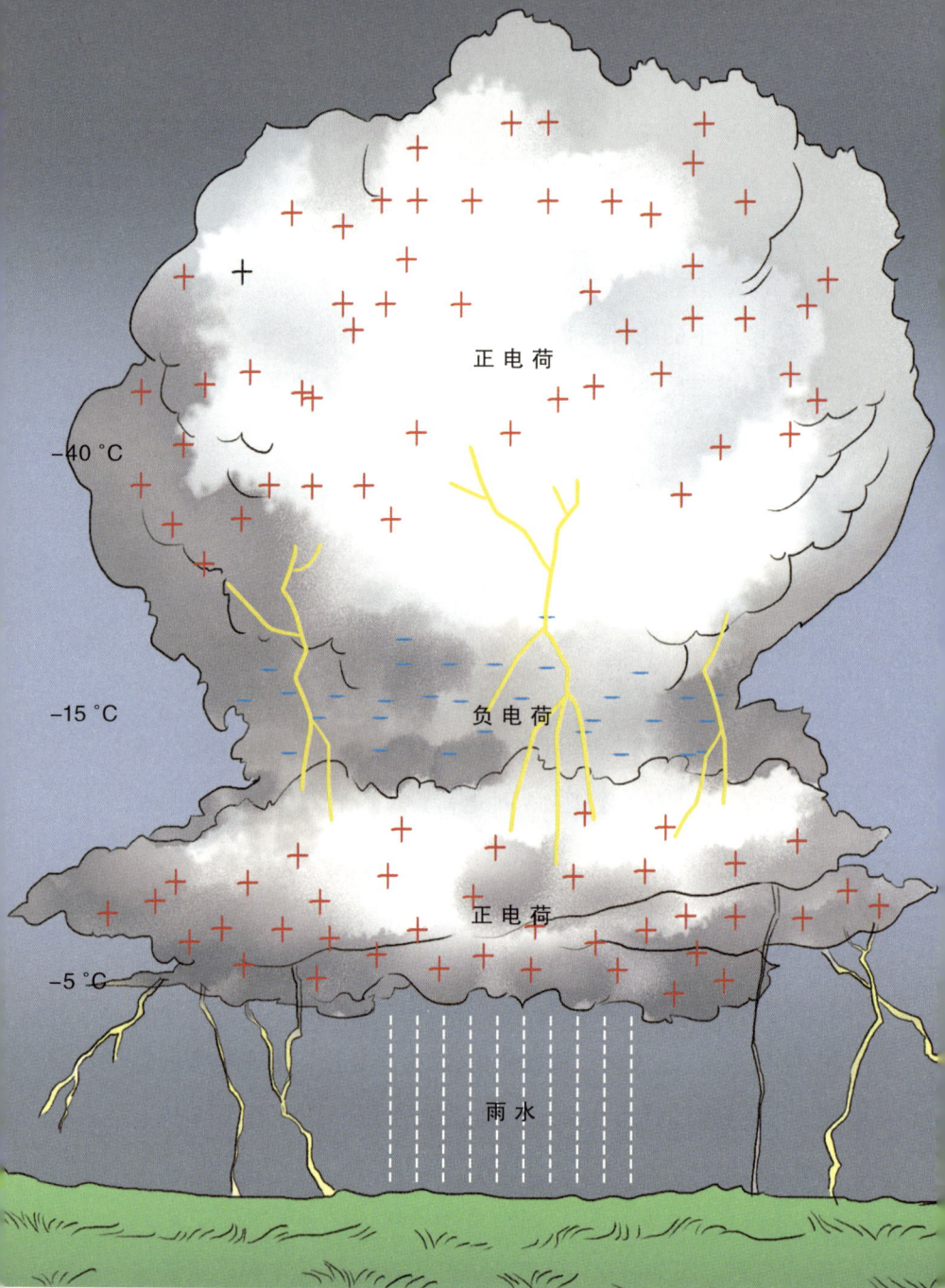

正电荷

−40 ℃

−15 ℃

负电荷

正电荷

−5 ℃

雨水

"等离子体通道"，导电性能变得非常良好。你看到的那种屈曲盘桓、似乎有无数触角的闪电造型，其实就是闪电在不断寻找突破口来击穿空气而描画出的路径。

对于雷电的成因，我国东汉时期的思想家王充已经有过探讨。在他那个时代，人们还认为雷电是上天发怒对人类降下的惩罚。王充虽然还无法得知正负电荷的本质，但他认为雷电是由夏日的"阳气"和云雨一类阴气"分争激射"而引起的。在中国古代引进的印度佛经中，则猜测是东西南北四方的"亢厚""顺流""堕光明""百生树"四种不同性质的电"相触相对相磨相打"引发了闪电。这两种猜想都是古人进行的朴素唯物主义思辨，却暗合了现代科学的观察，驳斥了雷电是"天之怒"的迷信思想。

闪电的威力

在地球上，平均每年要发生10.4亿次闪电。闪电对人体的破坏力很大，如果人在雷雨天跑出家门，到空旷的地方，就会变成一个天然的引雷针，很容易成为闪电联通地面的目标。人体一旦被闪电击中，身上的水分会瞬间蒸发，引起焦炭化或燃烧；心跳的节奏也会被瞬间打乱，使血液停止循环。这两种可怕的后果，使得人遭遇雷击的死亡率高达10%至30%，就算没有当场被雷劈死，也很容易留下严重的后遗症。所以在这样的气象条件下，千万不要去铁塔、电线杆、大树等高大物体下面避雨。闪电还有可能引发火灾、扰乱计算机系统和通信系统的稳定性，是自然灾害的一种。人类一直想要利用闪电来获得清洁的能源，但闪电的威力来自它巨大的电流，峰值时可达几万安培，但它持续的时间很短，单次闪电最长也不过几微秒，因此利用价值并不高。

但雷电对自然环境也有独到的好处。雷电会把空气中的部分氧气转化为臭氧，被地球用来抵御紫外线的进攻，并且使雨后的空气变得清新怡人。雷电还可以使空气中的部分氧气和氮气结合成二氧化氮，随着雨水进入地面，这样，本来无法被植物直接利用的单质氮元素，就变成氮化合物参与土壤中的氮循环，最终变得可以被植物吸收，这个过程叫作雷电固氮。